HEYNE

Das Buch

Erst kommt die Liebe. Dann entsteht Beziehung. Doch beide folgen ganz unterschiedlichen Gesetzen: Liebe verlangt nichts, Liebe will nichts verändern, Liebe *ist* einfach. Die Beziehung hingegen basiert auf Wünschen und Vorstellungen, die auf die Wünsche und Vorstellungen des anderen treffen. Das passiert zu einem bedeutsamen Teil unbewusst; Streit, Enttäuschung und Unverständnis sind die Folge. So schmerzlich solche Konfliktsituationen auch sein mögen – sie bergen ein unschätzbar wertvolles Potenzial der Selbsterkenntnis und Selbstentfaltung.

Bestsellerautor Ruediger Schache offenbart in diesem Buch sieben Spiegelgeheimnisse. Sie alle führen nicht nur zu einer erfüllten Partnerschaft, sondern auch zu persönlicher Befreiung und innerem Wachstum. Schritt für Schritt lernen Sie, die eigenen Muster und die des anderen zu durchschauen. Alte Prägungen und unbewusste Automatismen verlieren ihre Kraft und es entsteht Raum für das, was Sie beide verbindet: Raum für die Liebe.

Der Autor

Ruediger Schache zählt zu den weltweit erfolgreichsten Autoren zu ganzheitlichen Themen. Als Coach, Referent und Schriftsteller vermittelt er bildhaft und praxisnah die Verbindung von Wissenschaft, praktischer Psychologie und gelebter Spiritualität. Dabei steht immer eines im Vordergrund: das vollständige Potenzial von Geist, Seele und Körper zu verwirklichen und das Höchste in sich selbst zu entdecken.

www.ruedigerschache.com

RUEDIGER
SCHACHE

Das Geheimnis meines
SPIEGELPARTNERS

Die Beziehung als Weg
zur inneren Befreiung

WILHELM HEYNE VERLAG
MÜNCHEN

Verlagsgruppe Random House FSC® N001967

Taschenbucherstausgabe 11/2015

3. Auflage
Copyright © 2013 by Ansata Verlag, München,
in der Verlagsgruppe Random House GmbH
Copyright © 2015 dieser Ausgabe
by Wilhelm Heyne Verlag, München,
in der Verlagsgruppe Random House GmbH
Alle Rechte sind vorbehalten. Printed in Germany 2015
Redaktion: Dr. Diane Zilliges
Umschlaggestaltung: Guter Punkt, München
Umschlagmotive: © Horiyan/shutterstock (Amulett);
© shooarts/shutterstock (Köpfe);
Hintergrund: Collage shutterstock-Motive
Satz: Leingärtner, Nabburg
Druck und Bindung: GGP Media GmbH, Pößneck
ISBN 978-3-453-70288-2

www.heyne.de

»In Beziehungen gibt es kein Glück oder Pech.
Es gibt nur Liebe und verborgene Muster.
Und hinter den Mustern warten Erfülltheit und Freiheit.«

Inhalt

Liebe Leserin, lieber Leser! *13*

»WIR LIEB(T)EN UNS. UND DANN?« –
WAS GESCHIEHT, WENN LIEBE
IN BEZIEHUNG ÜBERGEHT *15*

»Welche Kräfte wirken hier?« –
Die Beziehung als Spiegel *19*

»Wie werde ich frei?« –
Der Spiegel als Wegweiser *20*

DAS ERSTE GEHEIMNIS DES SPIEGELS:
DER DIREKTE SPIEGEL *23*

Sichtbare Resonanz:
Die offensichtlichen Elemente der Anziehung . . . *28*

Unsichtbare Resonanz:
Die verborgenen Elemente der Anziehung *38*

Das Schicksal als Grund Ihrer Beziehung *46*

Die Aufgabe als ein Grund Ihrer Beziehung *50*

DAS ZWEITE GEHEIMNIS DES SPIEGELS: SYNCHRONISATION *59*

Sie. Der andere. Und die unsichtbare Wolke *63*

Wie Ihr Glaube die Menschen lenkt *66*

Die Veränderung auf dem Weg *67*

DAS DRITTE GEHEIMNIS DES SPIEGELS: DAS ECHO *69*

Das Unterbewusstsein hört immer mit *72*

Woraus das Echo besteht *76*

Die Beziehungsmusik
des Unterbewusstseins *77*

Wie ein Echo entsteht *79*

»Welche Rolle habe ich?« –
Unbewusste Echos im Spiegel erkennen *81*

Echos und das Gesetz
der zusammenpassenden Teile *85*

DAS VIERTE GEHEIMNIS DES SPIEGELS: DIE LOGIK DER GEFÜHLE *89*

Entscheidungen gegen alle Vernunft *91*

Die Frage der Verantwortung *94*

»Deines? Meines? Wer ist schuld?« –
Wem gehören die Gefühle in Beziehungen? *98*

Zehn Zusammenhänge aus der Logik
der Gefühle 100

»Warum lässt er mich so fühlen?« –
Im Spiegel der Gefühle lesen 108

Was geschieht, wenn der Kreislauf
der Gefühle ungebremst bleibt? 114

Der Weg aus den selbstständigen
Gefühlsmustern 117

DAS FÜNFTE GEHEIMNIS DES SPIEGELS:
LIEBE? 127

Liebe »geben und haben« wollen,
erschafft oft Probleme 130

Die Informationsspeicher zum Wesen
der Liebe 145

Die zehn größten Irrtümer über Liebe
und ihre Heilung 149

DAS SECHSTE GEHEIMNIS DES SPIEGELS:
BEWUSSTWERDUNG 235

Wie zwei Ichs sich finden 237

Was ist ein Ich? 238

Die Überlebensnahrung eines Ichs 241

Wie ein »Problem-Ich« entsteht 243

Die Kraft des versteckten Nutzens 244

Sieben Formen von Problem-Ichs
und die Wege zur Lösung 246

DAS SIEBTE GEHEIMNIS DES SPIEGELS:
DER SPIEGEL DER AUFGABE 293

Die Frage nach dem besseren Leben 295

Beziehung als Aufgabe 297

Der andere als Spiegel der Aufgabe 297

Acht Möglichkeiten für eine
erfüllende Beziehung 298

GESPRÄCHE IM SPIEGEL 301

Gespräch mit Lena über Sicherheit
und Zukunft 303

Gespräch mit Sophie über Liebe und Grenzen ... 308

Gespräch mit Chris über Nähe und Freiheit 311

Gespräch mit Leyla über Leistung
und Unzufriedenheit 316

DIE SIEBEN SPIEGELGEHEIMNISSE
UND DER WEG ZUR INNEREN
BEFREIUNG IM ÜBERBLICK *321*

»Gut zu merken!«:
Eine Essenz zur Erinnerung an den Weg
aus den Mustern *330*

Hilfreiche Fragen für mehr Klarheit *332*

Liebe Leserin, lieber Leser! *335*

Liebe Leserin, lieber Leser!

Kennen Sie das Gefühl, während einer Beziehungssituation »im falschen Film« zu sein? Als würden Sie, vielleicht gerade mitten in einem Streit oder einer Krise, aufwachen und sich fragen: »Was läuft denn hier ab?« Oder Ihr Partner verhält sich auf eine derart seltsame Weise, dass Sie sich fragen, ob das noch der Mensch ist, den Sie kennengelernt haben. Und obwohl Sie gerade den Unsinn der Situation durchschauen, ist es Ihnen nicht möglich, sie anzuhalten oder wirklich zu verändern. Ein Wort gibt das andere, der Partner tut dies und Sie tun jenes. Der Film läuft einfach weiter. In eine Richtung, die man am Anfang so nie gewollt hat.

Später kommt man zur Besinnung, reflektiert darüber, findet die eine oder andere Erklärung und lässt es irgendwann gut sein. Doch nach einer Weile entsteht eine nächste, ganz ähnliche Situation, und Sie denken: »Das gibt es doch nicht! Jetzt geht das schon wieder los!« Obwohl Sie es schon wieder erkennen und verhindern möchten, läuft es trotzdem ab. Situationen wiederholen sich. Menschen verhalten sich Ihnen gegenüber scheinbar sinnlos oder unberechenbar. Ganze Beziehungen oder einzelne Verhaltensweisen darin, laufen auf immer wieder ähnliche, unerwünschte Weise ab.

Falls Sie das schon erlebt haben, waren Sie ein Teil von etwas, das man »verborgene Muster« nennt. Solche Muster können entweder nur in Ihnen selbst stattfinden, als immer ähnliche Gedanken und Gefühle. Oder sie können in Ihrer Beziehung zum Ausdruck kommen, als sich wiederholende Dialoge, Handlungen, Situationen oder Abläufe.

In kurzen und prägnanten Szenen, wie bei einem Streit, mag Ihnen vielleicht auffallen, dass gerade etwas geschieht, über das Sie, selbst wenn Sie sich Mühe geben, keine wirkliche Kontrolle haben. Doch wenn sich ein verborgenes Muster erst später in einer Beziehung aktiviert, wenn es sich langsam, aber stetig einschleicht, wachen die Betroffenen oft erst nach Monaten oder Jahren daraus auf. Meist dann, wenn zumindest einem von beiden auffällt, dass man sich voneinander entfernt hat und sich in einem ganz anderen Leben befindet als zu Beginn gemeinsam erträumt.

Doch nichts ist Zufall. Weder, warum man sich gegenseitig anzog, noch was man zu Beginn einer Beziehung erlebt, fühlt, denkt, sagt und tut. Und auch der Weg, auf dem sich diese Gefühle, Gedanken und Erlebnisse im Verlauf der Beziehung entwickeln, folgt klaren Gesetzmäßigkeiten und Kräften, die Sie in diesem Buch kennenlernen. Sobald Sie die Zusammenhänge erkannt haben, werden Sie im Spiegel Ihrer Beziehung Lösungen entdecken und Veränderungen beobachten. An sich selbst, am anderen und an dem, was Sie gemeinsam erleben.

Ich wünsche Ihnen viele »erleuchtende« Momente dabei!

Ihr Ruediger Schache

»WIR LIEB(T)EN UNS. UND DANN?« – WAS GESCHIEHT, WENN LIEBE IN BEZIEHUNG ÜBERGEHT

»WIR LIEB(T)EN UNS. UND DANN?«

Erst kommt die Liebe. Dann entsteht die Beziehung. Die Liebe folgt ganz anderen Gesetzen als die Beziehung. Beziehung beinhaltet Handlungen und Wünsche, die zu Gegenhandlungen und Gegenwünschen führen. Manchmal unbewusst und unbemerkt.

Wo die Liebe nichts verlangen würde, möchte eine Beziehung etwas haben. Wo die Liebe gern nur umarmen würde, wehrt ein Beziehungsreflex etwas ab. Was die Liebe einfach nur da sein lassen möchte, will ein Beziehungswunsch oft verändert sehen.

Die Liebe ist nie das Problem. Was in Partnerschaften und Beziehungen für Unzufriedenheit und Schwierigkeiten sorgt, ist immer jener Teil, der nicht die Liebe ist. Dieser Teil in jedem von uns besteht aus etwas, das man »verborgene Muster des Unterbewusstseins« nennt. Gedanken und Gefühle, die unbemerkt mit Gedanken und Gefühlen des Gegenübers in Verbindung treten und dann wie selbstständige Kräfte im Hintergrund miteinander agieren. Als würde hinter dem, was Sie mit Ihrem Partner aus Liebe und Freude heraus gern leben möchten, eine unsichtbare Beziehungsebene ablaufen, die immer wieder auch unerwünschte Situationen herbeiführt.

Diese verborgen mitwirkenden Abläufe und Kräfte offenbaren sich Ihnen, wenn Sie Ihren Partner und sein Verhalten wie einen Spiegel betrachten. In diesem Spiegel zeigen sich Reaktionen, Worte und Gefühle, die auf ganz

17

bestimmte Weise mit Ihnen selbst zu tun haben. Und ebenfalls wie in einem Spiegel können Sie durch eine Veränderung an sich selbst auch das verändern, was Sie im Spiegel erleben. Denn selbst die ältesten und am tiefsten versteckten Muster reagieren unmittelbar darauf, wenn man sie entdeckt und durchschaut. Ab diesem Moment wird es immer weniger ungewünschte Zufälligkeiten geben. Die alten, automatischen Abläufe des Unterbewusstseins verlieren ihre Kraft und lösen sich auf.

Danach kommt das, was sich die meisten Menschen so sehr ersehnen: Liebe als die größte und am stärksten verbindende Kraft in der Partnerschaft. Und Selbstliebe als die größte und befreiendste Kraft in einem selbst. In diesen Zustand kommen Sie, wenn Sie sich drei Fragen stellen und ihnen nachgehen:

- Wie erkenne ich, ob gerade ein Muster wirkt?
- Wie finde ich heraus, woher es kommt und was es will?
- Wie lösche ich es?

Die Antworten auf diese Fragen für Ihre persönliche Situation zu finden, ist ein wichtiger Teil von dem, was wir in diesem Buch gemeinsam tun werden.

»Welche Kräfte wirken hier?« – Die Beziehung als Spiegel

Wenn Sie an sich selbst etwas näher betrachten möchten, das Sie ohne Hilfe nicht sehen können, ist ein Spiegel ein gutes Hilfsmittel. Sie erblicken darin nicht nur sich und die Umgebung hinter sich, sondern ohne Zeitverzögerung auch das Ergebnis jeder Veränderung, die Sie an sich durchführen.

Angenommen, Sie würden sich nicht für die Details in Ihrem eigenen Gesicht interessieren, sondern für die Ursachen, welche die Realität Ihres Lebens und Ihrer Beziehungen herbeiführen – was müsste der Spiegel Ihnen dann zeigen, damit er für Sie nützlich ist? Vielleicht die bislang unsichtbaren Aspekte und Kräfte an Ihnen selbst, auf die Ihr Partner und das Leben unmittelbar reagieren? Die kleinen und größeren »Knöpfe«, die etwas auslösen?

Einer der besten Spiegel, den Sie in dieser Hinsicht haben können, ist der Ablauf Ihrer Partnerschaft, Ihrer anderen Beziehungen und das Verhalten Ihrer Beziehungspartner. Ein Freund, ein Bekannter, ein geliebter Mensch oder Lebenspartner reagiert unmittelbar darauf, wenn sich etwas in Ihnen verändert. Und falls in einer Beziehung bestimmte Dinge anders laufen, als Sie es möchten, können Sie über den Spiegel herausfinden, welche bisher unsichtbare Ursache in Ihrem System dazu führte.

Jede Beziehung oder Partnerschaft hat also, neben all den schönen, nützlichen und angenehmen Aspekten, auch die Eigenschaft, ein perfekter Spiegel zu sein, in dem Sie etwas Wesentliches für das eigene Leben erkennen können.

»Wie werde ich frei?« –
Der Spiegel als Wegweiser

Beziehungen zu anderen Menschen sind wichtig. Aber sie sind nicht das Wichtigste in Ihrem Leben. Das Wichtigste sind Sie und Ihre Beziehung zu sich selbst. Wie Sie sich fühlen und wie es Ihnen in Ihrem Leben geht, hängt nicht in erster Linie davon ab, *was Sie innerhalb der Beziehung tun,* sondern *was die Beziehung mit Ihnen macht.* Und wie Sie damit umgehen.

Zwänge. Selbstvorwürfe. Endlose Gedankenschleifen. Negative Gefühlsketten. Leistungsdruck. Einsamkeits- oder Minderwertigkeitsgefühle. Gefühle des Abgelehnt- seins. Verzweiflung. Zorn. Vorwürfe. Schuldgefühle. Un- erfülltheit. Ungestillte Sehnsüchte. Ständige Zweifel und Selbstzweifel … All das ist nicht Ihre wahre Natur. Sie wissen das, weil Sie schon oft darüber nachgedacht haben und sich fragten, warum Sie es erleben müssen, obwohl Sie doch »eigentlich gar nicht so sind«. Sie liegen mit Ihrer Vermutung richtig. Sie erleben nur die Auswirkun- gen unbewusst ablaufender Muster, die wie kleine Pro- gramme all diese unschönen Gedanken und Gefühle erzeu- gen. Ihr Beziehungspartner spürt das. Er reagiert darauf und dabei springen seine eigenen inneren Muster und Programme an. Und dann erleben Sie den Teil der Ver- bindung zwischen Ihnen, der »nicht die Liebe ist«.

Auf dem Weg der inneren Befreiung geht es nicht dar- um, sich von dieser Beziehung oder jenem Menschen zu befreien. Es geht darum, sich von den Zwängen und Mus- tern zu befreien, die durch eine spezielle Beziehung oder durch Beziehungen allgemein ausgelöst werden. Nicht damit Sie am Ende allein sind, sondern damit Sie künftig eine ganz neue Qualität des Zusammenseins mit anderen und mit sich selbst erleben können.

Auf dem Weg durch die folgenden sieben Spiegel-Ebenen durchlaufen Sie einen wesentlichen Teil der inneren Befreiung von unsichtbaren Mustern und Programmen.

Wenn zwei Menschen miteinander
eine Liebesbeziehung eingehen,
stehen sie vor der großen Aufgabe,
den Teil ihrer Verbindung, der die Liebe ist,
mit dem Teil, den man Beziehung nennt,
auf möglichst gute Weise zu vereinen.

DAS ERSTE GEHEIMNIS DES SPIEGELS:

DER DIREKTE SPIEGEL

Die verborgenen Verbindungen entdecken

*»Ist es Schicksal,
wem ich wann begegne
und was aus uns wird,
oder kann ich es selbst verändern?«*

Selbst wenn Sie, zum Beispiel durch ein Buch wie *Das Geheimnis des Herzmagneten,* schon etwas über das Resonanzgesetz in Beziehungen wissen, lohnt es sich, sich die wesentlichen Zusammenhänge in Begegnungen kurz in Erinnerung zu rufen. Darauf aufbauend, fügen sich die späteren Erkenntnisse leichter in Ihr neues Bewusstsein ein.

Vielleicht erinnern Sie sich: Niemand, der länger bleibt, lernt Sie zufällig kennen. Er kommt, weil er etwas fühlt. Und Sie reagieren darauf und fühlen ebenfalls etwas. Damit ist eine unsichtbare innere Verbindung zwischen Ihnen entstanden. Eine unterbewusste, »gefühlte Beziehung«.

Gleichzeitig sehen Sie den anderen, erleben, wie er sich bewegt, hören, was er sagt und wie er sich ausdrückt. Sie beobachten, wie er sich verhält. Vielleicht gefällt Ihnen das, und dem anderen gefällt, was er von Ihnen erlebt. Damit ist eine sichtbare Verbindung zwischen Ihnen entstanden. Das ist der bewusste Teil, die »gelebte Beziehung«.

Diese gefühlten und gelebten Verbindungen sind die Kräfte, die Ihre Beziehung herstellen. Sie haken sozusagen ineinander ein, und einmal eingehakt, bestimmen sie zum großen Teil den konkreten Ablauf Ihrer Beziehung oder späteren Partnerschaft. Um diese Haken, Ösen und Abläufe zu wissen, führt nicht nur zu einer enormen

Verbesserung Ihres Beziehungslebens. Es führt Sie auf einen Weg zur inneren Freiheit von ungewünschten Einflüssen.

Jede Ihrer Beziehungen besteht also immer aus einem bewussten Teil – der, über den Sie etwas sagen können – und einem unterbewussten Teil. Wenn Ihnen zum Beispiel Ihr Partner über die bewusste Verbindung sagt: »Alles in Ordnung« und Sie dabei anlächelt, aber auf der unterbewussten Ebene finden seine Gefühle etwas gerade nicht in Ordnung, so werden Sie das spüren. Wenn Fühlen und Sagen verschieden sind, stimmen die beiden Beziehungsebenen nicht überein, und es wird Ihnen nicht gut gehen. Was immer Sie also auf diesen beiden Ebenen miteinander austauschen und wie Sie es austauschen, entscheidet über Ihre Gefühle von Glück und Liebe oder von Unerfülltheit und Einsamkeit.

Sehen wir uns kurz an, was Sie mit einem anderen Menschen zusammenbringt und welcher Austausch sich anschließend entwickelt. Die drei großen verbindenden Kräfte zwischen Menschen sind:

- Schicksal. Der übergeordnete Plan, dem die höheren Anteile von Ihnen beiden schon lange und vielleicht sogar gemeinsam folgen. Diese Kraft beinhaltet eine ganz bestimmte höhere Absicht, zu deren Verfolgung Sie immer wieder Impulse erhalten und die Sie in Ihrer Beziehung leiten kann.
- Resonanz. Die magnetisch wirkende Kraft, die erstens dafür sorgt, dass Sie beide an einen Ort kommen und sich begegnen, und zweitens, dass Sie sich

DAS ERSTE GEHEIMNIS DES SPIEGELS: DER DIREKTE SPIEGEL

erkennen und voneinander angezogen fühlen, wenn Sie sich über den Weg laufen. Bestimmte Faktoren passen auf ganz bestimmte Weise, so wie Puzzleteile, zusammen und reagieren deshalb aufeinander. Das können Sie fühlen und spüren, in Form von Attraktivität, Vertrautheit und Ähnlichkeit.

- AUFGABE. Das, was Sie im Laufe der Beziehung entdecken werden und was Sie wachsen lassen wird. Und was Sie loslassen wird, wenn Sie es erkannt und erledigt haben.

Vielleicht fragen Sie sich, warum hier die Liebe nicht als verbindende Kraft aufgeführt ist, obwohl die meisten sie als Erste nennen würden. Liebe ist nicht dasselbe wie Beziehung, sie hat einen besonderen Platz, deshalb sehen wir sie später genauer an.

Zunächst also Schicksal, Resonanz und Aufgabe. Je besser Sie verstehen, was sich in Ihren Beziehungen warum und auf welche Weise verbindet und miteinander interagiert, umso tiefer haben Sie das Wesen der Beziehung durchdrungen. Dann kann das Unterbewusstsein nicht mehr unbemerkt Ihr Leben lenken und vieles, was Sie bislang als Leid oder Wiederholungen erlebten, wird verschwinden.

Sichtbare Resonanz: Die offensichtlichen Elemente der Anziehung

Einfach zu erkennen sind die Bestandteile Ihrer Beziehung, die Sie fühlen, sehen und erleben können. Wenn Sie Ihrem Partner begegnen, löst er, wie ein unmittelbarer Spiegel, ganz bestimmte Wahrnehmungen oder Erkenntnisse in Ihnen aus.

- »Immer wenn ich meine Frau sehe, spüre ich großes Glück und weiß, dass alles richtig ist.«
- »Wenn ich meinen neuen Partner sehe, spüre ich Freude, aber auch gleichzeitig ein paar mulmige Gefühle im Bauch. Er tut nichts Auffälliges, aber dennoch sind sie da.«
- »Wenn ich sie sehe, so schön und strahlend, fühle ich mich manchmal nicht würdig. Dann bekomme ich ein wenig Angst, dass sie mich verlassen könnte.«
- »Wenn ich mit meinem Freund zusammen bin, spüre ich, dass wir ein tolles Team sind. Wir würden am liebsten nichts anderes tun, als zusammen die Welt zu entdecken.«
- »Wenn ich meinen Mann und seine schlechten Launen erlebe, wird mir selbst ganz schlecht. Ich traue es mich kaum zu sagen, aber manchmal bin ich froh, wenn er aus dem Haus geht.«
- »Wenn ich mit meiner Frau zusammen bin, frage ich mich immer häufiger, ob das alles überhaupt richtig ist oder ob ich an einer Stelle des Weges eine Weiche verpasst habe.«

SICHTBARE RESONANZ: DIE OFFENSICHTLICHEN ELEMENTE

»So vertraut – woher kommt das nur?«

Es gibt zwei Möglichkeiten, warum sich ein Mensch oder eine Situation spontan vertraut anfühlt. Entweder fühlt es sich vertraut an, weil die beiden Seelen sich schon lange kennen. Alte Gefährten finden sich wieder, und obwohl ihre bisherigen Lebensabläufe und vielleicht sogar ihre Grundcharaktere ganz verschieden sein können, spüren sie diese Vertrautheit.

Oder es fühlt sich so vertraut an, weil es große Parallelen im bisherigen Beziehungsleben beider gibt. Ähnliche Erlebnisse als Kind mit den Eltern sorgen dafür, dass Sie und der andere sich spontan miteinander vertraut fühlen. Ähnliche Erlebnisse in den bisherigen Partnerschaften ebenfalls. Oder eine ähnliche Kinder- und Expartner-Situation.

Das vierte Mal

Fünf Tage nach ihrem Geburtstag besuchte Erika Liebig eine Kunstauktion. Sie hatte keine Ahnung, warum sie diesem Impuls gefolgt war, denn obwohl sie sich für Gemälde aus der Jugendstilepoche interessierte, hatte sie weder die Mittel noch Lust, sich ein Bild zu kaufen. Sie wollte, so dachte sie, die Stimmung der Auktion und die angebotenen Bilder erleben.

Karl Andreasson hingegen hatte einen besonderen Grund, auf dieser Auktion zu sein. Ein Bild aus seinem Besitz wurde versteigert. Nicht weil er es wollte, sondern weil er es musste, und er hatte das Gefühl, wenn er dabei wäre, könnte er von dem Erbstück seiner Großmutter besser Abschied nehmen.

DAS ERSTE GEHEIMNIS DES SPIEGELS: DER DIREKTE SPIEGEL

Karl betrat fast zeitgleich mit Erika den Saal, und weil es schon ziemlich voll war, nahmen die beiden zwei Plätze in der letzten Reihe am Gang ein. Erika, weil sie sich nur als Zuschauerin fühlte, und Karl, weil er die Bietenden überblicken wollte.

Bis zum Auktionsbeginn war noch etwas Zeit, und nach ein paar holprigen Begrüßungsworten kamen die beiden schnell ins Gespräch. Erika erzählte, dass sie leider nichts kaufen könne, und Karl erzählte, warum er leider verkaufen musste. Er machte gerade seine dritte Scheidung durch. Das kostete im Moment mehr Geld, als er verdiente, und so musste er das wertvollste Stück aus seinem Besitz loslassen.

Erika fand das sofort sehr interessant, denn sie war ebenfalls schon dreimal verheiratet gewesen. Obwohl ihre letzte Scheidung schon einige Jahre zurücklag, wusste sie genau, was Karl gerade durchmachte und wie es ihm dabei ging. Karl hatte zwei erwachsene Töchter. Erika hatte ebenfalls zwei Kinder – einen erwachsenen Sohn und eine erwachsene Tochter. Karl war, wie sie später erfuhr, als Kind vom Vater emotional und körperlich nicht gut behandelt worden. Auch das kannte sie leider zu gut. Sie fühlte ein tiefes »Gleich und gleich«-Echo, das sich von Anfang an vertraut anfühlte.

Das Bild wurde zu einem geringeren Preis verkauft, als Karl es sich erhofft hatte, und Erika, die sich irgendwie mit ihm verbunden fühlte, lud ihn als Trost zu einem Kaffee ein.

Die beiden verstanden sich sehr gut. Sie wechselten an diesem Nachmittag dreimal die Lokalität, weil sie einfach nicht aufhören konnten, sich gegenseitig ihr Leben zu erzählen und von ihren Interessen zu berichten.

Als Führungskraft bei einem internationalen Kosmetikhersteller hatte Karl Andreasson bislang immer gut verdient, es war ihm jedoch nie gelungen, etwas zu sparen, weil seine Frauen immer einen großen

SICHTBARE RESONANZ: DIE OFFENSICHTLICHEN ELEMENTE

Teil seines Geldes verbraucht hatten. Er war, wie Erika erkannte, finanziell ausgenutzt worden, weil seine Art, Liebe zu leben, viel damit zu tun hatte, anderen zu geben, was von ihnen verlangt oder scheinbar gebraucht wurde.

Aus der Begegnung der beiden entstand eine Beziehung, und nach einiger Zeit war, wie Erika feststellte, auch Liebe dazugekommen. In vielem waren beide so gleichartig, dass sie sich oft fast wortlos verstanden oder im selben Moment dasselbe dachten. Bei allen vertrauten Ähnlichkeiten durchbrach Erika Karls bisheriges Beziehungsmuster jedoch auch, denn sie verdiente selbst genug Geld und war finanziell unabhängig. Weil sich Karl hingegen gerade in dieser kostspieligen Scheidung befand, hatte er im Moment buchstäblich fast nichts übrig. Nach einem Jahr gab er seine kleine Wohnung auf und zog bei Erika ein, konnte jedoch keinen nennenswerten Beitrag zum Wohnen und Leben leisten. Ohne es je so gewollt zu haben, befand sich Karl nun in genau der Rolle, die er bislang immer nur von der anderen Seite aus erlebt hatte: Er brauchte die finanzielle Gunst seiner Partnerin, so wie bisher seine Partnerinnen immer die seine benötigt hatten.

Aufgrund ihrer eigenen bislang immer wieder erlebten Muster in Beziehungen, beschäftigte sich Erika schon einige Zeit damit, solche Zusammenhänge tiefer zu verstehen. Als Karl nach einem weiteren Jahr vom Verloben und Heiraten sprach – für beide wäre es das vierte Mal gewesen –, überkamen sie deutliche Bedenken. Sie mochte ihn sehr, liebte ihn auch, doch irgendetwas stimmte nicht. Erika fragte sich zunächst, ob sie vielleicht verlernt hatte zu lieben, ein Angsttrauma nicht verarbeitet hatte oder ein beziehungsunfähiger Mensch geworden war. Sie fragte sich: »Bin ich überhaupt noch richtig? Wie kommt es, dass ich das nicht will?«

Doch dann kam ihr die Idee, einen Moment lang alle Gedanken an Schuld und alle beteiligten Gefühle außen vor zu lassen und die

DAS ERSTE GEHEIMNIS DES SPIEGELS: DER DIREKTE SPIEGEL

Situation ganz sachlich anzusehen. Und plötzlich erkannte sie, dass ihrer beider Muster gerade dabei waren, die Beziehung wieder so zu gestalten, wie sie es schon in allen Beziehungen bisher getan hatten. Heiraten, als wäre es ein Naturgesetz, sobald man sich eine Zeit lang mochte. Einer versorgt den anderen, als wäre finanzielles Ungleichgewicht ebenfalls eineVorgabe. Nur mit dem einen bedeutsamen Unterschied, dass nun erstmals die Rollen vertauscht gewesen wären.

»Karl, ich liebe dich«, sagte Erika, nachdem sie das erkannt hatte und zu einem Entschluss gekommen war. »Ich schätze und genieße unser gemeinsames Leben sehr. Aber ich finde, vor jeder weiteren Überlegung, uns zu binden, sollte erst einmal die Situation in deinem Leben klar sein. Du solltest frei und selbstständig sein. Dann können wir uns als zwei freie Menschen entscheiden, ob wir diese Freiheit wieder in eine Ehebindung umwandeln.«

Es war nicht leicht für Erika, das so klar zu sagen. Sie hatte lange Zeit Angst davor gehabt, denn sie wusste nicht, ob Karl es als einen Ausdruck von Lieblosigkeit ansehen würde. Überraschenderweise geschah das Gegenteil.

»Ich verstehe das«, sagte Karl. »Und um ehrlich zu sein, erleichtert es mich sogar ein wenig. Ich dachte, ich müsste dich heiraten, damit du deutlich spürst, dass ich mich zu dir bekenne und nicht zu meiner Exfrau, zu der ich leider noch Kontakt haben muss. Ich wollte ein klares Zeichen setzen, für sie, für dich und für mich. Aber vielleicht ist eine übereilte Heirat nicht der besteWeg, eine alte Beziehung abzuschließen.Vielleicht hast du recht und eine klare, vollständig abgeschlosseneTrennung wäre ein besseres Zeichen.«

Die beiden heirateten nicht und leben heute eine für sie ganz neue Form von Beziehung: frei und dennoch zusammen und zutiefst verbunden.

Wiederholungsmuster werden oft nicht erkannt,
weil ein einziges Detail die Rolle gewechselt hat.
Betrachten Sie von neutraler Ebene aus,
was die Muster miteinander machen,
dann wird es wieder sichtbar.

»Das kann ich so gut verstehen!« – Was in Ihnen selbst auch so ist, verbindet Sie miteinander

Im Team geht vieles besser und macht mehr Spaß. Je weniger Reibung Sie haben und je mehr Sie in dieselbe Richtung gehen, umso harmonischer und schöner werden Sie Ihre Beziehung finden. Jedes Detail und jede Eigenschaft, die Sie an sich schätzen, werden Sie auch am anderen lieben.

Immer wenn Sie etwas Ihnen Ähnliches feststellen, sehen Sie nicht nur Ihren Partner, sondern auch sich selbst. »Da ist er genauso wie ich.« Oder: »Wir wissen oft im selben Moment, was der andere möchte.«

Durch das Erkennen der ähnlichen oder gleichen Eigenschaften wird Ihr Ich-Gefühl zu einem Wir-Gefühl. Und dabei verringern sich viele der Gefühle oder Phasen von Einsamkeit, Getrenntheit oder Sinnlosigkeit.

»Endlich eine runde Sache!« – Was Ihnen immer gefehlt hat, verbindet Sie miteinander

Wünsche und Sehnsüchte entstehen, weil man das Gefühl hat, etwas würde fehlen. Weil man ein gewisses Gefühl von Mangel spürt. Das ist kein Fehler, denn ohne jedes Gefühl von Mangel würden Sie niemals einen Lebenspartner suchen. Warum auch? Es wäre ja absolut alles vorhanden.

Viele Menschen auf dem spirituellen Weg erleben Singlephasen ohne Mangelgefühle, weil sie sich mit einer höheren Quelle verbunden fühlen. Deshalb leben viele auch gern und vielleicht über längere Phasen ein erfülltes und glückliches Alleinsein. Das ist eine wertvolle Erfahrung, doch diesen Zustand kann man sich nicht abschauen, herbeireden oder einfach beschließen. Er kommt, wenn sich ein Zeitfenster für diese Erfahrung öffnet. Bis dahin und oft auch danach wieder, ist das Zusammenkommen mit jemandem, der auf menschlicher Ebene etwas Fehlendes ergänzt, eine wichtige und wundervolle Erfahrung, an der es nichts abzulehnen gibt.

»So ganz anders als ich …« – Gegensätzlichkeit kann auch verbinden

Wenn man seine Beobachtung über das offensichtlich Gleiche oder Ergänzende hinaus erweitert, wird man auch deutlich sichtbare Verschiedenheiten oder sogar Gegensätze feststellen.

Ein Beispiel: Ein selbstbewusster und selbstständiger Mann zieht eine Frau an, die genau dies liebt, weil sie diese Eigenschaften selbst nicht besonders ausgeprägt hat und deshalb bewundert. Ergänzung. Beide lieben Fernreisen, Wandern, Sport, denselben Humor, einen ähnlichen Einrichtungs- und Kleidungsstil, dieselben Filme. Gleich und gleich. Er ist sehr logisch, kontrolliert und ordentlich, während sie spontan aus dem Gefühl heraus handelt und die Dinge auch lassen kann, wie sie gerade sind. Das regt ihn vielleicht manchmal auf, gefällt ihm aber auch irgendwie. Gegensätze ziehen sich an.

Wenn beide miteinander Toleranz üben und bewusst die Eigenschaften des Partners als das Besondere und Wertvolle an ihm schätzen, können sie eine dauerhafte und erfüllende Beziehung leben.

Die vier wichtigsten, deutlich erkennbaren Teile
der Anziehung sind:
Ähnlichkeit, Ergänzung, Gegensätzlichkeit und Liebe.

Ramona im Regen (1)

Hätte es an jenem Ostersonntag vor neun Jahren nicht geregnet, so wäre Ramona Alves' Leben wahrscheinlich vollkommen anders verlaufen. Auf einer Bergwanderung in den österreichischen Alpen geriet Ramonas Freundin Christine allein in einen spätnachmittäglichen Platzregen. Der Weg hinab ins Tal wurde binnen weniger Minuten zu einer schlammigen Piste, was dafür sorgte, dass Christine ausrutschte und sich das

Fußgelenk verstauchte. Ramona und Christine arbeiten als Flugbe-
gleiterinnen für Privatjets. So kam es, dass Ramona einen Flug auf
der Linie ihrer Freundin übernahm, während diese zu Hause ihren
Fuß schonen musste.

Ramona kannte Harald Roberts, den Piloten der Maschine, vom
flüchtigen Sehen her, hatte sich jedoch nie besonders für ihn interessiert. In seiner scheinbar oberflächlichen, etwas aufdringlichen und
präsenten Art entsprach Harald überhaupt nicht ihrem Typ Mann.
So dachte sie.

Die Besatzung von Charterflugzeugen wie einer Challenger 604 besteht meist nur aus dem Piloten und einer Flugbegleiterin, die dem
Kunden für die gesamte Dauer der Reise zur Verfügung stehen. Deshalb befand sich Ramona in der ungewollten Situation, Harald in
den folgenden zehn Tagen etwas näher kennenzulernen. Er zeigte
sich netter, als sie auf den ersten Blick vermutet hatte, doch als Mann
war er deshalb noch immer nicht ihr Typ. In diesen ersten Tagen ihres
Kennenlernens gab Harald Ramona deutlich sein Interesse an ihr zu
verstehen. Sie fand das lästig und bedrängend, und ein Teil von ihr
wollte nichts lieber, als sich von ihm zurückzuziehen. Ein anderer
Teil empfand eine gewisse Wohltat darin, dass sich ein Mann so intensiv für sie interessierte. Allerdings war es nicht gut, etwas mit Kollegen anzufangen. Mit Gedanken wie diesen ging es in Ramona eine
Weile hin und her.

Obwohl Christine nach zwei Wochen wieder einsatzbereit war, teilte
die Fluggesellschaft Ramona und Harald von nun an häufiger
als Zweierteam ein. Im Laufe der Wochen bemerkte Ramona, dass
Harald offenbar ernsthaftes Interesse an ihr hatte, und in ihren Ge-
sprächen fanden die beiden immer mehr Gemeinsamkeiten heraus.
Schließlich stimmte sie auch privaten Treffen zu, und nach etwa drei
Monaten hatten sie das, was Ramona als eine Beziehung empfand.

SICHTBARE RESONANZ: DIE OFFENSICHTLICHEN ELEMENTE

Aus ihrer Sicht war es ganz sicher keine Liebe auf den ersten Blick und auch nicht auf den zweiten. Dafür hatten die beiden in vorherigen Partnerschaften zu viele Verletzungen erfahren. Also hatten sie sich behutsam angenähert und dabei Schritt für Schritt immer mehr von dem entdeckt, was man für ein gemeinsames Leben brauchte.

Nach zwei Jahren und drei Monaten heirateten sie in einem Hotel in Venezuela. Standesgerecht, fern von zu Hause, wie es sich aus ihrer Sicht für zwei vom Reisen begeisterte Menschen gehörte …

Gleich und gleich: Er ist Pilot, sie ist Flugbegleiterin. Beide lieben Flugzeuge und das Fliegen. Beide lieben Hotels und das Reisen. Und beide lieben ferne Länder.

Gegensätze und Ergänzungen: Er ist der wagemutige, aktiv voranschreitende Typ. Sie ist der vorsichtige, bedachtsame Typ. Er ist es gewohnt, die Führung und die Verantwortung zu übernehmen. Sie ist es gewohnt, im Hintergrund dafür zu sorgen, dass alles perfekt läuft.

Einiges von dem, was Ramona und Harald zusammengebracht hat, ist relativ einfach zu erkennen. Doch es muss noch mehr geben als das, denn sonst ließe sich nicht erklären, was nach wenigen Monaten begann …

Um es zu verstehen, sehen wir uns zunächst die verborgenen Elemente der Anziehung an.

Unsichtbare Resonanz: Die verborgenen Elemente der Anziehung

Neben der meist leicht erkennbaren sichtbaren Resonanz wirken noch weitere Kräfte, die dafür sorgen, wer sich für eine Beziehung zu wem hingezogen fühlt. Wie bei einem Puzzle, in dem Teile fehlen, rufen verborgene Muster nach ebenfalls verborgenen, aber genau passenden Verhaltensweisen und Eigenschaften in einem anderen Menschen.

»Mit mir kann man es ja machen ...« – Handlungsmöglichkeiten ziehen sich an

Ein Teil Ihrer nicht sofort sichtbaren Anziehung ist das, »was man mit Ihnen anstellen kann«. Alles, was Sie mit sich machen lassen, zieht unbewusst solche Menschen an, deren inneres Muster auf der Suche nach jemandem ist, mit dem »man es so machen kann«. Manches davon würden Sie zu Beginn einer Beziehung nicht zulassen. Deshalb aktiviert sich das Muster Ihres Gegenübers oft erst später. Manchmal nach Monaten oder sogar erst nach Jahren. Man sagt dann oft, der Partner hätte sich als jemand ganz anderer »entpuppt« als der, der er zu Beginn zu sein schien.

Das liegt daran, dass es einem Muster nicht um die Liebe geht, nicht um den Partner oder um gute Gefühle, und auch nicht um Logik oder darum, es richtig zu machen. Es geht ihm nur um eines: dass es irgendwann ablaufen kann. Solche Muster sind weder Sie selbst, noch ist es Ihr Partner. Ein Muster ist einfach nur ein Muster. Und es verliert seine Kraft, wenn es entdeckt und angesehen wird.

Über auffällige Verhaltensweisen Ihres Beziehungs-
partners können Sie bereits einige erste verborgene Muster in Ihnen selbst entdecken.

- Falls sich der andere irgendwann als bestimmend oder
dominant entpuppt, könnte es einen Anteil in Ihnen
geben, der es zulässt oder es sogar auf eine Weise gut
findet, »geführt« zu werden. Falls Sie am liebsten die
Verantwortung in einem wichtigen Lebensbereich abgeben würden, vielleicht weil Sie glauben, Sie wären
nicht gut genug oder andere könnten es besser, wäre es
normal, dass Sie einen Partner anziehen, der diese Verantwortung an sich nimmt.
- Wenn ein Partner sich nicht zu Ihnen bekennt, könnte
es selbstablehnende Anteile in Ihnen geben, die dafür
sorgen, dass Sie sich nicht zu sich selbst bekennen.
Oder solche, die sich – ein direkter Spiegel – nicht
wirklich zu Ihrem Partner bekennen.
- Falls sich ein Partner als wenig hilfsbereit, ausnutzend
und letztlich unachtsam erweist, könnte es einen Anteil in Ihnen geben, der sich ausnutzen lässt. Vielleicht
weil er dazu erzogen wurde, Leistung für andere zu
bringen und deren Leben zu erleichtern, ohne auf sich
selbst zu achten.
- Wenn Ihr Partner häufig »nicht da« ist, wäre es möglich, dass bestimmte Anteile in Ihnen das ganz gut finden, vielleicht weil Sie Angst vor zu viel Nähe haben.

Sie werden im Verlauf der folgenden Kapitel noch viele
weitere mögliche Zusammenhänge entdecken.

»Auf keinen Fall will ich …« – Ablehnung zieht sich an

Eine weitere bekannte und dennoch oft unbemerkte Anziehung ist das, was Sie deutlich »nicht möchten«. Was Sie »nie wieder erleben wollen«, ist in Ihnen als so klare Vorstellung vorhanden, dass es Partner anzieht, deren Muster jemanden mit genau diesem Thema suchen. Entweder wird einer kommen, der Ihre Meinung teilt, oder es kommt jemand, dessen Muster einen Spiegelpartner mit innerer Abwehr sucht.

- Wenn Sie zum Beispiel nie wieder verletzt werden möchten und einen Partner anziehen, der diese Meinung teilt, könnte daraus eine Beziehung entstehen, in der sich beide gegenseitig wie ein rohes Ei behandeln und aus Angst vor Verletzungen nur eine begrenzte Nähe zulassen. Oder es kommt ein Partner, der nie etwas anderes erlebt hat, als dass ein Teil von Beziehungen daraus besteht, sich zu verletzen. Und nun macht er einfach mit Ihnen so weiter, wie er es kennt.

- Falls Sie innerlich verurteilen, dass die Beziehungen mancher Mitmenschen scheinbar nur oberflächlich ablaufen und mit gegenseitigen Verletzungen enden, könnten Sie Partner anziehen, die oberflächlich sind und anderen Verletzungen zufügen. Oder Sie ziehen einen Partner an, der voll und ganz Ihrer Meinung ist, weil er genau dieses Trauma selbst erlebt hat. Und dennoch könnte auch bei Ihnen' beiden genau dieses Ungewünschte schon wieder ablaufen, weil das Ablehnungstrauma die gefürchtete Situation erneut erzeugt.

Gemeinsame Ablehnung von etwas ist keine gute Basis für eine dauerhafte Partnerschaft. Gemeinsame Annahme und Toleranz gegenüber Menschen und dem Leben hingegen schon.

»Das kenne ich doch von …« – Unbewusst Vertrautes zieht sich an

Eine weitere Anziehungskraft entsteht durch »das, was Sie kennen«. Selbst wenn Sie es nicht haben wollen, ist es dennoch das, was Ihnen vertraut ist. Ein typisches Beispiel ist die Beziehung, wie die Eltern sie gelebt haben. Es ist eindeutig etwas, das Sie kennen. Wie sich Ihr Vater zu Ihrer Mutter verhalten hat, speicherte Ihr Unterbewusstsein sehr früh als »Mann in Beziehung mit Frau« ab.

Heute sind Sie erwachsen. Sie haben sich Ihre eigene Meinung gebildet und beschlossen, vieles ganz anders zu machen. Und dennoch ist die Beziehung der Eltern etwas, das Ihr Unterbewusstsein sehr gut kennt.

Ihr Wachbewusstsein, also das, was Sie als »Ich« empfinden, sucht natürlich immer das, was Sie sich wünschen, weil es schön, angenehm, vernünftig oder logisch ist. Ihr Unterbewusstsein hingegen sucht das, was ihm vertraut und bekannt vorkommt. So entstehen immer wieder neu jene scheinbar unerklärlichen Ereignisse in Ihrem Leben, die Sie an etwas Altes erinnern. Obwohl Sie vielleicht glaubten, es wäre schon lange innerlich verarbeitet und gelöscht.

- Falls Ihr Partner plötzlich Meinungen äußert oder reagiert wie Ihr Vater, erkennen Sie, was Ihr Unterbewusstsein noch mit Ihrem Vater in inneren Frieden bringen möchte.
- Wenn Ihre Partnerin Sie in bestimmten Situationen an Ihre Mutter erinnert, erkennen Sie in diesem Moment, welches Thema Ihr Unterbewusstsein noch abschließen möchte.
- Wenn die ganze Beziehung sich so entwickelt, wie Sie es immer vermeiden wollten, eben weil Sie es so gut von zu Hause kennen, sehen Sie, welche Bedeutung ein Teil von Ihnen Ihrer Kindheit noch beimisst. Das ist kein Fehler, sondern will Sie daran erinnern, dass Sie hier und jetzt als freier Erwachsener leben.

Ramona im Regen (2)

Nach ihrer Hochzeit verbrachten Ramona und Harald noch zwei Wochen auf einer wirklich traumhaften Rundreise durch Venezuela. Tropische Wasserfälle, endlose menschenleere Strände mit karibischem Flair, abenteuerliche Rundfahrten durch den Urwald ... Es war nicht so schön, wie Ramona es sich immer vorgestellt hatte. Es war noch viel schöner. Harald stellte sich als galanter, zuvorkommender Ehemann heraus, der seine neue Frau förmlich vergötterte.

Zurück zu Hause ging das Abenteuer weiter. Die beiden beschlossen, sich nach einer größeren Wohnung in einer schöneren Umgebung umzusehen. Während dieser Suche kam Harald auf den Gedanken, dass bei den aktuell günstigen Zinsen und seinem guten

UNSICHTBARE RESONANZ: DIE VERBORGENEN ELEMENTE

Einkommen als Pilot Wohneigentum sinnvoller wäre als eine Miet-
wohnung. »Warum nicht jeden Monat in unsere eigene Tasche zah-
len?«, schlug er vor.

Ramona fand das verständlich und vernünftig. Allerdings erlaubten
ihr bescheidenes Einkommen als Flugbegleiterin und ihre kaum vor-
handenen Ersparnisse keinen nennenswerten Beitrag zum stolzen
Preis einer solchen Wohnung.

»Kein Problem«, beruhigte sie Harald. »Das schaffe ich auch allein.«
Ramona stimmte zu, und so suchten die beiden fortan nach Kauf-
möglichkeiten.

Wenn man kauft, überlegt man länger und wählt noch genauer
aus. Harald hatte sehr präzise Vorstellungen, was er wollte und was
nicht. Und je mehr Wohnungen sie ansahen, umso deutlicher machte
er seine Meinung. In vielem waren sie sich einig, doch in manchen Punkten hatte das frisch getraute Paar unterschiedliche Vorstellungen. So wollte Harald möglichst nahe am Flughafen im Norden der Stadt wohnen und Ramona möglichst nahe am See im
Süden. Ihr machten längere Zugfahrten wenig aus, ihm aber schon.
So pendelten sie bei der Immobiliensuche immer wieder zwischen
den beiden Regionen hin und her, bis sie eines Tages eine Dach-
terrassenwohnung im von Ramona wenig geliebten Norden besich-
tigten.

»Das ist es«, entfuhr es Harald spontan, als er aus dem Wohnzimmer auf die Terrasse trat und in der Ferne, fast nicht mehr hörbar, ein
Flugzeug starten sah.

Ramona erinnerte sich an den See und wie sehr sie es geliebt hatte,
im Sommer mit dem Fahrrad in wenigen Minuten beim Baden zu
sein.

»Wollen wir nicht noch einmal darüber nachdenken?«, fragte sie
ihren Mann.

»Was gibt es da noch nachzudenken?«, antwortete Harald. *»Es hat alles, was wir immer wollten.«*

»Aber es ist kein See in der Nähe. Und dieser Ort ist wie ausgestorben.« Sie stellte sich vor, wie ihr Leben hier wäre, falls sie Kinder bekämen. In diesem kleinen Vorort zwischen Stadt und Flughafen würde sie sich verloren und verlassen fühlen. Im Moment hatten sie zwar noch keine Kinder geplant, aber falls …

»Ein wenig könntest du daran denken, dass ich derjenige bin, der es bezahlen muss«, warf Harald ein, als hätte er ihre Gedanken gespürt. *»Und ich fände es schön, wenn zumindest auf meinen Wunsch nach Nähe zum Flughafen eingegangen wird.«*

In diesem Moment spürte Ramona, wie eine bedeutende Wende in ihre Beziehung kam.

Die Macht hatte Einzug gehalten …

»Eines habe ich dabei gelernt …« – Wachstumsmöglichkeiten ziehen sich an

Die vierte auf den ersten Blick unsichtbare Anziehungsursache ist Ihre Seele – und die des anderen. Seelen ziehen sich an, weil sie miteinander ganz bestimmte Lebenssituationen erleben möchten. Sie finden sich, weil sie eine gemeinsame Aufgabe haben. Diese Aufgabe kann sehr schön und freudvoll sein, kann jedoch auch Anstrengung und einiges an Leid bedeuten. Und dennoch ist es die gemeinsame Aufgabe.

Wie auch immer diese zunächst verborgene Herausforderung für beide aussehen mag, sie beinhaltet ein gemeinsames Seelenziel: das Wachstum. Den Weg zur Erkenntnis darüber, wer Sie selbst sind. Den Weg, die

eigene Mitte und die eigene Kraft zu finden. Und die Erkenntnis, was Liebe im Gegensatz zu menschlicher Beziehung bedeutet.

Haben Sie sich also »persönliches Wachstum« als
eines Ihrer Ziele ins Tagebuch Ihres Lebens notiert, können Sie sicher sein, dass dieser Beschluss mit der höheren
Absicht Ihrer Seele übereinstimmt. Dann finden Sie in
jeder Situation letztlich auch gute Seiten. Wenn nicht
sofort, dann im Rückblick.

»Ich weiß gar nicht genau, warum …« – Liebe zieht sich an

Der fünfte verborgene Grund, der Menschen wie Magneten gegenseitig anzieht, ist die Liebe. Verborgen deshalb,
weil in der Anziehungs- und Kennenlernphase nicht immer offensichtlich ist, ob echte Liebe oder eher Verliebtheit oder andere Anziehungs- und Bindungsprogramme
wirken. Wirkliche Liebe zeigt sich häufig erst später, wenn
die »Gründe« verschwinden, weil Liebe keine Gründe
braucht. Vielleicht zeigt sie sich besonders in Krisensitu-
ationen, wenn alles ganz anders läuft als je geplant. Dann
erleben Sie, ob Ihre Verbindung im Herzen alle anderen
Kräfte überdauert.

Das Schicksal als Grund
Ihrer Beziehung

Sehr viele Partnerschaften sind Lern- und Wachstumsbeziehungen. Endet das gemeinsame Wachstum, so verschwindet auch zumindest diese Basis der Beziehung. Als Ergebnis fühlen beide Hälften eine bisherige Verbindung schwinden und fragen sich vielleicht, ob gerade die Liebe verschwindet. Manche trennen sich dann, mit dem fahlen Gefühl, die Beziehung wäre »stehen geblieben«. Oder aber sie bleiben zusammen, und ihre Beziehung erreicht ein neues Niveau: die Ebene von Schicksal.

Das Wort »Schicksal« ist für viele mit einem Schulterzucken verbunden. Manchmal wird es als Synonym verwendet, wenn man sagen will: »Keine Ahnung«. Doch Schicksal bedeutet nicht Zufall oder Unerklärlichkeit. Schicksal bedeutet: Es gibt eine höhere, Sie verbindende Kraft, und diese Kraft kann zwei Dinge wollen:

- dass Sie einfach nur zusammen sind, oder
- dass Sie zusammen sind, um etwas ganz Bestimmtes gemeinsam zu erleben.

Den ersten Fall erkennen Sie daran, dass Sie, beiderseitig gefühlt, unmöglich *nicht* zusammen sein können. Auch ohne erklärbare Gründe hält das Schicksal Sie miteinander verbunden, ganz gleich, was Ihr Verstand Ihnen sagt und was Sie probieren. Es mag sein, dass sich Ihre Beziehung im Laufe der Zeit immer wieder deutlich verändert, aber dann bleiben Sie eben in den neuen Zuständen zusammen.

DAS SCHICKSAL ALS GRUND IHRER BEZIEHUNG

Hier gibt es oft eine Verwechslung mit einseitiger Verliebtheit oder Abhängigkeit. Wenn man einseitig verliebt ist, denkt man vielleicht: »Was ich für ihn/sie fühle, ist so stark wie nichts anderes zuvor. Das muss ein Signal des Schicksals dafür sein, dass wir zusammengehören.« Doch so arbeitet das Schicksal nicht. Schicksal ist ein Seelengrund. Wenn das Schicksal es wirklich will, müssen nicht Sie es erzwingen, nicht hinterlaufen, nichts beweisen oder sich groß bemühen. Wenn Ihre Seele und die Seele des anderen zusammen sein wollen, wird das Schicksal Sie beide gleichzeitig, zwanglos und mit dem Gefühl von Freiwilligkeit, zusammenfügen. Und falls das Schicksal es in diesem Leben nicht will, wird es keinem von Ihnen beiden gelingen, das zu ändern. Deshalb sagt man auch, man könne Schicksal nur annehmen lernen. Nicht weil es Zufall wäre oder unverständlich oder weil es keine Regeln gäbe. Sondern weil die Kräfte so groß sind, dass man sie nicht beugen, sondern sich am Ende nur vor ihnen verneigen kann.

Das Schicksal will also vielleicht, dass Sie zusammen sind, ohne eine weitere Aufgabe. Manchmal genügt das. Für die Seele geht es dann nur um das Zusammensein selbst, um eine gemeinsam verbrachte Zeitstrecke und nichts weiter. Sie müssen nicht darum kämpfen, weil es ohnehin geschieht. Manchmal dauert diese Zeitstrecke ein ganzes Leben und manchmal ist sie kürzer.

Oder das Schicksal will, dass Sie gemeinsam etwas Bestimmtes tun. Dann dürfen Sie »die gemeinsame Aufgabe in Ihrer Beziehung« entdecken.

Lernen können Sie mit jedem.
Ein Schicksal teilen nicht.

Ramona im Regen (3)

»*Ich fände es schön, wenn zumindest auf meinen Wunsch nach Nähe zum Flughafen eingegangen wird.*« *Der Moment, in dem Harald begann, zu Ramona im unpersönlichen Passiv zu sprechen und sie damit zur Nichtperson herabzustufen, versetzte ihr einen enormen Stich. Denn genau dieses Verhalten und diese Wortwahl hatte sie in der Beziehung zwischen ihren Eltern erlebt.*

»*Es wäre schön, wenn ich wenigstens in meinem Zuhause meine Ruhe hätte*«, *war so ein Satz ihres Vaters. Ihre Mutter hatte das Verhalten von Ramonas Vater später das Herr-im-Haus-Syndrom genannt. Es hatte sich aktiviert, als sie mit Ramona schwanger wurde und nicht mehr arbeiten konnte. Ramonas Vater war zum Alleinverdiener geworden, und entsprechend hatte sich sein innerer Verantwortungsdruck erhöht. Immer häufiger kam er genervt nach Hause. Zum Ausgleich für die schwere Arbeit forderte er von seiner Frau ein, bedient und umsorgt zu werden. Im Laufe der Jahre hatte sich diese Haltung so verstärkt, dass Ramona sich an ihre Mutter nur in Hauskleid und Küchenschürze erinnern konnte, während sie Vater bediente. Und statt Achtung und Dankbarkeit erntete sie dafür noch mehr Forderungen, Unachtsamkeit und Missachtung.*

»*In meinem Haus sage noch immer ich, wie es läuft.*« *An Aussprüche wie diesen erinnerte sich Ramona gut.*

»Wer von uns beiden zahlt denn die Wohnung? Du oder ich?«, hatte
Harald gefragt, als Ramona am Abend nach der Besichtigung noch-
mals einhaken wollte. Als wäre ihr Vater für einen kurzen Moment in
ihren Mann geschlüpft.

Trotz allem gab Ramona nach und die beiden bezogen die neue
Wohnung. Ramona war schon immer ein anpassungsfähiger Mensch
gewesen und so freundete sie sich innerlich ganz gut mit der Situa-
tion an. Man konnte überall auch Vorteile entdecken, wenn man nur
seine Einstellung veränderte.

Wäre Ramona nicht schon aufmerksam gewesen, wäre ihr wahr-
scheinlich entgangen, dass Harald langsam, aber stetig weitere selt-
same Eigenschaften entwickelte, in denen sie Parallelen zu ihrem
Vater erkannte. Eine war, dass er sich von Ramona immer mehr um-
sorgen und bedienen ließ, obwohl er sich zu Beginn der Beziehung
genau andersherum gezeigt hatte, also zuvorkommend war und sich
aktiv um Ramonas Wohl gekümmert hatte. Seltsamerweise flogen sie
schon bald nicht mehr zusammen dieselbe Linie. Sie verbrachte nun
mehr Tage im Monat zu Hause als ihr Mann. Aus den gemeinsamen
Kochabenden am Wochenende wurden Abende, an denen Ramona
das Essen bereitete und Harald erst an den Tisch kam, wenn es fertig
war. Oft musste sie ihn sogar mehrmals darum bitten, damit er über-
haupt kam.

Statt die wenige freie Zeit, so wie früher, möglichst mit ihr zu ver-
bringen, zog Harald sich immer häufiger in sein Hobby des Modell-
flugzeugbaus zurück. Er war kein Mann mit vielen Freunden, des-
halb verließ er auch kaum das Haus, um sich mit anderen zu treffen.
Doch nun waren auch sie beide immer seltener gemeinsam unter-
wegs.

All dies geschah nicht schnell, sodass man es gut hätte bemerken
können. Es zog in die Beziehung ein, wie eine einzelne erste Ameise

in der Wohnung eine weitere Ameise nach sich zieht. Und diese wieder eine weitere. Solange, bis die Spur gelegt ist und man plötzlich eine fertige Straße entdeckt ...

Die Aufgabe als ein Grund Ihrer Beziehung

Manchmal ahnt man schon, dass man nicht allein wegen der Liebe eine Beziehung eingegangen ist. Falls sich in Ihnen also die Frage erhebt: »Warum bin ich eigentlich mit meinem Partner zusammen?«, haben Sie einen Hinweis, dass eine Aufgabe danach ruft, entdeckt zu werden. Einige Aufgaben ahnt man intuitiv schon lange. Andere kann man vielleicht einfach noch nicht sehen, obwohl man spürt, dass sie da sind. Vielleicht hilft Ihnen die Übersicht über die häufigsten gemeinsamen Beziehungsaufgaben dabei, die Ihre zu erkennen.

Die gemeinsame Aufgabe

Gemeinsame Aufgaben in einer Beziehung können Lernaufgaben oder Schicksalsaufgaben sein. Gemeinsame *Lernaufgaben* können sein:

- Den Unterschied zwischen Liebe und Beziehung verstehen und lernen, wie man das eine mit dem anderen verbinden kann.
- Sich einfach lieben dürfen, auch wenn die Beziehung nicht möglich ist oder nicht so funktioniert wie gedacht.

- Zusammensein, ohne sich zu schaden.
- Erkennen, was Liebe mit Freiheit zu tun hat.
- Erkennen, was Bindungen und Muster sind.

Gemeinsame *Schicksalsaufgaben* können zum Beispiel sein:

- Kinder bekommen.
- Ein Haus bauen.
- Bestimmte Orte auf der Welt zusammen besuchen.
- Gemeinsam für etwas stehen, sodass andere es sehen und erleben können.
- Gemeinsam jemanden pflegen.
- Zusammen etwas ganz Neues aufbauen und zum Erfolg bringen.
- Eine ganz bestimmte, zusammen begonnene Aufgabe zu Ende bringen, ohne mittendrin aus Beziehungsgründen abzubrechen.

Es sind deshalb Schicksalsaufgaben, weil das Vollbringen am Ende die Seele von der Aufgabe für immer frei machen wird.

Die persönliche Aufgabe
Persönliche Aufgaben in einer Beziehung, also solche, die Sie vor allem in sich selbst zu erledigen haben, können sein:

- Seinen Platz als erwachsener und gleichwertiger Partner an der Seite eines anderen erwachsenen Partners einnehmen.

DAS ERSTE GEHEIMNIS DES SPIEGELS: DER DIREKTE SPIEGEL

- Den Platz im Leben für sich selbst finden und einnehmen, ganz gleich, wie der andere das findet.
- Lernen, was Liebe ist und was nicht.
- Kämpfen lernen, statt ertragen.
- Sich von der Beziehung befreien, statt an der Beziehung zu hängen.
- Erkennen, wie groß man in Wahrheit ist, statt sich klein zu machen.
- Lernen, eine Macht oder Fähigkeit nicht gegen den anderen auszuüben, auch wenn man es könnte.
- Geben lernen, wo man nehmen könnte.
- Situationen ohne Widerstand annehmen lernen.
- Verzeihen lernen.
- Lernen, Hilfe anzunehmen.
- Lernen, was Loslassen ist und was Losgelassenwerden ist.
- Erkennen, was Wahrheit und Illusion über einen Menschen voneinander unterscheidet.

All dies schickt einem das Leben selten als Gesamtpaket. Manchmal geht es nur um einen einzelnen nächsten Schritt, ein anderes Mal kommen mehrere Aufgaben gleichzeitig zusammen.

DIE AUFGABE ALS EIN GRUND IHRER BEZIEHUNG

Ramona im Regen (4)

Ramona liebte Harald. Sie wollte nicht wieder allein leben, nicht wieder nach einem neuen Partner suchen müssen. Gleichzeitig entdeckte sie immer weitere Ähnlichkeiten zur Beziehung ihrer Eltern. Natürlich war auch vieles anders, doch in einigen Dingen entwickelte Harald unaufhaltbar eine Einstellung, die Ramona nur noch als selbstbezogen einstufen konnte. Aus dem schönen »Wir-Gefühl« der ersten Zeit war der Routineablauf eines ichbezogenen Alltags geworden.

Ramonas Einsatzplan unterschied sich nun deutlich von Haralds. Waren sie zu Beginn ihrer Beziehung auf fast allen Flügen zusammen eingeteilt gewesen, so führten die Umstände inzwischen trotz gegenteiliger Wünsche der beiden dazu, dass sie sich manchmal nur an wenigen Tagen im Monat zu Hause sehen konnten. Um mehr gemeinsame Zeit verbringen zu können, meldete sich Ramona in der Zentrale immer wieder als nicht verfügbar, sobald sie wusste, dass Harald am Wochenende freihatte.

Doch es wurde einfach nicht mehr wie früher. Und so dachte Ramona darüber nach, ob es an der Zeit wäre, Kinder zu bekommen. Kinder wären eine feste Größe, etwas, das zwei Menschen zusammenschweißen würde. Dann wäre sie immer da, wenn Harald heim käme.

»Schatz, was hältst du davon, wenn wir ein Kind bekommen würden?«, fragte sie Harald eines Tages. Und was auch immer er gleich sagen würde, sie wusste die Antwort bereits nach einer Sekunde. Denn ihr Mann zuckte sichtbar zusammen.

»Ein Kind?«

»Wir haben doch früher oft darüber gesprochen.« Sie wählte einen besonders sanften Tonfall.

DAS ERSTE GEHEIMNIS DES SPIEGELS: DER DIREKTE SPIEGEL

»Aber klar, natürlich«, meinte Harald. »Darüber können wir nachdenken.«

Die Art, wie er es sagte, versetzte Ramona wieder einen Stich. Später wurde ihr bewusst, dass in diesem Moment ihre letzte Illusion zerbrach. Natürlich hatte er nicht in Worten Nein gesagt. Aber »etwas in ihm« sagte Nein.

Dann lasse ich es mir jetzt wenigstens gut gehen, dachte Ramona. Wenn sie schon an einem Ort wohnen musste, den sie nicht gewählt hatte, und ihr Mann sie behandelte wie eine Person zweiter Klasse, wollte sie zumindest so viel schöne Zeit wie möglich nach ihren eigenen Vorstellungen erleben. Sie begann damit, Teile der Wohnung anders einzurichten, sich neue Kleidung zu kaufen, und sie wollte ein Auto, nur für sich, damit sie zu Freundinnen und an den See fahren konnte, wenn ihr danach war.

Harald stimmte langsam, aber stetig ihren Wünschen zu. Sie hatte den Eindruck, dass er einfach keinen Ärger wollte. Gleichzeitig wurde er immer einsilbiger. Ramona hingegen war ein Mensch, der die Dinge über Reden verarbeitete.

An einem Wochenende im Mai verabredete sie sich mit ihrer Freundin und Kollegin Christine zu einer Bergwanderung.

»Und, wie geht es dir mit Harald?«, erkundigte sich Christine. Die beiden waren schon einige Stunden unterwegs und gingen gerade einen Ziehweg hinab ins Tal.

»Er ist gerade in Moskau«, antwortete Ramona.

»Du weißt schon, wie ich es meine«, sagte Christine. »Wie geht es euch miteinander?«

Ramona hatte sich mit Christine bisher nicht besonders vertraulich über ihre Beziehung unterhalten, doch sie spürte deren ehrliches Interesse. Und so begann sie alles zu erzählen, was ihr auf dem Herzen lag.

DIE AUFGABE ALS EIN GRUND IHRER BEZIEHUNG

Als sie fertig war, sagte Christine: »Und wegen mir bist du damals mit Harald geflogen.«

»Ja, ich weiß«, sagte Ramona.

»Weißt du auch, wo das mit meinem Fuß damals passiert ist?«

»Keine Ahnung. Beim Wandern, denke ich?«

Christine deutete auf den Weg vor ihnen.

»Das gibt's nicht, oder?«, sagte Ramona.

Ihre Freundin nickte. »Weiter unten wird es steiler. Und damals war hier noch nichts befestigt. Wie lange ist das jetzt her?«

»Fast neun Jahre«, sagte Ramona. Sie erschrak. »Oh Gott, wie schnell die Zeit vergangen ist!«

Damals war sie allein gewesen und hatte eigentlich gar keine Lust auf eine Beziehung gehabt. Zu Harald hatte sie sich eher abweisend verhalten, aber dennoch hatte dieser Mann, im Gegensatz zu anderen, einfach nicht lockergelassen. Irgendwie hatte Ramona seine liebenswerten Seiten herausgefunden. Sie entdeckte, dass nicht nur die Freude am Fliegen und an fernen Ländern sie miteinander verband, sondern viele andere gemeinsame Interessen und Lebensideen. Genug, um es zu teilen. Ramona überlegte, wie das alles gekommen war, obwohl sie zu genau diesem Moment definitiv keine Partnerschaft gewollt hatte.

Richtig, Christine hatte sich den Fuß verstaucht und Ramona war eingesprungen. Aber die Fluggesellschaft hatte die Einsatzpläne, selbst nach Christines Gesundung, so verändert, dass Harald und sie plötzlich dauernd zusammen reisten. Und das, obwohl Harald ihr auch später immer wieder versichert hatte, dass er damit nichts zu tun hatte. Die Heirat in den Tropen war genau das wunderbare Märchen gewesen, das sich Ramona immer erträumt hatte. Auch danach hatten sich so viele ihrer Sehnsüchte und Träume erfüllt wie nie zuvor in so kurzer Zeit. Und mit der Wohnung hatte sich immerhin ein großer Traum ihres Mannes erfüllt.

DAS ERSTE GEHEIMNIS DES SPIEGELS: DER DIREKTE SPIEGEL

Fast synchron mit der Veränderung ihrer Gefühle zueinander, veränderten sich auch die Flugeinsatzpläne. Harald und Ramona entfernten sich innerlich voneinander, und das äußere Leben reagierte darauf. So, als würde ihnen jemand zusehen und dafür sorgen, dass alles nach einem versteckten Plan ablief.

»Ich glaube, ich fange gerade an zu ahnen, wie das alles gekommen ist«, sagte Ramona zu ihrer Begleiterin.

Christine sah sie fragend an.

»Glaubst du an Schicksal?«, erkundigte sich Ramona.

Christine dachte einen Moment nach.

»Ich weiß es nicht«, sagte sie schließlich.

»Ich inzwischen schon«, sagte Ramona. »Das Schicksal erschafft Situationen, die man selbst vielleicht gar nicht gewählt hätte. Es erschafft sie, weil man etwas erleben soll, das man ansonsten nicht erlebt hätte. Das Schicksal ist wie ein Lehrer, der möchte, dass man etwas Wesentliches versteht.«

Ramona blieb stehen und sah Christine an. »Ich habe mich abhängig gemacht, von meiner eigenen Idee, ich müsste mich immer wieder anpassen. Nett sein und anderen Leuten die Wünsche erfüllen, ist ja mein Beruf, und den liebe ich. Also habe ich es auch privat so gemacht und dabei meine eigenen Wünsche vergessen. Damit ich das erkennen kann, hat das Schicksal mich mit Harald zusammengebracht.«

»Und was wirst du jetzt tun?«, fragte Christine.

»Im Herzen liebe ich ihn«, sagte Ramona. »Ich denke, ich werde ihm erzählen, was ich herausgefunden habe. Dann kann er seinen Anteil an unserem Schicksal sehen. Und dann haben wir vielleicht eine gute Chance für einen Neubeginn.«

Während die beiden langsam weiter durch ein Waldstück den Berg hinabgingen, begann es leise zu regnen.

An einer Beziehung
ist das Schicksal der Anteil,
der Sie zusammenbringt.
Wie viel Sie davon erforschen
und was Sie daraus machen,
ist Ihr Anteil.

DAS ZWEITE GEHEIMNIS DES SPIEGELS:

SYNCHRONISATION

Das Erlebnis der Übertragung verstehen

»Warum fanden wir uns am Anfang so gleich und am Ende so verschieden?«

DAS ZWEITE GEHEIMNIS DES SPIEGELS: SYNCHRONISATION

Wenn Sie mit einem Menschen, den Sie mögen, spazieren gehen, werden Sie erleben, dass Ihre Schritte in einen gemeinsamen Takt kommen. Dieser verbindende Takt beim Gehen kann entweder identisch sein – also Ihr Partner macht einen Schritt mit dem linken Bein und Sie ebenfalls – oder gegenläufig. Wichtig ist nur der gemeinsame Rhythmus, denn das ist es, was Sie beide unbewusst wahrnehmen. Manchmal fällt einem sogar auf, dass der Rhythmus nicht stimmt und man passt seinen Schritt bewusst dem Partner an.

Irgendwann setzen Sie sich vielleicht zusammen auf eine Parkbank, um sich zu unterhalten und die Landschaft zu genießen. Während Sie sich über ein spannendes Thema austauschen, schlägt einer von Ihnen ein Bein über das andere. Kurz darauf schlägt auch der andere das gleiche Bein über das andere.

Später sitzen Sie vielleicht zusammen in einem Café. Einer holt sein Handy heraus, um nach Nachrichten zu sehen. Der andere macht ohne großes Nachdenken dasselbe.

Danach gehen Sie vielleicht zusammen einkaufen. Sie sehen sich die neueste Mode an und finden eine Jacke, die Ihnen besonders gut gefällt. Weil Sie tatsächlich eine Jacke brauchen, entschließen Sie sich, sie zu kaufen. Plötzlich bekommt Ihr Begleiter das Gefühl, er bräuchte eigentlich auch eine neue Jacke. Und obwohl er vielleicht genügend Jacken im Schrank hat, fehlt ihm jetzt etwas.

DAS ZWEITE GEHEIMNIS DES SPIEGELS: SYNCHRONISATION

Vielleicht wird er hin und her überlegen. »Eigentlich brauche ich es nicht, aber andererseits wäre es schon mal wieder nötig ...« Am Ende kauft er vielleicht irgendetwas, nur um auch etwas Neues zu haben. So wie Sie.

Den Vorgang, sich dem anderen anzupassen, ohne je eine bewusste Entscheidung darüber zu treffen, nennt man »Synchronisieren«. Es ist ein natürliches Zeichen von Verbundenheit. Falls man Sie direkt darauf ansprechen würde, würden Sie wahrscheinlich erklären, sich dessen nicht bewusst zu sein. Und damit lägen Sie richtig, denn Synchronisieren macht nicht Ihr Verstand, sondern Ihr Unterbewusstsein.

- »Ich soll mein Bein genauso gehalten haben wie mein Freund? Kann schon sein, aber ich habe nichts bemerkt.«
- »Stimmt, jetzt wo ich darüber nachdenke, sehen wir immer gleichzeitig nach unseren Handys.«
- »Wir haben meistens zur selben Zeit Lust auf dieselben Sachen. Manchmal denken und sagen wir sogar im selben Moment etwas Identisches.«
- »Tatsächlich, wir ziehen oft am selben Tag unabgesprochen ganz ähnliche Kleidung oder Farben an.«

Synchronisieren ist etwas, das Sie wie von selbst mit dem anderen verbindet. Und weil es unbewusst, also ohne großes Nachdenken, stattfindet, verbinden sich sowohl angenehme Teile Ihres Unterbewusstseins mit Ihrem Gegenüber als auch solche, die zu Konflikten, Spannungen und unschönen Gefühlen führen können.

Sie wissen es nicht. Sie beschließen es nicht.
Vielleicht wollen Sie es nicht einmal.
Und dennoch beginnt etwas zwischen Ihnen
und dem anderen damit,
aufeinander zu reagieren.

Sie. Der andere.
Und die unsichtbare Wolke

Solange sich zwei Menschen direkt sehen, könnte man noch vermuten, dass sie sich ihr Verhalten einfach nur gegenseitig abschauen. Deshalb hat man in aufwendigen Experimenten untersucht, ob die gegenseitige sichtbare Anwesenheit für das Synchronisieren zweier Lebewesen eine Grundbedingung ist.

Sie ist es nicht. Lebewesen reagieren selbst dann aufeinander, wenn sie sich nicht sehen können, sich in verschiedenen Räumen oder gar an anderen Enden der Welt befinden. Man hat zum Beispiel Tiermütter Hunderte von Kilometern von ihrem Nachwuchs getrennt. Wenn der Nachwuchs Angst hatte, bekam die Mutter zeitgleich ebenfalls Angst. Man hat Haustiere von ihren Bezugspersonen getrennt und konnte sekundengleiche Reaktionen auf bestimmte Entscheidungen von Herrchen oder Frauchen beobachten. So wurden Hunde zu Hause genau in dem Moment aktiv, wenn der Besitzer im Büro aufstand und sich auf den Heimweg machte. Auch wenn die

Uhrzeit jedes Mal eine andere und unvorhersehbar war. Es ist, als würde eine unsichtbare Standleitung Lebewesen miteinander in Resonanz halten. Wie diese Verbindung beschaffen ist, wird beispielsweise unter dem Stichwort »morphische Felder« und zum Teil auch bei der »Schwarmintelligenz« immer weiter erforscht.

Sie haben den Vorteil, dass Sie nicht auf die Ergebnisse der wissenschaftlichen Forschung warten müssen. Sie wissen bereits, dass es diese unsichtbare Verbindung gibt, weil Sie sie schon oft erlebt haben. Sie können manchmal spüren, wenn Sie jemand von hinten ansieht, wenn jemand an Sie denkt oder gleich anrufen wird. Sie ahnen, wenn ein anderer sich wieder einmal etwas verspäten wird, schon ehe er es Ihnen sagt. Wahrscheinlich haben Sie in Ihrem Leben schon unzählige Male kleine oder größere Voraussagen gemacht oder Ahnungen gehabt, die sich bestätigten. Vielleicht fehlt Ihnen nur noch der eine oder andere erklärende Zusammenhang und Sie verstehen auch diejenigen Ereignisse, hinter denen bislang noch ein Fragezeichen stand.

Stellen Sie sich das, was Sie mit einem anderen Menschen verbindet, wie eine Wolke vor, die Sie beide umhüllt. Ganz gleich, ob Sie gerade an eine Partnerschaft oder an eine andere Art von Beziehung mit einem bestimmten Menschen denken. In diese »Beziehungswolke« hinein sendet jeder von Ihnen:

- seine Gefühle, Wünsche und Sehnsüchte,
- seine Emotionen,
- seine Gedanken, Meinungen und Urteile,

- die Erinnerungen und Befürchtungen mit ihren zuge-hörigen Gefühlen aus dem Unterbewusstsein,
- und natürlich den Anteil von Liebe oder Zuneigung, den jeder für den anderen spürt.

All dies trifft hier zusammen und begegnet sich. Zusätz-lich hat diese Wolke eine ganz spezielle Eigenschaft: Sie umhüllt Sie beide selbst dann, wenn Sie sich nicht am sel-ben Ort befinden. Wenn Sie zum Beispiel an Ihren gerade nicht anwesenden Partner denken, geben Sie Ihre Gedan-ken automatisch in diese Wolke und er wird sie spüren, ganz gleich, wo er gerade ist. Es mag sein, dass sein Ver-stand gerade abgelenkt ist, doch ein anderer Teil von ihm bekommt es dennoch mit.

Sie sind also erstens sichtbar über Ihren Körper, Ihre Worte und Ihr Verhalten mit anderen Menschen verbun-den, und zweitens unsichtbar über Ihre Gefühle und Ge-danken. Und alles, was Sie in diese große Beziehungs-wolke hineingeben, wird beim anderen etwas bewirken.

Natürlich haben Sie zeitgleich verschiedenartige Be-ziehungen. Dann erzeugt jede davon eine eigene, ganz spezielle, Sie verbindende Wolke. Sie selbst können also Teil vieler verschiedener Wolken sein. Doch nicht jede dieser Wolken wirkt in gleicher Intensität auf Sie. Be-deutsam für Ihr Leben sind nur Übertragungswolken mit Personen, die Ihnen innerlich nahestehen oder mit denen Sie viel Umgang haben. Mutter, Vater, Partner, Kind, aber auch Vorgesetzte oder enge Teamkollegen. Alle, mit denen wirklich intensive Beziehung und Austausch statt-findet.

Wie Ihr Glaube die Menschen lenkt

Was Sie über einen anderen Menschen glauben, geht in die gemeinsame Wolke ein und der andere wird es fühlen. Je intensiver Sie etwas glauben, umso stärker wird er es fühlen. Nach einer Weile übertragen sich Ihre Gefühle auf seine Gefühle, ohne dass er das unterscheiden oder verhindern kann. Und was er fühlt, erzeugt dann wiederum seine Gedanken.

Deshalb haben Vorurteile eine so negative Wirkung, und manche Menschen beginnen irgendwann genau das zu tun, was schon immer über sie geglaubt wurde. Genau darum tut es so gut, »an jemanden zu glauben«. Sie sind dann über gute Gefühle miteinander verbunden.

Aus dem gleichen Grund ist die Liebe in Ihnen eine so heilende Kraft für Sie und alle um Sie herum. Weil Liebe Sie in den Zustand versetzt, nicht zu urteilen. In einer Wolke aus Urteilslosigkeit und Annahme kann die Heilung von Bewertung und Verurteilung geschehen. Daran könnte man sich erinnern, wenn man sich gerade eine Meinung über jemanden bilden möchte.

DAS UNACHTSAME REDEN

*E*s gibt die Geschichte von einem Mann, der zum Beichten in die Kirche geht.

»Ich habe schlecht über andere geredet«, gesteht er dem Pfarrer und erwartet, mit der üblichen Auflage einiger Gebete aus seinem schlechten Gewissen entlassen zu werden.

Stattdessen gibt ihm der Geistliche eine Aufgabe: »Nimm dir ein Kissen und ein Messer und steige auf das höchste Dach der Stadt. Schneide das Kissen auf und komm danach wieder hierher.«

Der Mann wundert sich über die seltsame Anweisung, aber weil er sein Gewissen erleichtern will, tut er, was ihm gesagt wurde. Anschließend geht er zurück in die Kirche.

»Und jetzt geh nochmals hinaus und sammle alle Federn wieder ein«, fordert der Pfarrer.

»Aber das geht nicht«, entgegnet der Mann. »Der Wind hat sie inzwischen in der ganzen Stadt verteilt.«

Der Pfarrer nickt. »Und nun erkennst du die Natur des unachtsamen Redens über andere.«

Die Veränderung auf dem Weg

Wenn Sie gemeinsam spazieren gehen, synchronisieren Sie. Wenn Sie gemeinsam den Weg einer Partnerschaft gehen, ebenfalls. Sie passen Ihre Verhaltensweisen aneinander an. Sie übernehmen etwas vom anderen und der andere von Ihnen. Im Lauf der Zeit werden Sie außerdem immer mehr Eigenschaften und Verhaltensweisen entdecken, die Sie zuvor aneinander gar nicht bemerkt hatten. Oder solche, die Sie zu Beginn ganz anders gesehen und empfunden hatten. Auch in sich selbst werden Sie Gefühle und Gedanken entdecken, die Sie entweder überwunden glaubten oder so noch gar nicht wahrgenommen hatten.

Manches zeigt sich früher, nach Wochen oder Monaten, anderes erst nach Jahren. Und so kann es sein, dass ein Mensch, in den Sie zu Beginn einmal verliebt waren und den Sie später vielleicht lieben lernten, Ihnen heute ganz anders erscheint. Sie haben andere Gefühle und denken anders über ihn und sich als früher. Diese Veränderung geschah in so winzigen Schritten, dass Sie es kaum bemerken konnten. Sie haben unbewusst synchronisiert, sich immer wieder aneinander angepasst, damit der Rhythmus weiterhin stimmt. Und dabei könnten Sie sich selbst vergessen haben.

Vielleicht fragen Sie sich dann eines Tages: »Wo habe ich Fehler gemacht? Hätte ich an irgendeiner Stelle des Weges etwas anders entscheiden sollen? Hätte ich es überhaupt gekonnt?«

Falls Sie erkennen, dass Sie gar nicht anders gekonnt hätten, fragen Sie sich vielleicht, welche Kräfte stattdessen die Beziehung lenkten. Und das ist der Moment, in dem Sie das dritte Geheimnis des Spiegels entdecken.

Im Laufe Ihrer Beziehung
verändern sich drei Dinge gleichzeitig:
Das Verhalten Ihres Partners.
Ihr eigenes Verhalten.
Und die Art, wie Sie beide sich gegenseitig wahrnehmen.
Wenn Ihnen das auffällt, hat sich Ihre Aufgabe verändert.
Dann geht es nicht mehr um Bewahren,
sondern um Wachsen.

DAS DRITTE GEHEIMNIS DES SPIEGELS:

DAS ECHO

Die Quelle für die auffälligen Reaktionen aufspüren

*»Wie kann es sein,
dass ich mich immer wieder so verhalte,
wie ich es eigentlich gar nicht will und mein Partner so,
wie ich ihn eigentlich gar nicht kenne?«*

DAS DRITTE GEHEIMNIS DES SPIEGELS: DAS ECHO

Synchronisieren fühlt sich gut an. Nicht synchron sein hingegen fühlt sich »falsch« an. Wenn Sie und Ihr Partner sich mögen, dann werden sich immer mehr Eigenschaften und Verhaltensweisen zwischen Ihnen synchronisieren. Allerdings wird dies nicht nur »gleich und gleich« geschehen – also Ihr linkes Bein und das linke Bein des anderen –, sondern auch gegenläufig. In einer näheren Beziehung wird Ihr Partner zu jeder Verhaltensweise Ihrerseits ein unbewusstes Annahme- oder Abwehrverhalten entwickeln. Wie genau das aussieht, bestimmen seine unterbewussten Muster und Prägungen.

Viele dieser Verhaltensweisen fallen Ihnen zu Beginn der Beziehung auch auf, weil alles neu und aufregend ist. Später werden einige davon im Nebel der alltäglichen Gewohnheiten untertauchen. Und andere, bislang ungesehene, schieben sich nach vorne.

Wenn Sie zum Beispiel als Frau eine schwere Tasche tragen und Ihr Partner sie Ihnen abnimmt, ist das beim ersten Mal eine auffällige Kavaliershandlung, für die Sie sich bedanken. Im Laufe einer längeren Beziehung wird der kräftigere Partner ganz selbstverständlich die schwere Tasche nehmen und Sie werden sich vielleicht auch nicht jedes Mal dafür bedanken. Das wäre kein Fehler, sondern ein Ergebnis von automatischen Synchronisierungen in Beziehungen. Synchronisieren macht die Beziehung und den Alltag leichter. Gleichzeitig können jedoch auch negative Verhaltensweisen miteinander ein verstecktes Bündnis eingehen. Dann sendet der eine unbewusst etwas aus und erzeugt damit beim anderen eine dazu passende, immer ähnliche Rekation. Wie ein ungewolltes Echo.

Das Unterbewusstsein hört immer mit

Wenn Ihr Partner eine Eigenschaft hat oder etwas macht, was Sie nicht mögen, werden Sie dies zumindest innerlich ablehnen. Diese stille Abwehr wird er über die unsichtbar verbindende Gefühls- und Gedankenwolke spüren. Sehr wahrscheinlich kennt sein Unterbewusstsein das Gefühl »Ich werde abgelehnt« und hat schon seit Langem eine Strategie entwickelt, wie es automatisch darauf reagiert. Rückzug, Gegenangriff, seltsamer Humor, Ironie, Verweigerung, Ersatzhandlungen, Lautwerden oder Stillwerden … Die Reaktionen aus der verborgenen Strategie Ihres Partners könnten auf andere heute kindisch wirken. Das wäre normal, denn sie wurden ja in früher Kindheit entwickelt und im Unterbewusstsein als Muster abgespeichert. Intuitiv erinnert man den anderen manchmal daran, indem man ihm sagt: »Sei jetzt nicht kindisch.« Dennoch kann der Betroffene es oft nicht gleich verändern. Auch wenn es für Sie ganz offensichtlich abläuft, bleibt es für ihn in seinem Unterbewusstsein verborgen. Erst wenn Sie das Muster nicht weiter bedienen, sondern es beide zusammen ans Licht holen und untersuchen, wird es seine Kraft verlieren.

Das Geräusch

Gerald und Luise Meissner leben seit einigen Jahren zusammen. Gerald hat eine Eigenschaft, die Luise zur Weißglut bringt: Er schluckt beim Trinken auffällig laut. Wenn die beiden beim Essen sitzen und es still ist, kann Luise nicht weghören. Und als würde Gerald genau spüren, wie sehr sie das nervt, scheint er den ganzen Vorgang des Trinkens auch noch besonders zu zelebrieren.

Für Außenstehende mag es eine Kleinigkeit sein. Für zwei Menschen, die jeden Tag zusammen am Tisch sitzen, ist es jedoch keine Kleinigkeit, sondern eine Störung ihrer Beziehung. Es ist unmöglich, jemanden zu lieben, während man ihn gerade ablehnt. Luise hätte diese Abwehr wirklich gern aus ihrem Inneren gelöscht, doch es gelang ihr nicht. In ihrer Not kam sie schon auf die Idee, während des Essens grundsätzlich das Radio einzuschalten oder den Fernseher laufen zu lassen. Doch das störte Gerald.

»Ich möchte wenigstens beim Essen meine Ruhe«, erklärte er seiner Frau.

Ich auch, dachte Luise. Doch sie traute sich nicht auszusprechen, was sie so sehr aufregte. Einerseits, weil sie keinen Ärger erzeugen wollte, andererseits, weil sie sich für ihre Gedanken und ihre Unfähigkeit, damit umzugehen schämte. Sie wusste, dass kein Mensch etwas für die Geräusche kann, die er beim Schlucken macht. Luise war vollkommen klar, dass es »ihr Thema« war, und dennoch konnte sie nichts dagegen tun. Es ging so weit, dass ein Teil von ihr Gerald grundsätzlich abzulehnen begann und nach weiteren Gründen suchte, die das unterstützen.

Wenn sie sich darüber mit Freundinnen austauschte, musste sie feststellen, dass die eine oder andere Eigenart Geralds zwar am Rande

DAS DRITTE GEHEIMNIS DES SPIEGELS: DAS ECHO

bemerkt hatte, sich aber niemand daran störte. Für Luise wieder ein Hinweis darauf, dass es allein ihr Thema war.

Was an diesem Geräusch machte sie innerlich so verrückt, dass sie kurz davor war, ihren Mann zu verlassen?

Immerhin wusste sie, was der Ursprung der Geschichte war: Ihre Mutter hatte fast genauso geschluckt und das Trinken auf ganz ähnliche Weise am Familientisch zelebriert. Das Glas hochhalten, es betrachten, an die Lippen setzen, den Ellenbogen abspreizen und es nicht absetzen, bis es geleert war. Mutter wusste, dass die Kinder und ihr Mann sich darüber ärgerten — zumindest nahm Luise das an — und tat es dennoch ausgiebig. Wie eine Demonstration von Macht. Luise hatte es gehasst und sich geschworen, selbst ein Mensch mit ganz besonders kultivierten Tischmanieren zu werden. Jemand, der andere nicht stören und mit dem zu speisen eine Freude sein würde. Und nun saß sie mit einem Lebenspartner am Tisch, der dasselbe machte wie ihre Mutter.

Drei Wahrheiten konnte Luise weder als Kind noch als Erwachsene erkennen:

Erstens litt ihre Mutter unter einer Vorstufe von Ösophagusstenose, einer Krankheit, die zur Verengung der Speiseröhre und damit verbundenen Schluckbeschwerden führt. Sie kämpfte einfach so sehr mit dem Schlucken selbst, dass sie sich der Begleitgeräusche gar nicht bewusst war. Später wurde sie operiert, doch bis dahin war das Abwehrmuster schon lange in Luises Unterbewusstsein eingebrannt. Und was man besonders ablehnt, das zieht man an.

Zweitens hatte Gerald, ihr Mann, zwar noch keine Ösophagusstenose, aber einen nervösen Magen mit Reflux. Unbewusst versuchte er durch kraftvolles Schlucken den Mageninhalt am Zurückströmen in die Speiseröhre zu hindern, was natürlich nicht half. Aber es war ein Reflex, der zu etwas geräuschvollerem Schlucken führte als im Durch-

74

schnitt. Auch er war sich dessen nicht bewusst, denn wenn man nie auf etwas hingewiesen wird, fällt es einem meist nicht auf.

Und drittens schluckte Luise selbst bei Tisch sehr bewusst und versuchte dabei, besonders leise zu sein, denn ihr Unterbewusstsein hatte beschlossen, »niemals so wie Mutter zu werden«. Luise hatte also seit vielen Jahren ganz besondere Aufmerksamkeit auf dieses Thema gelegt. Und worauf man seine Aufmerksamkeit richtet, das zieht man ebenfalls an.

Nun saß sie vor dem menschgewordenen Ergebnis dieses alten Abwehrthemas und hatte die Entscheidung zu treffen, wie es weiterging. Der einzige Ausweg, um das Laufrad der Muster zu durchbrechen, schien ihr zu sein, alles auf den Tisch zu legen. Als Luise dies erkannte, nahm sie ihren ganzen Mut zusammen und sprach mit ihrem Mann. Sie hatte nichts zu verlieren außer ihrer inneren Abwehr, die am Ende die Beziehung zerstören würde. Also erzählte sie, wie sehr sie sich für ihre eigenen Gedanken und Gefühle schämte. Sie erklärte Gerald, wie es dazu gekommen war, dass dieses Geräusch sie nervte, dass sie natürlich wusste, dass er nichts dafür konnte und es nicht absichtlich machte und dass ein Teil von ihr genau dies dennoch unterstellte. Gerald hörte ihr sehr aufmerksam zu. Und statt am Ende ein Donnerwetter loszulassen oder seine Frau zu tadeln, sagte er: »Ich bin sehr froh, dass du mir das gesagt hast.«

Ab diesem Tag war alles anders. Gerald konnte nichts an den Geräuschen ändern, aber sie beide konnten das verändern, was es mit ihnen machte. Gerald kündigte manchmal humorvoll an, dass er nun wie ein Pferd in einem Westernfilm trinken würde und die Art, wie er es tat, brachte sie zum Lachen. Luises Reflex verschwand nie vollkommen, aber er störte nicht mehr, und nach einer Weile konnte sie ihren Mann wieder lieben, auch dann, wenn sie gemeinsam ohne Musik am Tisch aßen.

Verstehen ist Liebe. Unverständnis führt zu Abwehr. Falls Sie etwas oder jemanden gern annehmen würden, es aber nicht können, beschäftigen Sie sich damit, es bis zum Urgrund zu erforschen, um es ganz genau zu verstehen. Richten Sie sich nicht auf die andere Person im Allgemeinen aus, sondern darauf, wie es zu dem von Ihnen abgelehnten Verhalten kommt.

Woraus das Echo besteht

In Ihrem Partner und in Ihnen selbst gibt es also verborgene Verhaltensprogramme. Viele werden erst aktiv, wenn eine ganz bestimmte Situation eintritt, wie zum Beispiel ein gefühlter Vorwurf oder Angriff. Wenn ein solches Programm Ihres Partners aktiviert wird und dies in Ihnen ein entsprechendes Gegenprogramm auslöst, haben Sie etwas, das man ein »Beziehungsmuster« nennt. Einmal aktiviert, laufen Beziehungsmuster ohne Ihre bewusste Beteiligung ab. Sie und Ihr Partner werden dabei weder gefragt, noch werden Ihr Verstand oder Ihre Fähigkeiten dafür gebraucht. Es läuft ab wie fremdgesteuert. Weil sich diese Muster schlagartig verändern, sobald Sie sie wirklich durchblicken, werden Sie im Laufe unserer Betrachtung alle wichtigen Verhaltensprogramme, deren Entstehung und die Wege heraus, kennenlernen.

Angenommen, Ihr Partner hätte in seiner Kindheit keine guten Erfahrungen mit Ratschlägen zum Thema gesundes Essen gemacht. Vielleicht zwang ihn seine Mutter, schlecht schmeckende Dinge zu essen, »weil es gesund ist«. Dann könnte er heute automatisch mit Abwehr auf Sie reagieren, sobald Sie ihm mit dem Thema gesunde Ernährung kommen. Er würde sich darüber beschweren, dass ihm die gesunden Dinge nicht gut genug schmecken, dass sie viel zu teuer oder überflüssig sind, dass Menschen, die darauf achten, eine seltsame Gruppe sind und so weiter.

Sie wollen, vollkommen arglos, nur etwas Gutes tun und erzeugen bei Ihrem Partner Abwehr. Einige Zeit nach einer solchen Abwehrreaktion könnte Ihr Partner sich besinnen und einlenken. Vielleicht geht er dann aus einem schlechten Gewissen heraus sogar mit Ihnen zum Bioladen. Die erste Reaktion war das Unterbewusstsein. Die zweite Reaktion war die Vernunft des denkenden Verstandes.

Die Beziehungsmusik des Unterbewusstseins

Ein Beziehungsmuster funktioniert ähnlich wie diese alten Musikautomaten mit Schallplatten oder CDs, die früher in manchen Restaurants und Tanzlokalen standen. Man warf eine Münze ein, drückte Knopf Nummer 19 und der Automat spielte einem »If you leave me now« oder einen anderen damals bekannten Lieblingssong. Mit jedem Knopf war immer nur eine einzelne Schallplatte oder CD verbunden, und wenn man ihn drückte, ging es um Verliebtheit, Unerreichbarkeit, Verlassenwerden, Einsamkeit, Herzschmerz oder Eifersucht. Diese Automaten wurden dafür gebaut, zuverlässig immer genau das Thema und die Stimmung in den Raum zu bringen, die einer der Anwesenden haben wollte.

Etwas, das herumsteht und mit blinkenden Knöpfen auf sich aufmerksam macht, wird früher oder später immer jemanden anziehen, der einen der Knöpfe auch drückt. Und sei es nur, um auszuprobieren, was geschieht. Falls Sie nicht das ganze Gerät wegschaffen können, gibt es nur zwei Möglichkeiten, wie sich beim Betätigen von Knopf 19 etwas ändern könnte. Entweder jemand öffnet den Automaten, nimmt die CD 19 heraus und ersetzt sie durch eine andere. Oder er nimmt sie heraus und ersetzt sie durch gar nichts.

Ihr Unterbewusstsein besteht, bildlich gesprochen, aus einer Reihe sauber eingeordneter CDs. Jede ist mit einem anderen Musikstück bespielt und jedes Stück erzeugt eine andere Stimmung. Manche mögen Sie. Andere nicht. Und manche mögen Sie vielleicht, aber nicht ständig und zu jeder Zeit. Nun muss nur noch jemand kommen und im richtigen oder falschen Moment eine Münze einwerfen und den Knopf drücken.

Natürlich sind wir Menschen und kein Automat. Wir haben unseren nachdenkenden Verstand und unsere Bewusstheit, unser Wissen und unseren Willen. Doch das Unterbewusstsein hat diese Dinge nicht. Es kann nicht immer wieder neu nachdenken. Es kann nur das abspielen, was eingespeichert ist.

Nun sind Beziehungen und längere Partnerschaften nicht nur Glücksbringer, sondern auch perfekte Knopfdrücker. Irgendwann wird fast jede Stelle berührt werden. Nicht weil dies ein Fehler wäre, sondern weil das Wesen von Beziehung die gegenseitige Berührung ist.

Wie ein Echo entsteht

Wo nichts ist, werden Sie nichts auslösen können. Wenn bei Ihrem Partner hinter der Taste 19 mit der Aufschrift »Verlustangst« keine CD steckt, die »If you leave me now« abspielt, wird einfach nichts geschehen, ganz gleich, wie oft Sie diese Taste drücken. Das kann eine wundervolle Erfahrung sein, weil es zu diesem Thema friedlich bleibt.

Tun wir für einen Moment so, als wären Sie jemand, der schon leidvolle Erfahrung mit dem Verlassenwerden gemacht hat und dem die Verlustangst nicht mehr fremd ist. Auf der CD Ihres Unterbewusstseins könnte sich nun ein Lied befinden, welches davon erzählt, dass man, wenn man jemanden liebt, auch Angst fühlt, ihn zu verlieren. Vielleicht weil Ihre Mutter Ihren Vater einmal liebte, ihn dann aber verlor und Sie das Drama als Kind mit durchleben mussten. Also merkte sich Ihr Unterbewusstsein dieses Erlebnis und trägt auch etwas von dieser Angst in sich.

Später hatten Sie eine eigene Partnerschaft und wurden ebenfalls verlassen. Dadurch wurde die fast vergessene Angst aus der alten Kindheitserinnerung zu einer aktiven Erwachsenenerinnerung: »Wenn man einen Partner sehr liebt, wird man am Ende verlassen und das tut sehr weh.«

Mit diesen Vorgeschichten begegnen Sie nun vielleicht einem Menschen, der sich einfach nicht darum sorgt, ob Sie bei ihm bleiben oder nicht, weil er das ganze Thema mit dem Verlassenwerden gar nicht kennt. Jetzt könnten Sie denken: »Der hat gar keine Angst, mich zu verlieren. Bedeute ich ihm denn nichts? Liebt er mich denn nicht?«

Ihr Unterbewusstsein könnte versuchen, das herauszufinden. Vielleicht würde es ausprobieren, ein wenig Verlustangst beim anderen zu erzeugen. Nur um zu sehen, ob er nicht doch darauf reagiert. Absichtlich würden Sie das nicht tun, denn Sie mögen Ihren Partner ja. Doch unabsichtlich könnte es plötzlich zu Situationen kommen, in denen Sie versuchen, den anderen ein wenig eifersüchtig zu machen. Weil dies für das Unterbewusstsein ein Beleg für dessen Verlustangst wäre. »Er ist eifersüchtig. Also liebt er mich. Also wird er bei mir bleiben.«

Ihr Unterbewusstsein würde dann immer wieder nachprüfen, ob die Eifersucht (»Liebe«) des anderen noch vorhanden ist, indem es immer wieder solche Situationen erschafft. Nun die Frage an den logisch denkenden Verstand: Wie wird es mit der Beziehung weitergehen, wenn Sie fortfahren, das zu tun?

Der andere wird wahrscheinlich zuerst zu erreichen versuchen, dass Sie damit aufhören, und falls das auf Dauer nichts verändert, wird er irgendwann gehen. Und damit hätte das verborgene Programm genau das erzeugt, wovor es die größte Angst hatte: Verlassenwerden.

Das ist der Mechanismus, wie ein Muster im Unterbewusstsein sich am Ende selbst erfüllt. Weil dies für jede

Beziehung Ihres Lebens eine so grundlegende Bedeutung hat, werden wir alle wichtigen Muster durchleuchten und uns ansehen, wie sie ablaufen.

»Welche Rolle habe ich?« – Unbewusste Echos im Spiegel erkennen

Am Verhaltensmuster Ihres Partners können Sie ablesen, auf welche Art Sie es bedienen. Fragen Sie sich: »Welche Rolle habe ich, die dieses Muster bedient oder auslöst?«

- »Wenn sich meine Partnerin in manchen Situationen mir gegenüber wie ein Kind verhält, könnte es sein, dass ich mich ihr gegenüber wie ein Vater verhalte? Kann ich das in mir finden? Warum tue ich das? Könnte ich es in mir beenden?« Dann müsste die Partnerin sich nicht mehr so oft wie ein Kind verhalten.
- »Wenn sich mein Partner für mich häufig ›abwesend‹ verhält, könnte es sein, dass ich mich verhalte wie jemand, der einsam ist? Und dass er selbst in Wahrheit auch einsam ist? Wie könnte ich die Einsamkeit in mir selbst beenden?« Dann müsste der Partner die Einsamkeit nicht mehr spiegeln.
- »Wenn mein Partner mit Forderungen und Erwartungen auf mich zukommt, könnte es sein, dass ich mich verhalte wie jemand, der das ebenfalls tut? Oder wie jemand, der es am Ende immer wieder erfüllt? Wie könnte ich das, was ich selbst an Forderungen habe,

DAS DRITTE GEHEIMNIS DES SPIEGELS: DAS ECHO

loslassen?« Dann müsste der Partner nichts mehr erfüllen und könnte vielleicht aufhören, gegenzufordern.

- »Wenn sich meine Partnerin nicht für mich entscheidet und ständig unklar wirkt, könnte es sein, dass ich
mich nicht wirklich für sie entschieden habe und
selbst unklar bin? Oder dass ich auf ihr Verhalten mit
Unklarheit als Antwort reagiere? Kann ich so eine
Verunsicherung in mir finden? Was könnte ich selbst
für den Beginn von Klarheit tun?« Dann müsste die
Partnerin nicht mehr die Unklarheit spiegeln.

- »Wenn mein Partner ständig leidet, ohne dass ein
wirklicher Grund zum Leiden da ist, könnte es sein,
dass ich jemand bin, der ›Liebe‹ und ›Hilfe bei Leid‹
gleichgesetzt hat? Oder sehe ich erst dann besonders hin, wenn es jemandem wirklich nicht gut geht?
Könnte ich auch ohne einen Grund und ohne eine
Aufgabe vollkommen beim anderen sein?« Dann
könnte die Partnerin vielleicht aufhören, Mitleid er-
wecken zu wollen.

Mit diesem Hilfsmittel der Selbstbefragung können Sie
einem möglichen Echoverhalten auf die Spur kommen.
Damit sind Sie einen bedeutsamen Schritt weiter als
jemand, der einfach nur auf jede Situation immer wieder
gleich reagieren muss, weil er es nicht anders kennt.

Das große Putzen (1)

Matthias Neumann ist Unternehmensberater. Sein Beruf bringt es mit sich, dass er unter der Woche unterwegs ist und nur am Wochenende nach Hause kommt. Matthias hat durch seine Arbeit viel mit erfolgreichen Menschen zu tun. Einige davon sind in ihrer Branche wahre Größen und durchaus prominent zu nennen. Diese Menschen, mit denen Matthias sich nicht nur aus rein beruflichen Gründen umgibt, sondern auch, weil er sich selbst gern dazugehörig fühlt, sind der Grund, warum er Stefanie Romero kennenlernte. Auf einer Abendveranstaltung entdeckte er die attraktive PR-Beraterin im Gespräch mit einem seiner Kunden.

Die Freude an der Zusammenarbeit mit Erfolg suchenden Menschen war eine gemeinsame Resonanz, die Matthias und Stefanie zusammenführte. In den folgenden Wochen entdeckten die beiden noch eine Reihe weiterer gemeinsamer Leidenschaften. Oper, Theater, Bälle, öffentliche Veranstaltungen, repräsentative Kleidung, die Liebe zu außergewöhnlichen Häusern und landschaftlicher Schönheit, das Interesse für die Welt der Erfolgreichen und Berühmten ... All dies zeigte ihnen, dass sie einen ganz ähnlichen Geschmack und ähnliche Ideen vom Leben hatten.

Es passte so gut zusammen, dass sich die beiden nach anderthalb Jahren einen gemeinsamen Lebenstraum erfüllten und ein großes Haus abseits der Stadt mieteten. Für später träumten sie von Pferden, Hunden und einem beschaulichen, naturnahen Leben. Im Moment freuten sie sich jeden Tag über die Schönheit ihres Anwesens.

Großzügig, repräsentativ, klar und ordentlich. Das war die Umgebung, wie Matthias und Stefanie sie liebten. In Matthias' Beruf gehört es zum guten Ton, das Geschäftliche auch ein wenig privat werden zu lassen, und so lud er so oft wie möglich seine neu gewonnenen Kontakte zu sich nach Hause ein. Und natürlich wollte er seinen neuen Geschäftspartnern auch Stefanie vorstellen.

Weil man so etwas nicht gut planen kann, sondern es sich meist spontan ergibt, rief Matthias Stefanie oft erst freitagnachmittags im Büro an, um sie darauf vorzubereiten, dass am Abend Gäste kommen würden. Für Stefanie bedeutete ein solcher Anruf: Das Haus wurde vorgeführt. Alles musste in Ordnung sein, wenn der Besuch kam. Aufgrund ihres eigenen Berufs wusste sie natürlich, wie wichtig solche Kontakte für das Geschäft waren. Also verließ sie schnellstmöglich die Agentur, kaufte ein und bereitete das Haus und ein Abendessen für die Gäste vor.

Zu Beginn war alles neu und abenteuerlich. Matthias und Stefanie liebten es, sich über die interessanten Gäste auszutauschen, freuten sich über den guten Eindruck, den ihr Haus machte, und darüber, wie perfekt der Abend verlaufen war. Im Laufe der Zeit wurden die beiden ein eingespieltes Team. Gemeinsam folgten auch sie zahlreichen Einladungen und luden, wann immer es sich ergab, selbst Gäste ein.

So gingen das Leben und die Partnerschaft etwa drei Jahre lang ohne besondere Auffälligkeiten weiter. Bis Stefanie eines Tages eine Frage gestellt wurde, die ihre Sicht der Dinge grundlegend veränderte ...

Was Sie in Ihrer Beziehung als gleich empfinden,
ist die Kraft, die Sie zusammenhält.
Was Sie als verschieden empfinden,
ist die Kraft, die Sie wachsen lässt.

Echos und das Gesetz
der zusammenpassenden Teile

Alles in einem Menschen zieht immer den zweiten, dazu passenden Teil an. »Passend« bedeutet nicht, dass es immer so ist wie gewünscht oder dass es einfach nur ähnlich wäre. Passend bedeutet: Die offenen und verborgenen Muster im System Ihres Gegenübers haken sich in den offenen und verborgenen Muster in Ihrem System ein. Und dann laufen beide miteinander so ab, wie sie aufgebaut sind.

Darin liegt für Sie auch eine gute Nachricht, denn es bedeutet: Wenn in Ihnen selbst ein bestimmtes Muster nicht mehr vorhanden ist, kann auch das eines anderen Menschen nicht mehr einhaken. Die unsichtbaren Angelschnüre des Gegenübers finden bei Ihnen keine Ösen mehr, und damit hören die leidvollen Wiederholungen, beengenden Gefühle oder unschönen Konflikte zu diesem Thema auf.

Muster zu haben ist übrigens kein Grund für eine Verurteilung, denn sie laufen in ausnahmslos jedem Menschen ab. Sie sind das, was uns als Mensch und individuelle Persönlichkeit ausmacht. Auch sind nicht alle Muster schlecht oder müssten unbedingt beseitigt werden. Soweit es Ihren Wunsch nach einer zufriedenstellenden oder wirklich glücklichen Liebesbeziehung betrifft, geht es nur darum, genau die Dinge zu entdecken, die Ihren Sehnsüchten entgegenwirken.

Das große Putzen (2)

Dr. Josef Martin war seit über zwanzig Jahren der Arzt der Familie. Er kannte Stefanie seit ihrem Schulabschluss, und Stefanie mochte ihn, auch wenn sie bislang zum Glück nur selten seine Dienste gebraucht hatte. Dieses Mal war sie wegen einer einfachen Krankschreibung gekommen. Sie fühlte sich in letzter Zeit schwach und überreizt, hatte keine Lust mehr auf ihre eigenen Kollegen und selbst die Betreuung ihrer langjährigen Klienten machte ihr keine Freude mehr. Etwas hatte sich deutlich verändert. Etwas, das Stefanie nicht greifen, aber gut fühlen konnte. Sie befürchtete insgeheim, eine Depression zu bekommen oder an einer bedrohlichen Krankheit zu leiden.

Nach einer ausführlichen Untersuchung kam Dr. Martin zum Ergebnis, dass die Symptome, obwohl deutlich körperlich spürbar, nicht mit einer Krankheit, sondern mit hohem Stressaufkommen zu tun hatten.

»Was setzt Sie denn so unter Druck?«, erkundigte er sich.

»Eigentlich nichts«, antwortete Stefanie. »Natürlich habe ich immer viel Arbeit, aber wer hat das nicht?«

Doch der Arzt ließ nicht locker. »Nervosität, zitternde Hände, Konzentrationsstörungen, Schlafstörungen, Essverhaltensstörungen, Lebensunlust ...« Er zählte es an den Fingern auf. »Und kein auffälliger medizinischer Befund. Irgendwo muss eine große Belastung sein. Vielleicht möchten Sie einen Psychologen aufsuchen?«

»Ganz sicher möchte ich das nicht«, gab Stefanie erbost zurück.

»Wahrscheinlich brauchen Sie einfach nur mehr Erholung«, sagte Dr. Martin beschwichtigend. »Einen Ausgleich zur Arbeit, etwas, bei dem Sie Ihr inneres Gleichgewicht wiederfinden. Haben Sie da etwas?«

»Ja«, sagte Stefanie automatisch. »Danke, das werde ich machen.«
Als sie die Praxis mit der Krankschreibung in der Hand verließ und die ersten Abwehrreaktionen verklungen waren, dachte sie über die Frage des Arztes nach. Er hatte sich erkundigt, was ihr im Leben so großen Druck bereite und was sie in ihrer Freizeit als Ausgleich machte. Natürlich stand dahinter die gut gemeinte Idee, sich etwas mehr Entspannung zu gönnen. Doch in Stefanie setzte es mehr als das in Bewegung.

Sie tastete innerlich ihren Tages- und Wochenablauf nach Anspannungen und Entspannungsgefühlen ab. Was sie dabei deutlich ins Grübeln brachte, war die Tatsache, dass sie bei genauem Nachforschen keinen Bereich in ihrem Leben fand, in dem sie wirklich innerlich loslassen konnte. Und keinen bedeutete: wirklich keinen! Nicht einmal das Zusammensein mit Matthias. Diese Erkenntnis traf sie wie ein Hammerschlag, denn eigentlich müsste das Zusammensein mit dem eigenen Partner doch die beste Zeit der Woche sein. Irgendwie war es ja auch schön, und dennoch setzte es sie gleichzeitig enorm unter Stress. Stefanie starrte auf die Krankschreibung. Irgendetwas stimmte hier nicht ...

Jedes unbewusste Verhalten in einer Beziehung
hängt mit einem anderen unbewussten Verhalten zusammen.
Dieses gegenseitige Handeln muss nicht identisch sein.
Es muss nur passen.
Wie zwei Puzzlestücke,
die sich ineinanderfügen.

DAS VIERTE GEHEIMNIS DES SPIEGELS:

DIE LOGIK DER GEFÜHLE

Die verborgenen Abläufe enthüllen

*»Ich glaubte immer,
Gefühle wären das, was uns alle verbindet.
Wie können uns dann die Gefühle gleichzeitig auch
voneinander trennen?«*

Gefühle in Beziehungen haben nichts mit Glück oder Pech zu tun oder mit Richtigmachen oder Falschmachen. Sie geschehen weder zufällig, noch durch Ihren Willen. Gefühle werden ausgelöst. Was genau zu welchem Zeitpunkt ausgelöst wird, folgt einem verborgenen Programm. Um in unserem Bild vom Musikautomaten zu bleiben: Was sich im Detail auf der CD mit der Nummer 19 und der Aufschrift »Verlustangst« im Unterbewusstsein Ihres Partners befindet, wurde schon lange vor Ihrer Zeit auf diese CD geprägt. Man bezeichnet es nicht umsonst als Kindheitsprägungen oder auch Geburtstraumata. Und ebenso wie Sie allein durch Ansehen einer CD nicht wissen, welche Musik sich darauf befindet, können Sie einem Menschen nicht ansehen, welche Prägungen in ihm schlummern. Was sich auf der CD befindet, erfahren Sie erst, wenn sie abgespielt wird.

Entscheidungen gegen alle Vernunft

Wenn der entsprechende Knopf gedrückt wird, erzeugt eine Prägung des Unterbewusstseins Gefühle. Diese Gefühle erfüllen dann den inneren Raum des Menschen, ähnlich wie die Musik aus dem Automaten das Restaurant erfüllt. Plötzlich ist alles lebendig, aggressiv, harmonisch, romantisch oder angsteinflößend.

DAS VIERTE GEHEIMNIS DES SPIEGELS: DIE LOGIK DER GEFÜHLE

Falls Ihnen die Musik nicht gefällt, könnten Sie das Restaurant verlassen. Aus Ihrem eigenen Körper hingegen können Sie nicht aussteigen, nur weil Ihnen die Gefühle nicht gefallen, die der andere gerade aktiviert hat. Dennoch rennen manche Menschen aus dem Raum, wenn zu viele Gefühle hochkommen. Sie versuchen, bildlich gesprochen, das Restaurant zu verlassen.

Ein guter Teil der Musik für Ihre Beziehung ist also im Unterbewusstsein gespeichert. In den schönen Zeiten brauchen Sie sich um diese Tatsache nicht zu kümmern. Falls es Probleme oder Spannungen gibt, kann Ihnen die Erinnerung an den folgenden Ablauf der Kräfte jedoch helfen, nicht ins Unbewusste zu verfallen. Folgendes geschieht so schnell, dass Sie es wie eine Einheit erleben, doch in Zeitlupe betrachtet läuft es so ab:

- Erst wird ein Muster im Unterbewusstsein aktiviert. Zum Beispiel, weil der andere etwas Bestimmtes sagt oder tut.
- Dieses Muster aktiviert die dazugehörigen Gefühle.
- Danach kommt der Verstand und denkt darüber nach, wie Sie sich gerade fühlen.
- Anschließend sucht der Verstand eine Ursache, sieht sich um und findet nur den Partner und was er gerade sagte oder tat. »Der ist schuld.« Auf die Idee, dass die wahre Ursache für Gefühle von Einsamkeit, Wut, Enttäuschung, Abwehr oder Verlassensangst gar nicht im Partner liegen könnte, kommt der Verstand selten. Weil ihm das eigene Unterbewusstsein weitgehend verborgen ist.

Sobald Sie jedoch erkennen, was in jedem von Ihnen wirklich abläuft, verändert sich alles. Viele Vorwürfe und Schuldgedanken werden verschwinden, denn wie will man einem Muster vorwerfen, dass es ein Muster ist? Sie werden erleben, wie entlastend es sein kann, einen alten, unbewussten Ablauf aus dem Hintergrund in Ihr gemeinsames Bewusstsein geholt zu haben.

Nun könnte jemand sagen: »So genau will ich das gar nicht wissen, sonst verschwindet vielleicht die Magie aus unserer Beziehung. Dann wird es unromantisch und nur noch sachlich.«

In Wahrheit es ist genau andersherum: Alles, was automatisch immer wieder gleich abläuft, ist irgendwann gar nicht mehr romantisch. Es ist oft sogar kaum mehr auszuhalten und deshalb eine Ursache für Probleme.

Solange sich eine Partnerschaft bewegt und verändert, ist sie am Leben. Sobald sich alles nur wiederholt, ist sie am Sterben. Unbewusste Muster halten eine Beziehung äußerlich vielleicht am Weiterlaufen, aber sie bringen die Liebe darin um. Die Muster nehmen Stück für Stück das Leben heraus und ersetzen es durch automatische Abläufe. Das überstehen viele Beziehungen nicht.

Entfernen Sie hingegen ein altes Muster aus einer Beziehung, wird sie wieder ins Fließen kommen. Und entfernen Sie ein solches Muster aus sich selbst, werden Sie selbst sich wieder lebendig, frei und neu fühlen.

DER INDIANER UND DIE WÖLFE

Hiawatha, ein alter Indianer, erzählte seinem Enkel Anuji von einer großen Tragödie ihres Volkes und wie sehr sie ihn nach all den Jahren noch immer beschäftigte.

»Was fühlst du, wenn du heute darüber sprichst?«, erkundigte sich Anuji.

Hiawatha antwortete: »Es ist, als ob zwei Wölfe in meinem Herzen kämpfen. Der eine Wolf ist rachsüchtig und gewalttätig. Der andere ist großmütig und liebevoll.«

Und Anuji fragte: »Welcher Wolf wird den Kampf in deinem Herzen gewinnen?«

»Der Wolf, den ich füttere«, sagte der Alte.

Die Frage der Verantwortung

Wer ist schuld? Wer hat angefangen? Wer von beiden soll mit was endlich aufhören? Gefühle und Emotionen bestimmen eine Beziehung so stark wie nichts anderes. Deshalb ist die Frage nach Ursache und Schuld oft ein Hauptthema, wenn es um Probleme und Lösungen geht. Während eines Beziehungslebens, bestehend aus einer oder mehreren Partnerschaften, durchlaufen viele Menschen einen sehr ähnlichen Erkenntnisprozess:

Bewusstheitsstufe 1: Vorwürfe

Einer macht den anderen dafür verantwortlich, wie es ihm geht. »Immer tust du diese Sache. Das regt mich auf. Das macht mich traurig. Das verletzt mich. Du bist schuld, dass es mir so schlecht geht.«

Bewusstheitsstufe 2: Zurückweisung

Der andere weist seine Verantwortung zurück, weil er keinen Zusammenhang sieht oder die Verantwortung für so etwas Unberechenbares wie die Gefühle seines Partners nicht übernehmen will. »Das tue ich doch gar nicht. Im Gegenteil. Du machst immer diese Sache, und dadurch fühle ich mich schlecht. Ich bin der Teil, der hier leiden muss, und das will ich nicht. Nur deshalb verhalte ich mich so.«

Bewusstheitsstufe 3: Verwirrung

Einer oder beide erkennen, dass ihre Gefühle offenbar auf eine Weise zusammenhängen, bei der es keinen klaren Anfang und kein klares Ende gibt. Keinen eindeutigen Täter und kein alleiniges Opfer. Beide sind beteiligt und alles scheint recht undurchschaubar miteinander verwoben zu sein. »Ich weiß nicht, wie wir zusammen weitermachen sollen. Ich weiß nur, wenn es so ist wie jetzt, will ich es nicht.«

Bewusstheitsstufe 4: Gedanklicher Ausweg

Einer oder beide ahnen, dass die wahre Quelle der Gefühle und Emotionen offenbar immer in jedem selbst vorhanden ist. Als Folge belehrt der eine den anderen darüber, jeder wäre seines eigenen Gefühlsglückes Schmied. »Ich kann nichts für deine Gefühle. Dafür bist du selbst verantwortlich. Da musst du schon allein mit klarkommen.« Das empfindet der Belehrte, selbst wenn er die Logik versteht und nachvollziehen kann, als eine tiefe Missachtung. Wie eine emotionale Verletzung.

Bewusstheitsstufe 5: Erkenntnis

Die Zuweisung der Gefühlsverantwortung zum anderen funktioniert zwar in Gedanken und Worten eine Weile. Praktisch gesehen bringt es die Liebe in der Beziehung um. Weil dabei der höchste Zustand, den zwei Menschen miteinander leben können, verloren geht: die gegenseitige Achtung. Auf dieser Stufe wird das erkannt und ein neues Bewusstsein kann einziehen.

Bewusstheitsstufe 6: Gelebte Achtung

Wer mit einer Leiter über der Schulter einen Porzellanladen betritt, würde nie auf die Idee kommen zu sagen: »Es ist Sache des Porzellans, ob es kaputtgeht. Ich für meinen Teil bewege mich in diesem Laden so, wie ich es für richtig halte.« Wenn man in einen Porzellanladen geht, weiß man, dass die Dinge darin zerbrechlich sind. Dafür sind sie auch sehr schön. Wenn man das Zerbrechliche und Schöne nicht achten möchte, besucht man eine solche Umgebung nicht. Außer man hätte Freude am Zerstören.

Wenn Sie eine Beziehung eingehen, betreten Sie einen Lern- und Übungsraum für Achtsamkeit und Respekt. Eine Partnerschaft ganz bewusst unter diesen Aspekt und Wachstumswunsch zu stellen, ist der höchste Zustand, den zwei Menschen miteinander leben können. Dann geben sie dem anderen Raum zum Atmen und bewegen sich mit Vorsicht, um nicht zu verletzen. Die Liebe zueinander gibt beiden die Kraft, zusammenzubleiben und aneinander zu wachsen.

DIE FRAGE DER VERANTWORTUNG

Das große Putzen (3)

Schleichend, über Monate hinweg, wurde Stefanies Befinden schlechter. Sie war dauernervös, unleidlich, praktisch immer angespannt. Oft vibrierte es förmlich in jeder ihrer Zellen so stark, dass sie nicht still sitzen konnte. Da Matthias unter der Woche nicht zu Hause war, verschaffte Stefanie ihrer Unruhe ein sinnvolles Ventil, indem sie sich ums Haus kümmerte. Eigentlich war sie froh, diese Arbeit zu haben, denn nichts war schlimmer, als allein sinnlos herumzusitzen und auf das Ende der Woche zu warten. Gleichzeitig wurde Stefanie inzwischen das Gefühl nicht los, ihr Leben bestünde nur noch aus der Arbeit im Beruf und der Arbeit im Haus. Büro und Putzen, Putzen und Büro. Dazwischen ein wenig Repräsentieren und am Wochenende »Partnerschaft machen«.

Eines Freitagnachmittags kam Matthias wieder einmal nach Hause, während Stefanie, wie üblich, schon dabei war, das Haus sauber zu machen.

»Sag mal Schatz, warum putzt du eigentlich immer, wenn ich heimkomme?«, erkundigte er sich.

»Weil so viel zu tun ist und ich abends nach der Arbeit nicht alles schaffe«, antwortete sie. »Ich bin bald fertig.«

Matthias verstand das und tat, was er immer tat. Er setzte sich ins Wohnzimmer, um Zeitung zu lesen, ärgerte sich über die Unruhe im Haus und begann nach einer Weile selbst damit, etwas zu machen. Während er werkelte, führte er gedankliche Selbstgespräche, in denen er Stefanie erzählte, wie sehr ihm ihre Unruhe auf die Nerven ging. Doch so wie er es dachte, sprach er es nie aus, weil er seine Partnerin mochte und um ihre angespannte Situation wusste. Zusätzlicher Druck, so dachte er, hat noch keiner Beziehung gutgetan.

Außerdem fand ein Teil von ihm es durchaus angenehm, in ein so gepflegtes Zuhause zu kommen. Alles hatte eben seinen Preis. Und so blieb es auch in den kommenden Monaten bei stummen Selbstgesprächen.

Dass die ganze Entwicklung ihrer Beziehung bis hierher kein Zufall war, sondern ganz präzise einem verborgenen Muster folgte, ahnten zu diesem Zeitpunkt weder Stefanie noch Matthias ...

»Deines? Meines? Wer ist schuld?« – Wem gehören die Gefühle in Beziehungen?

Nicht Ihnen selbst und nicht dem anderen. Die meisten Gefühle und Emotionen gehören den Mustern. Eine Ausnahme machen nur jene Gefühle, die eigentlich keine sind, sondern als die vier großen Seelenzustände bezeichnet werden: Stille, All-Eins-Sein (die zufriedene Form des Alleinseins in der Verbundenheit mit dem Großen), Liebe, Glückseligkeit. Die anderen Gefühle werden durch unterbewusste Abläufe gesteuert. Und der Inhalt des Unterbewusstseins gehört, genau genommen, der Vergangenheit.

Die Gefühle des anderen

Keiner von Ihnen beiden ist für die Gefühle des anderen »verantwortlich«. Weil man nur für etwas verantwortlich sein kann, das man auch kontrollieren kann. Im Unterbewusstsein Ihres Partners verborgene Muster aus alten

Verletzungen können Sie auf Dauer einseitig nicht kontrollieren. Sie können Ihren Partner langfristig nicht steuern. Vielleicht kennen Sie Fälle, in denen das jemand versucht hat und manchmal nach zwanzig oder mehr Jahren sagt: »Ich habe es von Anfang an gesehen und dachte, die Liebe würde es heilen. Ich habe mir wirklich Mühe gegeben, aber am Ende hat es nicht geklappt.«

Es kann nicht klappen, weil das verborgene Muster des anderen nicht heilen wird, wenn er selbst es nicht ansehen will oder kann. Würden Sie versuchen, für den anderen der ungefragte Therapeut zu sein, wären Sie ständig auf der Hut, um nur nie den roten Knopf zu berühren. Und am Ende ernten Sie wahrscheinlich noch Undank.

Die eigenen Gefühle

Ebenso zutreffend ist: Keiner von Ihnen beiden ist für seine eigenen Gefühle ausschließlich selbst verantwortlich. Weil Sie viele Reaktionen gar nicht bewusst steuern oder unterbinden können. Sie finden zwar in Ihnen statt, aber sie unterliegen nicht Ihren Entscheidungen und Wünschen.

Doch Sie haben einen freien Willen, mit dem Sie die Entscheidung treffen können, in sich selbst hineinzublicken und jene Wahrheiten zu entdecken, die Sie über die Muster hinweg »bewusst werden« lassen. Falls das jemand nicht möchte, werden die Muster die Kontrolle behalten.

Die Beziehung

Wofür Sie hingegen gemeinsam verantwortlich sind, ist die Beziehung. Und das ist eine Verantwortung, die Sie auch tragen können. Versuchen Sie also nicht, die Gefühle an sich zu verantworten, sondern die Auswirkungen, also das, was die Gefühle mit Ihrer Beziehung machen oder machen wollen.

Sobald Sie wissen, dass ein Gefühlsausbruch des anderen letztlich nur der Ausbruch eines Musters ist, verstehen Sie auch, warum er bald wieder zu Ende ist. Weil er in Wahrheit gar nichts mit Ihnen zu tun hat. Das Muster war schon lange vor Ihnen in Ihrem Partner anwesend. Es reagiert nur darauf, dass ein Kopf gedrückt wurde. Mit einer anderen passenden Person als Gegenüber würde es ähnlich ablaufen.

Zehn Zusammenhänge aus der Logik der Gefühle

Es wird Ihnen leichter fallen, mit Gefühlen und Reaktionen Ihres Partners und Ihrer selbst achtsam umzugehen, wenn Sie die Logik der – oft scheinbar unlogischen – Gefühle durchschaut haben.

ZEHN ZUSAMMENHÄNGE AUS DER LOGIK DER GEFÜHLE

1. Gefühle übertragen sich

Wenn Ihr Partner wütend ist, wird Sie das nicht unberührt lassen, selbst wenn die Wut nicht Ihnen gilt. In seiner Nähe sitzen Sie dann unter einer Wutlampe, die unablässig auf Sie herabstrahlt. So lange, bis in Ihnen selbst eine Form von Wut entsteht, die zum Beispiel sagt: »Ich will jetzt, dass er endlich damit aufhört.«

Falls Ihr Partner traurig ist und Sie ihm innerlich nahestehen, sitzen Sie mit unter der Traurigkeitslampe. Selbst wenn Sie zuvor gut gelaunt waren, werden Sie im ständigen Licht von Traurigkeit Ihr Glück nicht halten können. Entweder wird Ihre gute Laune die Traurigkeit des anderen vertreiben, oder seine Traurigkeit wird Ihr Glück vertreiben.

Jedes Gefühl Ihres Partners ist wie eine solche Lampe. Und jedes Ihrer Gefühle ebenfalls. Zusammen erleben Sie in Ihrer Beziehung das Spiel und den Tanz der Gefühle und Emotionen. Wenn die Beziehung gut verläuft, kann das sehr schön, lebendig und erfüllend sein. Viele Menschen suchen genau das, weil sie in Beziehungen Lebendigkeit, Aufregung und Abenteuer erleben möchten. Wenn es in der Beziehung hingegen zu Problemen kommt, kann ein Grund in genau diesem Spiel der Gefühle liegen, das sich zwischen beiden Partnern selbstständig gemacht hat. Prüfen Sie also immer, ob für Ihre Stimmung gerade auch wirklich ein Grund in Ihrem Leben vorhanden ist oder ob sie vom anderen übernommen sein könnte.

• Forschen Sie nach: »Ist es überhaupt meines?«

DAS VIERTE GEHEIMNIS DES SPIEGELS: DIE LOGIK DER GEFÜHLE

2. Gefühle können Spiegel sein

Ihre eigenen Gefühle können identische Gefühle im anderen aktivieren. Falls Sie immer missmutig sind, kann auch Ihr Partner irgendwann missmutig werden. Und umgekehrt. Falls Sie also etwas an Ihrem Partner nicht mögen, könnte er Ihnen gerade etwas von Ihnen spiegeln.

- Fragen Sie sich: »Bin ich vielleicht selbst gerade so?«

3. Das dauerhaftere Gefühl gewinnt

Wenn Sie zaghaft positiv in die Welt blicken und Ihr Partner ist andauernd pessimistisch, wird das präsentere Gefühl am Ende in beiden sein. Auf Dauer können Sie keine gute Laune behalten neben einem Partner, der gerade das Gegenteil lebt. Außer der andere wäre Ihnen völlig egal.

- Fragen Sie sich: »In welcher gemeinsamen Wolke halten wir uns auf?«

4. Gefühle werden stärker, wenn man sie weghaben will

Gefühle wollen nicht unterdrückt, sondern gesehen werden. »Da sein lassen« ist die gute Antwort. Wenn man hingegen vor unschönen Gefühlen wegläuft oder Wunschgefühlen hinterherläuft, wird man immer laufen müssen.

- Prüfen Sie: »Was will ich gerade nicht fühlen?«

5. Gefühle verstärken das ewige Nachdenken

Ihre Gedanken reagieren auf die in Ihnen gerade anwesenden Gefühle, weil sie diese analysieren und die Situation verbessern wollen. Doch je mehr man nur darüber nachdenkt, ohne etwas zu tun, umso stärker werden die Gefühle. Ein einfaches »Ja« ist das Wort, das die Situation annimmt, ohne sie zu verstärken.

• Fragen Sie sich: »Was genau nützt es mir jetzt, ständig weiter darüber nachzudenken?«

6. Das ewige Nachdenken verstärkt die Gefühle

Ihre Gedanken wollen, dass es Ihnen gut geht. Sie wollen gute Gefühle vermehren und schlechte vermeiden. Deshalb legt der Verstand manchmal einen Schleier über die Wahrheit und pflegt lieber eine Illusion, die sich von Hoffnung nährt. Das könnte zu einer Illusionsblase führen. Besonders in Beziehungen. Der befreiende Weg ist, Gefühle nicht manipulieren zu wollen.

• Fragen Sie sich: »Vielleicht ist ja alles ganz anders. Könnte es eine Wahrheit geben, die ich nicht sehen will?

7. Gefühle können nicht lügen

Gedanken kann man manchmal verbergen. Worte kann man verbiegen. Gefühle nie, weil der andere sie über die gemeinsame Wolke spürt. Deshalb ist der gute Weg in Beziehungen das Mitteilen und Teilen. Dann stimmen Worte und Gefühle überein und das Vertrauen bleibt erhalten.

- Achten Sie darauf: »Stimmen meine Worte und Handlungen noch mit dem überein, wie es mir wirklich geht?«

8. Auf lange Sicht kann kein Gefühl unterdrückt werden

Falls sich Gedanken und Gefühle widersprechen, wird der Mensch kurzfristig vielleicht den Gedanken, am Ende jedoch seinen Gefühlen folgen. Geben Sie den Gefühlen des anderen und Ihren eigenen höhere Priorität als allen Argumenten. Wenn es sich nicht gut anfühlt, lassen Sie das als wichtigstes Argument gelten.

- Prüfen Sie für sich: »Unterdrücke ich gerade etwas in mir?«

9. Liebe ist kein Gefühl wie andere

Die Liebe wird oft unbewusst mit vielen anderen Gefühlen verwechselt. Dann wird über Liebe nachgedacht oder geredet, obwohl das alles gerade gar nichts mit Liebe zu tun hat. Weil das eines der bedeutsamsten Reibungsgründe in Beziehungen ist, sehen wir uns im nächsten Kapitel die größten Irrtümer zum Thema Liebe genau an.

- Fragen Sie sich: »Geht es gerade überhaupt um Liebe?«

10. Liebe gewinnt am Ende sowieso

Abenteuer, Nervenkitzel. Spiel. Lebendig sein. Gemocht werden. Spaß haben. Kurzfristig mag einem dieses oder jenes Gefühlserlebnis viel geben. Man möchte etwas Neues oder bislang Fehlendes erleben. Langfristig ist die Sehnsucht nach Liebe stärker als alle anderen, sie ist auf Dauer durch nichts anderes zu ersetzen. Sie können einen Menschen, der in Wahrheit nur Liebe sucht, durch vieles davon ablenken. Aber durch nichts anderes erfüllen.

- Entscheiden Sie für sich: »Folge ich dem, was am Ende Liebe bringt?«

Die neutrale Ebene befragen
Falls Sie eine emotional schwierige Situation zu lösen haben,
verschleiern die Emotionen oft den Ausweg.
Fragen Sie sich deshalb für einen Moment:
»Was würde ich jetzt entscheiden und tun,
wenn ich keine Gefühle hätte?«
Dann haben Sie zumindest einen neutralen Wegweiser,
den Sie weiter überdenken können.

DAS VIERTE GEHEIMNIS DES SPIEGELS: DIE LOGIK DER GEFÜHLE

Das große Putzen (4)

Es war Frühling. Ostern stand vor der Tür und Matthias freute sich auf daheim und auf Stefanie. Zumindest ein Teil von ihm. Denn nach inzwischen drei Jahren des Zusammenlebens fürchtete sich ein anderer Teil auch ein wenig vor etwas, das Matthias nicht genau benennen konnte. Vielleicht war das beste Wort dafür »Leere«. Er mochte das Gefühl von Leere nicht. Nicht im Leben, nicht im Beruf und schon gar nicht zwischen ihnen beiden. Leere hatte mit Ende zu tun. Leere war gar nicht gut, wenn es um Liebe und ein gemeinsames Leben ging.

Wenn Matthias auf dem Heimweg war, spürte er oft diese Leere. Nicht physisch, denn Stefanie war ja meist schon da. Er befürchtete, dass zwischen ihnen diese magische Kraft verloren gegangen war, die Gefühle von Freude oder Liebe erweckt, allein schon, wenn man sich den Partner vorstellt.

Gedanken erschaffen Realität, dachte Matthias, und so bemühte er sich, diesen negativen Gedanken die Aufmerksamkeit zu entziehen. Durch seinen Beruf als Coach war er darin geübt, so zu sein, wie es von ihm erwartet wurde. Deshalb war er auch gegenüber Stefanie oft ein wenig so, wie er glaubte, sein zu müssen, damit die Beziehung gut funktionierte.

Manchmal fiel ihm das schwer. Besonders störte ihn, dass Stefanie noch immer ständig irgendwo im Haus am Aufräumen oder Putzen war, genau dann, wenn er nach einer fordernden Woche seine Ruhe haben wollte. Wie konnte man sich entspannen, während der andere mit dem Staubsauger herumfuhr?

Manchmal machte ihn das so nervös und aggressiv, dass er sich fragte, ob der schwierige Zustand seiner Partnerin gerade dabei war, auf ihn überzuspringen.

ZEHN ZUSAMMENHÄNGE AUS DER LOGIK DER GEFÜHLE

Matthias hatte das Thema gelegentlich angesprochen, aber feststellen müssen, dass Stefanie es als Angriff empfand.

»Wer soll es denn sonst machen?«, gab sie zurück. »Ich bin gleich fertig.« — »Ich denke, morgen kommt Besuch?« — »Es regnet doch sowieso.« — »Du willst doch auch ein sauberes Haus, oder?« — »Wir haben doch gerade sonst nichts vor!« — »Mich entspannt das aber.« Es gab mehr Gründe als Stufen im Treppenhaus.

Also ließ sich Matthias etwas einfallen, um Stefanie vom Putzen abzuhalten. In seinen Augen handelte sie wie jemand, der in einer endlosen, sinnlosen Handlungsschleife steckte. Jemand, dem innere Erfüllung fehlte und der sich deshalb mit Ersatzhandlungen beschäftigte. Also versuchte er, erfüllende Dinge in die Beziehung einzubringen. Er organisierte Ausflüge, besorgte Karten für Veranstaltungen, dachte sich immer neue Pläne für sinnvolle Veränderungen im Haus aus. Darauf reagierte Stefanie gut, und sie hatten wieder gemeinsame Ziele. So entstanden im Lauf der Zeit Gartenteiche, Brunnen, Grillplätze, Terrassen, ein Sonnenpavillon, Blumenbeete und viele andere Verschönerungen. Während sie an einem gemeinsamen Projekt arbeiteten, fühlte er sich zufrieden und erfüllt. Dann gab es immer etwas zu besprechen und am Ende ein Ergebnis, über das man sich gemeinsam freuen konnte. Doch falls gerade nichts zu tun war, stellte Matthias fest, dass Stefanie kaum ruhig mit ihm im selben Raum sitzen konnte. Nach kurzer Zeit stand sie auf, um sich wieder im Haus zu beschäftigen. Ihre Unruhe sprang auf ihn über, und bald darauf suchte auch er sich wieder etwas zu tun. So kam er auf die Idee, sich im Keller eine kleine Werkstatt einzurichten.

Irgendwie gab es für den Moment immer Lösungen. Doch sie lösten das Problem insgesamt nicht. Inzwischen war, ohne jede Absicht, ein kleiner Same von Unzufriedenheit zwischen ihnen gesät. Und dieser Same begann langsam und unbemerkt im Halbdunkel zu keimen …

»Warum lässt er mich so fühlen?« – Im Spiegel der Gefühle lesen

Was Ihnen in Ihrer Beziehung leicht auffällt, ist die Tatsache, »wie es Ihnen geht«. Und das hängt zum großen Teil von den Gefühlen ab, die Sie erleben. Viele Ihrer Beziehungsgefühle stehen in direkter Verbindung mit denen Ihres Partners. Sie können also wie in einem Spiegel nach dem jeweiligen Echo in sich suchen.

- Gute Laune kann einem schlechte Laune spiegeln.
  »Er ist einfach immer gut gelaunt, auch wenn es mir gerade nicht gut geht. So als sorgten ihn meine schlechten Gefühle gar nicht. Das macht mich wütend.«
  Hilfreiche Fragen: »Warum freue ich mich nicht, wenn es dem anderen gut geht? Was in mir braucht gerade für welches Ziel die schlechten Gefühle?«
- Traurigkeit kann einem Hilflosigkeit spiegeln.
  »Meine Partnerin ist oft traurig, ohne dass ich einen Grund dafür erkennen kann. Ich versuche dann, sie aufzumuntern. Manchmal klappt es, aber manchmal gelingt es mir nicht. Dann werde ich selbst traurig.«
  Hilfreiche Fragen: »Darf sie denn traurig sein? Warum will ich das verändern? Weil ich vielleicht selbst traurig bin? Wie wäre es, wenn das vollkommen in Ordnung wäre?«
- Wut kann einem eigene Wut spiegeln.
  »Mein Partner ist oft wütend. Ich merke, wie mich das zuerst nervt und dann selbst wütend macht. Ich werde aggressiv, weil ich das nicht abstellen kann.«

Hilfreiche Fragen: »Warum will ich die Gefühle des anderen abstellen? Woher kenne ich in mir die Wut auf die Wut eines anderen? Ich könnte ihn ja seinen Zustand erleben lassen und in derselben Zeit etwas anderes für mich machen.«

- Einsamkeit kann die eigene Einsamkeit spiegeln.

»Mein Partner sagt, er fühle sich oft einsam. Ich kann das nicht wirklich verstehen, denn ich liebe ihn und bin da. Wenn er zu mir nach Hause kommt, braucht er nicht einsam zu sein. Und dennoch ist er es. Ich spüre das, und es macht mich in diesen Momenten selbst einsam.«

Hilfreiche Frage: »Bin ich vielleicht selbst einsam und will es nicht vor Augen haben? Könnte ich ihm innerlich die Erlaubnis geben, neben mir einsam zu sein, solange die Einsamkeit in ihm anwesend ist?«

- Zurückweisung kann einem die Selbstzurückweisung spiegeln.

»Mein Mann ist oft genervt, wenn er von der Arbeit kommt. Ganz gleich, was ich dann tue oder sage, er bleibt genervt. Ich denke dann meistens sogar, dass ich ihn nerve. Dann zweifle ich an mir und das macht mich einsam und traurig.«

Hilfreiche Frage: »Darf er denn von der Arbeit genervt sein? Oder fordere ich von ihm gerade noch zusätzlich etwas ein?«

- Abwehr kann einem die Selbstabwehr spiegeln.

»Meine Frau ist wirklich ein Engel. Ich weiß, dass sie mich über alles liebt. Manchmal kommt sie und sucht meine Nähe und ich fühle Abwehr. Mein Kopf weiß,

DAS VIERTE GEHEIMNIS DES SPIEGELS: DIE LOGIK DER GEFÜHLE

dass das ungerecht ist und dennoch kann ich es nicht ändern. Sie fühlt sich dann abgelehnt und zieht sich zurück. Dann fühle ich mich noch schlechter, kann es aber oft dennoch nicht verändern. Tief in mir habe ich Angst, dass unsere Beziehung an dieser unerklärlichen Abwehr in mir kaputtgehen könnte.«

Hilfreiche Frage: »Darf ich denn manchmal Abwehr in mir spüren und meine Frau dennoch über alles lieben? Vielleicht könnte ich mir die Erlaubnis geben, dass beides da sein darf.«

- Rückzug kann die eigenen Forderungen spiegeln.

»Wenn ich eine Idee habe oder von etwas berichte, das mich bewegt, folgt mir mein Partner innerlich einen Moment und gleitet dann oft in seine eigene Vorstellungswelt ab. Ich spüre förmlich, wie er innerlich aussteigt und sich abgrenzt. Ich habe dann das Gefühl, gegen eine teilnahmslose Puppe zu reden. Das macht mich traurig oder wütend. Manchmal sage ich dazu etwas, und aus meinen Vorwürfen entsteht am Ende Streit. Dann haben wir ein Problem, obwohl ich eigentlich nur etwas Schönes erzählen wollte.«

Hilfreiche Frage: »Nehme ich selbst so viel Anteil an seiner Welt, wie ich mir von ihm wünsche, in meiner mitzuleben? Kann ich selbst leisten, was ich fordere? Und warum muss es unbedingt sein? Liebe und jederzeit identische Interessen haben ist nicht dasselbe.«

- Bedrängung kann die eigene Abwehr spiegeln.

»Meine Freundin bedrängt mich immer dann besonders, wenn ich meine Ruhe möchte. Ich habe gar nichts gegen sie. Aber ehrlich gesagt interessiert mich einfach nicht alles immer so ausführlich. Ich habe meine eigenen Ideen, Gedanken und Ziele, und um diesen zu folgen, brauche ich auch ruhige Zeit nur für mich. Selbst wenn ich mich wirklich anstrenge, verliere ich manchmal den Faden dabei, ihr innerlich zu folgen. Ich merke dann, wie ein Teil von mir sich richtig abschirmt und ich am liebsten aufstehen und mich zurückziehen würde. Aber ich will das gar nicht, denn ich liebe sie ja.«

Hilfreiche Frage: »Könnte ich, statt mich abzuschirmen, innerlich einen begrenzten Zeitraum reservieren, in dem ich ihr voll und ganz zuhöre? Dieser Zeitraum beginnt immer dann, wenn sie etwas teilen möchte, und er endet, wenn sie es geteilt hat.«

Erkennen Sie das Grundgesetz des Gefühlespiegels? Alles, was Sie beim anderen beobachten, kann sehr gut – vielleicht nur in abgeänderter Form – auch in Ihnen selbst vorhanden sein. Darin liegt kein Fehler, es geht nur darum, erst einmal herauszufinden, ob dieser Zusammenhang gerade aktiv wirkt. »In dir, wie auch in mir, findet alles statt.«

Das große Putzen (5)

Nachdem sich Matthias seine Fluchtwerkstatt eingerichtet hatte, vergingen wieder einige Monate, bis er an einem Freitag im Spätsommer auf dem Heimweg zum ersten Mal bewusst feststellte, dass er sich nicht mehr auf Zuhause freute. Als Unternehmensberater war er das Analysieren von

DAS VIERTE GEHEIMNIS DES SPIEGELS: DIE LOGIK DER GEFÜHLE

Situationen gewohnt und seine Gedanken begannen sofort damit,
das Problem zu suchen. Bald hatte er es eingekreist.

Ich freue mich nicht mehr auf Zuhause, weil dort Stress ist, dachte er.
Und weil dort nichts Neues geschieht, zwischen mir und Stefanie. Vor
allem aber, weil ich glaube, dass unsere Beziehung sich in eine Richtung verändert hat, wie ich es nie wollte. Ich hatte einen Traum, und
wenn ich von außen auf das sehe, das ich erschaffen habe, sehe ich
diesen Traum vor mir. Nur fühlt es sich nicht so an, wie ich es mir
immer gewünscht habe.

Während er den Blinker zur Abzweigung auf jene Landstraße setzte,
die auf den kleinen Ort seines Zuhauses zuführte, kam ihm ein weiterer Gedanke. Einer, den er nie hatte denken wollen: Vielleicht lieben wir uns nicht mehr?

Wie konnte man wissen, ob ein Partner einen wirklich liebt? Was daheim mit Stefanie und ihm geschah, fühlte sich irgendwie nicht mehr
so an, wie Liebe sein sollte.

Eigentlich, so dachte Matthias weiter, fühlt es sich an wie eine
Zweckgemeinschaft. Es scheint, als könnte sie es neben mir nicht
mehr lange aushalten. Ständig fällt ihr etwas Neues ein, was sie an-
geblich noch zu erledigen hat. Selbst dann, wenn wir uns eigentlich
zusammen erholen wollen. Sie hört erst damit auf, wenn es auf die
Schlafenszeit zugeht.

Als Matthias an diesem Freitagnachmittag vor seinem Haus den
Motor abstellte, blieb er erst einmal im Wagen sitzen. Er wusste, dass
Stefanie da war, und ein Teil in ihm wollte prüfen, ob sie seine Ankunft überhaupt bemerken würde. Ob sie nachsehen würde, wenn er
nicht hereinkäme. Ob sie sich um ihn sorgte.

Matthias wusste, dass man ein ankommendes Auto in jedem Fall im
Haus hören konnte. Also musste Stefanie ganz sicher wissen, dass er
angekommen war.

112

»WARUM LÄSST ER MICH SO FÜHLEN?«

Nach fünf Minuten saß er immer noch im Wagen und innerlich tobte in ihm eine Welle aus Traurigkeit, Angst und Wut. Diese Frau dort in diesem Haus scherte sich ganz offensichtlich überhaupt nicht um ihn. Wahrscheinlich war sie, wie immer, mit dem ach so wichtigen Aufräumen und Putzen beschäftigt.

Doch Matthias war geschult genug, um zu wissen, dass man sich schnell über einen anderen Menschen und seine Gründe täuschen konnte. Vielleicht wartete Stefanie im Haus mit einer Überraschung. Oder sie war krank und lag im Bett. Er beschloss nachzusehen, stieg aus dem Wagen und betrat das Haus. Im ersten Stock hörte er ihre Schritte und die Geräusche, die ein Plastikeimer mit Wasser macht, wenn man einen Wischmopp eintaucht.

»Hallo?«, rief er in Richtung Treppenhaus und bemerkte, wie die Wut wieder in ihm hochstieg.

»Hallo Schatz«, hörte er ihre Stimme von oben, ohne dass dabei die Geräusche des Wischmopps aufhörten.

Matthias wusste, dass dies ein Moment war, in dem er viel zerstören konnte. Also zwang er sich, nichts zu sagen und verschwand in seine Werkstatt. Es gab dort nichts zu tun und er hatte auch keine Lust, im Keller zu stehen. Aber er wollte das, was sich gerade in ihm anbahnte, nicht zum Ausbruch kommen lassen. Also stand er vor seiner Werkbank, drehte an seinem Schraubstock, sortierte herumliegende Werkzeuge und fragte sich, wann sie bemerken würde, dass er wortlos verschwunden war.

Nach fünfzehn Minuten hielt er es nicht mehr aus und ging nach oben. Stefanie war inzwischen in der Küche, hatte einen Kaffee aufgesetzt und räumte das Geschirr aus der Spülmaschine in die Schränke. Er roch den Kaffee, sah den Kuchen auf dem Tisch und im gleichen Moment war seine Wut verschwunden. Er hasste sich selbst dafür, so negative Gedanken gehabt zu haben. Hier war die Frau, mit der er

113

seinen Lebenstraum lebte, und sie dachte sehr wohl an ihn, wie man am schön gedeckten Tisch deutlich sehen konnte.
Für dieses Mal war es vorbei …

Was geschieht, wenn der Kreislauf der Gefühle ungebremst bleibt?

Gefühle und Emotionen lösen andere Gefühle und Emotionen aus. Dabei können sich Situationen entwickeln, die keiner gewollt hat. Irgendwann erkennt man das vielleicht und entschuldigt sich.

Doch immer hat eine solche Situation zwei Folgen, die man gar nicht will:

Erstens verbraucht man ganz einfach wertvolle Zeit, die auch schöner verbracht werden könnte. Manche Situationen wurden nur von Winzigkeiten ohne jede praktische Bedeutung ausgelöst und ziehen sich zwischen den Partnern emotional über Stunden oder Tage hin, bis sie aufgelöst sind. Das können Sie verkürzen, wenn Sie beide das Wissen um die Muster und den Spiegel haben und wenn Sie beide beschlossen haben, miteinander einen Wachstumsweg zu gehen. Dann werden manche Situationen wie ein Gewitter sein. Wenn es vorbei ist, ist es vorbei. Jeder trocknet eine Weile seine Gewänder und man begegnet sich wieder.

Als zweite Folge neben der Zeitverschwendung sorgen diese ewig gleich ablaufenden Minigeschichten dafür, dass man sich nicht weiterentwickelt. Die Muster der Gefühle halten beide Partner gefangen.

WENN DER KREISLAUF DER GEFÜHLE UNGEBREMST BLEIBT

Beziehungsmustern keine Chance geben

Ein Muster im anderen können Sie nicht anhalten. Aber Sie können etwas tun, damit das Muster nicht auf Sie beide überspringt: Geben Sie Ihrem Partner immer wieder und wenn Sie möchten täglich, Ihr grundlegendes Ja zur Anwesenheit in Ihrem Leben. Dieses tiefe Bekenntnis ist seine und Ihre Erinnerung, wenn Muster und Gefühle aktiv werden und Sie zweifeln lassen wollen. Vielleicht können Sie sich gegenseitig immer wieder daran erinnern. Dann wird Ihre Verbindung immer weiter wachsen und tiefer werden.

Das große Putzen (6)

Matthias gingen die Gefühle und Gedanken zu seiner Beziehung mit Stefanie nicht aus dem Kopf. War die Liebe zu Ende, wenn man nur noch zusammen als Arbeitsteam funktionierte und sich gleichzeitig gegenseitig die Knöpfe drückte? War die Beziehung dem Untergang geweiht, wenn er Wut auf Stefanie hatte? Und war diese Leere, die er spürte, ein Zeichen dafür, dass sie ihre Verbundenheit verloren hatten?

Er wusste es nicht. Oder, auch das erwog er, er hatte Angst, genau hinzusehen. Aber warum beschäftigte sie sich ständig mit diesem dämlichen Saubermachen und Aufräumen, vor allem in der knappen wertvollen Zeit, die sie am Wochenende für sich hatten? Das Haus war so gut geputzt und geordnet, dass es mehr einem Museum als einem Wohnort glich.

115

DAS VIERTE GEHEIMNIS DES SPIEGELS: DIE LOGIK DER GEFÜHLE

»Stefanie, ich finde, wir sollten uns eine Reinigungsfrau nehmen«, schlug Matthias während eines Sonntagsspaziergangs vor. *»Wir haben beide beruflich so viel zu tun und wir können es uns leisten. Dann hätten wir endlich das Wochenende nur für uns.«*

Er hielt das für einen wirklich guten Vorschlag. In seinen Gedanken hatte er Stefanies Antwort immer wieder gehört: »Das habe ich mir so sehr gewünscht. Vielen Dank, ich liebe dich.« Und sie hätte ihn geküsst und sie hätten beide über die Dummheit gelacht, nicht schon früher darauf gekommen zu sein. Gemeinsam hätten sie gespürt, dass nun ihre Beziehung von einer Last erlöst war. Dass es wieder war, wie am Anfang. Frei und unbeschwert.

So dachte Matthias.

Und Stefanie sagte: »Darüber habe ich auch schon nachgedacht, aber ich glaube, ich möchte es nicht. Ich will keine fremde Person in unserer Wohnung haben, die in alle Schränke sehen kann und in unserem Schlafzimmer herumläuft. Ich mache das wirklich sehr gern selbst.«

Es gab noch eine kurze Diskussion, die damit endete, dass Matthias seiner Partnerin ihren Willen ließ.

Ab da kam zu seinen Gefühlen, sich in einem Laufrad ohne Ausweg zu befinden, noch das Gefühl, seine eigene Partnerin nicht mehr zu verstehen. Wohin waren die gemeinsamen Ideen, Ziele und Ansichten verschwunden? Wo war die Magie geblieben, im gleichen Moment das Gleiche zu denken?

In den kommenden Monaten ging es Stefanie immer schlechter. Inzwischen war sie in der Arbeit zu einer wenig beliebten Kollegin geworden, oft missmutig und mit vielen Fehlzeiten. Als sie wieder einmal wegen einer Krankschreibung bei Dr. Martin saß, erinnerte der sie nochmals an die Idee, genau nachzuforschen, woher die Anspannung in ihr kam.

Dieses Mal stimmte sie zu ...

Der Weg aus den selbstständigen Gefühlsmustern

Ein ganz einfaches Lebensgesetz besagt, dass etwas, dem Sie eine große Bedeutung geben, auch eine große Bedeutung entwickeln wird. Gefühle und Situationen in Beziehungen kommen und gehen. Wenn Sie diesem Kommen und Gehen eine zu große Bedeutung geben, werden die Gefühle Ihren Wunsch annehmen und sich zu einer großen Sache machen. Dann wird das Thema dieser oder jener Gefühle Ihre Beziehung bestimmen.

Viele Menschen sagen: »Aber Gefühle sind doch ein Teil von mir. Und sie sind ein Grund, warum wir eine Partnerschaft haben.«

Nein. Gefühle sind nicht »ein Teil« von Ihnen. Nicht so wie ein Arm oder ein Bein. Gefühle sind Erlebnisse, die kommen und gehen. Sie spüren die Sonne und ihre Wärme. Und Sie spüren, wenn die Sonne untergeht und es kühler wird. Dennoch ist die Sonne kein physisches Teil von Ihnen.

Natürlich »erleben« Sie die Gefühle und Emotionen. Doch das, was Sie selbst in Wahrheit sind, ist viel größer als heute dieses und morgen jenes durchziehende Gefühl. Sie sind »das, was es erlebt«.

Der zweite Irrtum zu Gefühlen in Beziehungen ist die Verwechslung mit der Liebe. Liebe ist unabhängig von den meisten Emotionen und Gefühlen. Liebe ist das verbindende Dach über allem. Wenn Sie beide um Ihre gegenseitige Liebe wissen, kann kein durchziehendes Gefühl dieser Welt Sie auseinanderbringen. Denn wenn Sie es ganz genau untersuchen, ist Liebe kein Gefühl wie alle anderen. In Wahrheit ist Liebe ein innerer Zustand von Verbundenheit, der über alle anderen Gefühle weit hinausreicht. Im Licht spiritueller Wahrheit gesehen, ist Liebe ein Erleuchtungsweg und am Ende ein Erleuchtungszustand.

Einzelne Gefühle und Emotionen sind nicht Liebe.
Es sind nur einzelne Gefühle und Emotionen.
Liebe ist der Zustand, der dahinter liegt
und alles miteinander verbindet.

Das große Putzen (7)

»Ich bin kein Arzt und Sie sind nicht krank«, erklärte Josef Morego. »Ich bin ein Detektiv und Sie sind meine Klientin. Meine Aufgabe ist es, zusammen mit Ihnen die Ursache zu finden, die Ihnen das Leben schwer macht.«

»Das habe ich ja noch nie gehört«, sagte Stefanie.

»Möchten Sie es trotzdem?«

»Ja.« Der Mann gefiel ihr. Er war ganz anders, als sie gedacht hatte.

»Sehr gut«, sagte Morego. »Dann fangen wir an. Ich habe bereits mit Ihrem Partner gesprochen, und nun würde ich gern Ihre Geschichte hören.«

Stefanie begann zu erzählen. Morego unterbrach sie nur gelegentlich, wenn es eine Verständnisfrage gab.

DER WEG AUS DEN SELBSTSTÄNDIGEN GEFÜHLSMUSTERN

»Warum machen Sie eigentlich so oft diese eine Sache?«, erkundigte er sich, nachdem sie geendet hatte.

»Was denn?«, fragte Stefanie.

»Ihr Partner sagte, Sie würden ständig putzen.«

»Na ja, was heißt schon ständig.«

»Dann eben häufig. Warum machen Sie das?« Er sah sie an. Freundlich, nicht vorwurfsvoll.

»Es ist ein großes Haus und wir haben oft Gäste«, erklärte Stefanie. »Es muss alles wirklich in Ordnung sein. Und das ist vor allem meine Aufgabe.«

»Wie oft ist oft?«

»Vielleicht zwei- oder dreimal im Monat«, entgegnete Stefanie. »Manchmal mehr, manchmal weniger.«

Morego nickte verständnisvoll. »Mal angenommen, es ginge beim Putzen nicht um das Saubermachen. Warum machten Sie es dann?« Stefanie spürte plötzlich einen drückenden Kloß im Hals.

»Ich verstehe die Frage nicht.«

»Wenn das Saubermachen selbst für einen Moment egal wäre. Was wäre dann der Grund dafür, dass Sie es tun?«

»Weil ich denke, dass ich es machen muss. Glaube ich.«

»Und warum denken Sie das?«

»Weil es sonst nicht so ist wie ... Ich finde das eine seltsame Frage.«

»Ja, das ist sie auf den ersten Blick. Auf was hoffen Sie insgeheim?«

»Beim Putzen?«

Morego nickte wieder.

»Ich hoffe gar nichts«, sagte Stefanie. »Ich will, dass alles in Ordnung ist.«

»Für wen?«

»Für die Gäste.«

DAS VIERTE GEHEIMNIS DES SPIEGELS: DIE LOGIK DER GEFÜHLE

»Und wenn keine angekündigt sind?«

»Trotzdem. Dann für uns.«

»Und warum?«

Stefanie rutschte unbehaglich in ihrem Sessel herum. »Das Haus und dies alles ist unser gemeinsamer Traum und ich will meinen Teil davon erfüllen.«

»Sie haben seit Jahren keine freie Minute für sich selbst, weil dies die Vorstellung Ihres gelebten Traums ist?«

»Das ist unfair ausgedrückt.«

»Das war nicht meine Absicht. Was genau ist denn Ihr ganz persönlicher Traum?

»Eigentlich nicht das Haus. Das kommt von ihm. Von Matthias.«

Morego nickte. »Und Ihrer?«

»Mir würde auch eine Wohnung genügen. Ich möchte einfach nur eine schöne Beziehung. Ich will Matthias. Ich möchte einfach nur Nähe und unbeschwertes Zusammensein.«

»Wenn Sie putzen, regt ihn das aber auf.«

»Nein.«

»Doch.«

»Er sagt immer, es wäre alles wunderbar und schön.«

»Das sagt er. Aber das Putzen regt ihn wahnsinnig auf.«

Stefanie starrte Morego ungläubig an.

»Das habe ich nicht erfunden«, ergänzte er. »Ich berichte es Ihnen nur.«

»Das wollte ich nicht«, sagte Stefanie.

»Natürlich nicht. Was könnte ein Teil von Ihnen damit dennoch erreichen wollen?«

Stefanie dachte nach. Morego schenkte Kaffee nach, und vor dem Fenster tippte ein Spatz mit dem Schnabel auf das Fensterbrett, als würde er Einlass fordern.

DER WEG AUS DEN SELBSTSTÄNDIGEN GEFÜHLSMUSTERN

»Ich glaube, ich mache es, weil ich möchte, dass Matthias mich lobt«, sagte sie schließlich. »Ich möchte, dass er sieht, was für ein guter Teil für sein Leben ich bin.«

»Vielleicht weiß er das schon«, schlug Morego vor. »Immerhin hat er Sie für ein gemeinsames Leben ausgewählt.«

»Ja, aber ich glaube, ich selbst weiß es nicht. Ich weiß nicht, ob er mich liebt.«

»Woran würden Sie das erkennen?«

Stefanie zuckte mit den Schultern. »Woran man Liebe eben so erkennt. Dass man vom anderen gemocht wird. Dass man Nähe vom anderen bekommt. Dass man Zeit zusammen verbringen will.«

»Gut«, sagte Morego. »Mögen, Nähe und Zeit. Während Sie putzen: Mag er sie dann?«

»Ich glaube, er ist wirklich oft genervt.«

»Und während Sie putzen: Bekommen Sie dann Nähe?«

»Natürlich nicht. Ich mache ja gerade eine Arbeit.«

»Und während Sie putzen: Verbringen Sie dann gemeinsam Zeit miteinander?«

»Nein, weil er sich dann zurückzieht.«

»Ein Teil von Ihnen putzt also, weil er von Ihrem Partner gemocht und geliebt werden will?

»Ja.«

»Und wenn Sie es nun genau ansehen: Führt Saubermachen das herbei, was Sie sich ersehnen?«

»Ich glaube nicht.«

»Sie haben schon eine Weile Erfahrungen damit gesammelt. Glauben Sie es eher oder wissen Sie es?«

»Ich weiß es.«

Morego lächelte. »Nun, ich denke, wir haben gerade gemeinsam eine gute Suche gemacht.«

121

DAS VIERTE GEHEIMNIS DES SPIEGELS: DIE LOGIK DER GEFÜHLE

Stefanie schüttelte den Kopf, als würde sie hoffen, dass dabei etwas Lästiges herausfiele. Verwirrte Gedanken vielleicht.

»Ich verstehe das nicht«, sagte sie. »Ich habe also die ganze Zeit das Gegenteil von dem getan, was mich ihm näherbringt?! Warum habe ich das gemacht? Wieso ist mir das nicht aufgefallen?«

»Es konnte Ihnen nicht auffallen«, erklärte Morego. »Weil Sie es sich nie so ausgedacht haben.«

»Aber warum habe ich es dann jahrelang gemacht? Und wieso hat Matthias es mir nie gesagt?«

»Weil er es auch nicht wusste«, erklärte Morego. »Sie haben, aller Wahrscheinlichkeit nach als Kind, gelernt, dass man nur dann gemocht wird, wenn man fleißig und gut ist.«

Stefanie nickte. »Ja. Natürlich.«

»Und erlebt, dass Sie bestraft oder weniger geachtet wurden, wenn Sie nicht fleißig genug waren.«

Sie nickte wieder und spürte, wie ihr Tränen in die Augen schossen.

»War das, was Sie gegeben haben, jemals genug, sodass die Liebe, ohne weitere Forderungen, wirklich kam?«

Sie schüttelte den Kopf.

Morego fuhr fort. »Jetzt, wo Sie in Ruhe darüber nachdenken, fällt Ihnen dieser Irrtum auf. Doch bis dahin gab es in Ihnen diesen verborgenen Teil mit seiner verborgenen Überzeugung. Und dieser Teil steuerte Ihr Schiff.«

»Welches Schiff?«

»Das Ihrer bisherigen Beziehungen. Und das der aktuellen Beziehung.«

»Aber warum hat Matthias es mir nie gesagt?«, fragte sie, während sie ein Taschentuch hervorzog.

»Was arbeitet er noch mal?«, erkundigte sich Morego, obwohl er es offensichtlich wusste.

»Er ist Unternehmensberater.«

»Warum das?«

»Weil er es gut kann«, erklärte Stefanie. »Er hat damit viel Erfolg.«

»Hat er vielleicht gelernt, dass man andere führt, indem man ihnen Aufgaben gibt und sie dann lobt?«

»Das ist bestimmt so ...«

»Und Sie wollten von ihm gelobt werden, für das, was Sie tun?«

»Ja, aber ich bin doch nicht seine Angestellte!«

»Darum geht es auch nicht«, erklärte Morego. »Es geht um die versteckten Muster, die Ihr Schiff steuern. Ihres möchte geliebt werden und glaubt, Lob wäre Liebe. Und Lob erhält man, wenn man gute Leistung bringt. Also bringen Sie gute Leistung, indem Sie das Haus putzen, weil Ihr Partner das zu Beginn gut fand und lobte.«

Der Spatz klopfte wieder, und Morego hielt einen Moment inne, um an der Kaffeetasse zu nippen. Dann fuhr er fort.

»Sein Muster hingegen glaubt, es wäre ein Zeichen von Liebe, jemanden zu einem Erfolg zu führen und ihn dann dafür zu loben. Das ist sogar sein Beruf geworden. Also hat er es auch mit Ihnen eine ganze Weile so gemacht. So lange, bis Ihr Fleißigsein ihn zu stören begann. Erst dann hat er bemerkt, dass etwas nicht stimmt. Natürlich fragte er sich, warum Sie immer weiter etwas tun, das ihn stört. Er dachte eine Zeit lang sogar, Ihre Putzerei wäre ein Zeichen von Missachtung oder Sie wollten ihn ärgern.«

»Das war niemals meine Absicht!«

»Natürlich nicht.«

»Warum hat er mir das nur nie gesagt?«

»Hat er das wirklich nicht?«

Stefanie versuchte sich zu erinnern. Und plötzlich fiel ihr eine Reihe von Situationen ein, in denen Matthias versucht hatte, sie

DAS VIERTE GEHEIMNIS DES SPIEGELS: DIE LOGIK DER GEFÜHLE

vom Putzen abzuhalten. Immer wieder auf andere Weise, über all die Jahre hinweg.

»Er hat«, sagte sie schließlich nur.

»Das Unterbewusstsein hört die Worte nicht«, sagte Morego. »Es macht einfach nur, wovon es überzeugt ist. Sie wollten Liebe und haben sauber gemacht, weil Sie dachten, dass er das am meisten liebt und dass er es am Ende loben wird. Aber für eine Leistung gelobt werden, ist nicht Liebe. Das war das verborgene Muster. Diese Programme machen immer, was sie einmal gelernt haben.«

»Immer?«, fragte Stefanie. »Dann hätte ich ja keinen freien Willen. Das glaube ich nicht.«

»Natürlich haben Sie einen freien Willen«, erklärte Morego. »Doch der kann sich erst dann frei für oder gegen etwas entscheiden, wenn Sie es überhaupt erkennen. Solange Sie es gar nicht wissen, wird die alte versteckte Überzeugung auf einem Gebiet den Weg bestimmen.«

Er machte eine Pause.

»Nun haben Sie es erkannt. Leistung bringen hat nichts mit Liebe zu tun. Wenn Sie darauf achten, kann Ihre Beziehung ab jetzt wieder atmen und sich voranbewegen.«

»Wird es jetzt einfach aufhören und alles wird gut?«, fragte Stefanie.

»Es wird aufhören.« Morego nickte. »Und wenn Sie sich beide immer wieder gegenseitig an das Muster und den Irrtum dahinter erinnern, wird es gut werden.«

Ihre Gefühle füreinander
verbinden sich zu Beziehungsgeschichten.
Ihre Liebe zueinander
verbindet Sie im Dasein.
Beides zusammen ist Ihre Partnerschaft.
Wenn Sie gemeinsam darauf achten,
was auf welche Weise geschieht,
wird es wirklich gut werden.

DAS FÜNFTE GEHEIMNIS
DES SPIEGELS:

LIEBE?

Die Befreiung aus dem »Liebe ist ...«-Irrtum

*»Ich dachte immer,
Liebe wäre der Grund für unsere Beziehung.
Aber wenn die Liebe uns verbindet,
wie kann dann all dieses andere geschehen?«*

DAS FÜNFTE GEHEIMNIS DES SPIEGELS: LIEBE?

Es gibt Liebe. Das, was sie in Wahrheit ist. Und es gibt das, wovon jemand glaubt, es wäre Liebe. Fragen Sie fünf Menschen, wie sie Liebe definieren würden, und Sie erhalten wahrscheinlich zehn Möglichkeiten zur Antwort. Ganz offensichtlich kann man das meistgesuchte Gefühl auf Erden mit Worten am wenigsten genau definieren.

Wenn Sie möchten, können Sie kurz innehalten und ein Experiment machen: Wie würden Sie jemandem, der es nicht kennt, beschreiben, was ein Tisch ist? Tun Sie es jetzt. »Ein Tisch ist ...«

Und nun: Wie würden Sie jemandem, der es nicht kennt, beschreiben, was Liebe ist? Versuchen Sie es einmal. »Liebe ist ...«

Wenn Sie gemeinsam einen Tisch für Ihre Wohnung kaufen gehen, ist es schon nicht einfach, den richtigen zu finden. Und das, obwohl Sie, Ihr Partner und der Verkäufer sich über das Wesen eines Tischs im Grundprinzip einig sind. Wie ungleich schwieriger ist es, sich mit einem Menschen über Liebe und Beziehung einig zu sein und darauf ein Leben aufzubauen! Wie viele Missverständnisse sind da möglich!

Überlegen Sie noch einmal, wie Sie selbst die Liebe beschrieben haben. Haben einige Ihrer Beschreibungen mit »Verhalten« und »Beziehung« zu tun? Viele Menschen kommen bei der Frage nach Liebe ins Nachdenken

129

über das Verhalten anderer ihnen gegenüber oder erinnern sich an ihr eigenes Verhalten.

Welches Verhalten erzeugt ein Gefühl von Liebe? Und welches nicht? Je mehr Sie dieses größte Geheimnis aller Beziehungen innerlich durchdringen, umso besser werden Sie Entstehung, Ablauf und Sinn Ihrer eigenen Partnerschaften verstehen.

Liebe »geben und haben« wollen, erschafft oft Probleme

Die meisten Menschen nennen auf die Frage, was sie in einer Partnerschaft suchen, auch das Wort Liebe. Man könnte denken, damit wäre das Thema geklärt. Doch wenn Sie genau nachfragen, werden Sie eine Menge, zum Teil sogar gegensätzliche Vorstellungen zu Liebe kennenlernen.

Ein einfaches Wort, das zwei Menschen als Grundlage und Ziel einer guten Partnerschaft ansehen – und jeder versteht darunter etwas anderes. Gleichzeitig versucht jeder, sich immer so verhalten, dass er seine Idee von Liebe bekommt und dass er sein Verständnis von Liebe weitergibt. Damit sind spätere Konflikte bereits eingebaut.

Doch wo die größten Konfliktpunkte liegen, findet man auch das größte Heilungspotenzial. Sehen wir uns deshalb ganz genau an, wie die Idee, was Liebe ist, grundsätzlich entsteht. Danach können Sie leichter verstehen, welcher versteckten Vorstellung Sie selbst und Ihr

Partner jeweils folgen, wenn vielleicht auch stillschweigend und unwissentlich. Sie verstehen dann auch besser, warum er so ist, wie er ist, und was dies mit Ihnen zu tun hat.

Joshua erforscht die Liebe:
Die Abberufung

Stellen Sie sich vor, wir könnten die Reise eines Menschen – nennen wir ihn Joshua – bis zum Beginn seines Lebens zurückverfolgen. Und dann, über den Moment der Geburt hinaus, zurück bis zur Zeugung im Mutterleib. Und danach noch weiter zurück, bis wir an jenem Ort landen, an dem Joshua sich aufhielt, ehe er gerufen wurde, um einen winzigen heranwachsenden Körper im Bauch einer Erdenfrau mit Leben zu beseelen.

Nennen wir den eigentlichen Heimatort von Joshua »Planet Liebe«. Ein Platz, an dem tatsächlich nichts weiter existiert und der aus nichts anderem gebaut ist als Liebe. Dort schwebt Joshua, umhüllt von Wolken aus Licht, Wärme und Geborgenheit, zeitlos und allumfassend versorgt.

Eines Tages entscheiden sich zwei Menschen auf der Erde, Nachwuchs zu bekommen. Oder sie erzeugen Nachwuchs, auch ohne sich bewusst dafür entschieden zu haben. Auf jeden Fall entsteht ein neuer winziger Körper im Bauch einer Frau. Dieser Körper ruft nach Joshua. Und wenn der auf seinem Planeten Liebe auch sonst nicht viel mitbekommt – diesen Ruf von der Erde hört er deutlich.

DAS FÜNFTE GEHEIMNIS DES SPIEGELS: LIEBE?

Sekunden später hat Joshua den Ort gewechselt. Statt hell ist es nun eher dunkel. Statt Stille gibt es gedämpfte Geräusche. Und statt auflösender Weite wird es eng.

Noch ohne es zu wissen, ist Joshua auf dem Planeten Erde gelandet. Damit ihn diese dramatische Umstellung nicht völlig schockiert, bekommt er noch ein wenig Eingewöhnungszeit. Er bleibt in einer warmen, versorgenden, geschützten Umgebung, ganz ähnlich, wie er es von seinem Planeten Liebe kennt.

Während der kommenden Wochen und Monate wird es immer weniger so, wie Joshua es kennt, was vor allem daran liegt, dass es sich zunehmend drückender und enger anfühlt. Außerdem wird die Nahrungsversorgung langsam knapp, weil Joshua ziemlich groß geworden ist.

Wäre er mit einem Raumschiff von seinem Heimatplaneten zur Erde gereist, so wäre dies nun eindeutig das Signal, dringend die Kapsel zu verlassen und sich auf dem neuen Planeten nach mehr Nahrung und Platz umzusehen. So aber ist für Joshua nun die Zeit gekommen, um als Mensch geboren zu werden.

Joshua erforscht die Liebe:
Die Ankunft

Vielleicht haben Sie schon eine Geburt, außer Ihrer eigenen, erlebt oder Sie haben einer Geburt beigewohnt. Oder Sie können es sich aus Erzählungen gut vorstellen. Die Zeit ab der Geburt ist nicht nur der Beginn des weltlichen Lebens, sondern auch der Beginn von Themen, die den Menschen bis zu seinen letzten Momenten begleiten

LIEBE »GEBEN UND HABEN« WOLLEN, ERSCHAFFT OFT PROBLEME

werden: Mangel, Angst und die Beziehung zu anderen. Im Bauch der Mutter gab es das nicht. Doch auf dem Planeten Erde ist der Umgang damit überlebenswichtig.

Gleich nach seiner Ankunft macht Joshua einige vollkommen neue Erfahrungen. Könnte sein Gehirn schon so strukturiert wie das eines Erwachsenen denken, würde es ihn etwa Folgendes sagen lassen: »Seit ich hier auf der Erde bin, habe ich ein neues Gefühl. Die Menschen haben es auch, und sie nennen es Hunger. Ein weiteres Gefühl ist mir ebenfalls neu. Die Menschen nennen es Kälte. Diese beiden Gefühle tun mir gar nicht gut. Wenn sie stärker werden, könnten sie mich vernichten. Ich brauche sofort etwas gegen den Hunger und etwas gegen die Kälte.«

Wenn Joshua Glück hat und alles normal verlaufen ist, liegt er bald in der Armbeuge seiner Mutter und wird mit allem versorgt. Das ist dem Zustand, den er von seinem Heimatplaneten kennt, am nächsten. Gefüttert, gewärmt und geborgen zu werden, bedeutet für Joshua Liebe, in der Art, wie man sie auf der Erde praktiziert.

Die Quelle für diese Form von Liebe ist aus Joshuas Sicht allerdings etwas seltsam, denn es braucht ein zweites Wesen. Noch weiß er nicht, dass man dieses Wesen hierzulande »Mutter« nennt, und so lange es funktioniert, wird er sich darüber auch keine Gedanken machen. Klein-Joshua merkt sich ganz einfach, wie diese Quelle von Liebe sich anfühlt. Und weil sein Gehirn im Moment nur den Bereich aktiviert hat, den man später Unterbewusstsein nennen wird, speichert er das »Muttergefühl« eben genau dort ab.

Joshua erforscht die Liebe:
»Lächle oder weine.
Wenn sie reagieren, ist es Liebe.«

Das Kind kennt die Liebe, das Einssein, die vollkommene Verbundenheit, denn das ist der Zustand, den es gerade verlassen hat. Nun muss es das Überleben an einem Ort mit allgegenwärtigem Wettbewerb, Risiko und Mangel lernen. Es blickt die Eltern mit der inneren Frage an: »Was muss ich tun, wie muss ich sein, damit ihr mich versorgt? Damit ich überleben kann?«

Die Eltern verfügen über genügend von diesem Wissen und möchten stattdessen die Liebe wieder lernen. Sie sehen ihr Kind mit der inneren Frage an: »Was müssen wir tun, damit wir in deinen kleinen Augen die Liebe sehen?« Nüchtern ausgedrückt: Das Kind wird in Überleben ausgebildet und die Eltern werden in Liebe ausgebildet. Und bei diesem Aufeinandertreffen zweier Welten entsteht eine ganze Reihe an Verwechslungen und Irrtümern, die das spätere Beziehungsleben grundlegend bestimmen.

Joshua ist nun schon ein paar Tage alt und liegt nicht mehr pausenlos bei seiner Mutter, weil diese sich wieder um den Alltag und die Nahrungsbeschaffung kümmern muss. Was er braucht, um sich versorgt und geliebt zu fühlen, kommt von nun an nicht immer von ganz allein. Manchmal ist es nicht sofort verfügbar, dann muss Joshua etwas tun.
Er stellt schnell fest: »Wenn ich mich bewege oder meine Stimme benutze, wird mir Essen und Wärme gebracht. Ich

muss auf mich aufmerksam machen. Ich muss gesehen werden. Dann kommt Liebe.«

Es funktioniert. Und damit ist die erste große Erfahrung zum Thema »Liebe und Beziehung auf Erden« vollständig. Joshua speichert im Unterbewusstsein ab: »Liebe ist, wenn es warm, trocken, satt und geschützt ist. Wenn mir jemand dies gibt, ist das ein Kontakt mit Liebe. Eine Liebesbeziehung.«

Wenn wir genau hinsehen, können wir feststellen: Was ein Kind zu Beginn seines Lebens wahrnimmt, ist nicht einfach nur Liebe. Es ist vor allem »Verhalten«. Die Liebe bringt es selbst als Gastgeschenk mit in diese Welt, damit die Erwachsenen sich daran erinnern können. Als Gegengeschenk erhält es deren Erfahrungen darüber, wie die Welt funktioniert. Und während dieser Austausch geschieht, vergisst das Kind immer mehr vom eigentlichen Ort seiner Herkunft.

Weil Joshua zu Beginn nur wenig Möglichkeiten hat, etwas Aktives für den Erhalt der so wichtigen Mutterliebe zu tun, bekam er von der Natur zumindest eine Art Grundausstattung für das »Liebgehabtwerden« mit: große, sprechende Augen, in denen die meisten Eltern Reinheit und Liebe erkennen. Ein Lachen, das bei den meisten Erwachsenen das Herz berührt. Einen süßen Mund, den man am liebsten küssen oder füttern möchte. Hände und Füße, die so durchschimmernd, zart und klein sind, dass es einem Wunder gleicht, sie schon vollständig ausgeprägt zu sehen. Zu erleben, auf welch hilflose und unschuldige Weise ein Leben beginnt, berührt die meisten Menschen so sehr, dass es einen tief verwurzelten inneren Auftrag weckt: Dieses kleine Leben muss beschützt werden.

Obwohl er noch nicht viel tun kann, steht Joshua also gar nicht so schlecht da. Er hat mindestens einen oder zwei Erwachsene, die alles dafür tun, um sein Leben zu beschützen und sein Überleben zu sichern, allein schon, weil er so süß und hilflos aussieht und sie an die Liebe erinnert. Bald kommen weitere Fähigkeitenschätze für sein Überleben hinzu, denn die erste Form von Kommunikation mit den Eltern beginnt. Solange Joshua willentlich noch nichts tun kann, wird er sich einfach nur durch Lachen und Friedlichkeit oder durch Weinen und Unzufriedenheit bemerkbar machen. Falls alles gut läuft, reagieren die Eltern darauf, indem sie beginnen zu handeln. Sie versuchen herauszufinden, an was es gerade mangelt. Etwas muss fehlen! Aber was? Wie kann man es erkennen? Mutter oder Vater versuchen alles in ihrer Macht und ihrem Wissen Stehende, damit Joshua wieder lacht und still und friedlich wird.

Vielleicht kennen Sie Beziehungen, in denen ein Partner ständig versucht, die schlechten Launen des anderen in gute Launen zu verwandeln? Dann haben Sie dieses frühe unterbewusste Muster im Erwachsenenleben wiedergefunden. Seinem Partner gegenüber schlechte Laune zu zeigen, obwohl weder ein Grund für schlechte Laune da ist noch ein falsches Verhalten des anderen, ist kein Zufall. Es ist das Ergebnis einer sehr frühen Erfahrung darüber, wie man Bemutterung bekommen kann. Die schlechte Laune war ein Werkzeug, das geholfen hat, einen Mangel an Zuwendung zu signalisieren, damit er von den Versorgerpersonen beseitigt wird.

Später, im Leben als Erwachsener bewirkt schlechte Laune normalerweise das Gegenteil, denn die meisten Menschen werden Abstand nehmen. Diesen neuen Zusammenhang kann zwar der logische Verstand verstehen, doch das Unterbewusstsein des Betroffenen nicht mehr lernen. Es wird sich auf Dauer einfach jene Menschen als Beziehungspartner suchen, die nicht nur auf schlechte Laune mit aktivem Versorgungsverhalten reagieren, sondern sogar trotz schlechter Laune die Beziehung aufrechterhalten und dableiben.

Viele Launen sind nur da,
weil sie hoffen, bei anderen Reaktionen herbeizuführen,
die Verbundenheit und Kontrolle sicherstellen.

Joshua erforscht die Liebe: »Suche die Freiheit. Wenn sie dich lassen, ist es Liebe.«

Liebe hat also bis jetzt mit »Versorgung« und »Anwesenheit« zu tun. Nichtliebe hat mit »Mangel« und »Abwesenheit« zu tun. Genau das haben auch Sie selbst und jeder andere in den ersten Lebensmonaten erlebt. Diese Zeit liegt hinter einem Schleier, tief im Unterbewusstsein verborgen, doch nichts davon, kein einziges Erlebnis, ist

DAS FÜNFTE GEHEIMNIS DES SPIEGELS: LIEBE?

wirklich vergessen. Das Gehirn vergisst nichts, besonders nicht die frühen Prägungen. Gleichzeitig geht die Entwicklung ins Erwachsenenleben weiter.

Joshua ist gesund und wächst weiter heran. Er beginnt damit, sich nicht mehr unwillkürlich, sondern überlegt zu bewegen. Dabei erkundet er, wie Arme und Beine funktionieren und was man mit Händen und Füßen anstellen kann. Sobald dieses Thema an der Reihe ist, ändert sich im Familienleben einiges. Ab sofort zieht das ein, was man »Erziehung« nennt. Diese Füße dürfen das Kind nicht überall hintragen und diese Hände dürfen nicht alles einfach berühren, denn die Welt ist voller Gefahren. Die Eltern beginnen deshalb, auf Joshuas Bewegungen einzuwirken. Sie versuchen, sein Verhalten zu beeinflussen. Natürlich mit guten Absichten und in bestem Wissen, damit nichts Schlimmes geschieht.

Joshua selbst hat davon keine Ahnung. Es weiß nichts über Gefahren und Regeln. Er folgt nur seinem inneren Auftrag und dieser lautet: »Erforsche die Möglichkeiten deines Körpers und seine Einwirkung auf die Umgebung!« Und damit entsteht für Joshua eine ganz neue Art von Beziehung zu seinen Eltern: Er will etwas, und die Eltern wollen es entweder auch oder sie wollen es nicht. Was Joshua ab jetzt als »Liebe« oder »Nichtliebe« erfährt, hat für ihn sehr viel mit »Erlaubnis« und »Verbot« zu tun. Mit Freiheit und Unfreiheit. Mit Machtausübung und Unterordnung. Eine gewährte Freiheit oder Erlaubnis wird als Zuneigung gewertet. Als Liebe. Ein Verbot hingegen wird – wie viele Eltern recht lebendig erkennen dürfen – als Abneigung gewertet, auf die mit Gegenwehr reagiert wird.

Kennen Sie in Partnerschaften die Diskussionen über Freiheit und Einengung? Wann Ihr Partner zu diskutieren anfängt, ob überhaupt und auf welche Weise, hängt mit dem zusammen, was er in Joshuas gerade beschriebener Phase erlebt hat. Falls so eine Diskussion aufkommt, dienen Sie dem Unterbewusstsein Ihres Partners entweder gerade als die Mutter- oder Vaterfigur. Oder Sie ringen gerade selbst bei Ihrem Partner um das Thema von Freiheit und Unterordnung, dann wäre er die Mutter- oder Vaterfigur für Ihr Unterbewusstsein.

Joshua erforscht die Liebe: »Stell deine Regeln auf. Wenn sie dir folgen, ist es Liebe.«

Die Grundausbildung in Sachen Miteinander setzt sich fort und legt weitere Grundlagen für die späteren Erwachsenenbeziehungen.

Joshua wird größer, kräftiger, intelligenter und selbstbewusster. Besuche bei anderen Familien. Kinderkrippe. Kindergarten. Immer öfter nimmt er Beziehungen zu anderen Menschen auf. Dabei bringt er alles zur Anwendung, was er bis dahin von den Eltern zum Thema Beziehung erlebt oder beobachtet hat. Er untersucht, was geschieht, wenn er anderen Kindern Vorschriften und Verbote macht oder eine Erlaubnis gibt. So wie seine Eltern es mit ihm taten. Er übt sich darin, Spielgefährten, Geschwister und auch Eltern abwechselnd ein wenig zu belohnen und ein wenig zu bestrafen. Weil seine Eltern dasselbe mit ihm gemacht haben, glaubt er, dass dies die Art wäre, wie man auf der Erde »Beziehung macht«. An den Zustand, den er auf seinem Heimatplaneten Liebe erfuhr, kann er sich inzwischen kaum noch erinnern.

Stattdessen übt sich Joshua immer weiter im Durchsetzen seiner Ziele, selbst dann, wenn sein Beziehungspartner es gerade nicht möchte. Er will herausfinden, wann diplomatisches Vorgehen angebracht ist, wann Kraft und Durchsetzungsvermögen gefordert sind und wann es eine gute Zeit ist, sich schwach, leidend oder hilfsbedürftig darzustellen. Durch dieses Beziehungsspiel mit anderen entwickelt Joshua seine Handlungsstrategien für das spätere Leben. Und gleichzeitig seine Verhaltensweisen für spätere Liebesbeziehungen.

Was bei den ersten Spielkameraden eingelernt wurde, versucht Joshua nun auch auf die Eltern zu übertragen. Er bemerkt, dass die beiden nicht ein einziges Wesen mit einer einzigen Meinung sind, sondern zwei Personen mit manchmal uneinigen Haltungen. Und bald darauf hat er erkannt: »Wenn ich im richtigen Moment beim richtigen Elternteil das Richtige tue, bekomme ich sicherer und schneller, was ich will, als wenn ich es dem Zufall überlasse.«

Weil man eigentlich nicht viel im Leben benötigt, wäre die Übung schnell zu Ende. Also probiert Joshua seine Strategie auch dann, wenn er in Wahrheit gar nichts braucht. Er testet aus, in welchem Maße er andere dazu bewegen kann, so zu reagieren, wie er es möchte. Nicht weil er es braucht, sondern einfach nur, weil er es so will.

Dass der Sinn solchen Handelns nicht im angestrebten Ziel selbst liegt, erleben Joshuas Eltern immer dann besonders *anschaulich, wenn ein Geschenk oder eine Erlaubnis für ihn in genau dem Moment uninteressant werden, sobald er sie erhalten hat.*

An dem Tag, an dem Joshuas Mutter ihm den Kuchen zu sei-nem sechsten Geburtstag auf den Tisch stellt, ist gleichzeitig seine Grundausbildung in Sachen Beziehung abgeschlossen. Von nun an schöpft er aus dem Pool des Wissens, das sein Leben in den vergangenen sechs Jahren in seinem Unter-bewusstsein abgelegt hat.

Vielleicht haben Sie schon Beziehungen und Partnerschaften erlebt, die sich wie ein ständiges Ringen um Ziele und Plätze anfühlen. Als würde man dem anderen immer etwas geben müssen, um auch etwas zu bekommen. Oder ihm etwas schulden, weil man selbst etwas bekam. Ein Gefühl, als müsste man immer ein wenig auf der Hut vor einer unsichtbaren Kontoführung sein und dürfte nie wirklich loslassen, weil man sonst in eine unterlegene Position kommt. Falls das auftritt, behandelt das Unter-bewusstsein des anderen Sie gerade nicht als gleichbe-rechtigten Liebespartner, sondern als Reviermitbewoh-ner. Dann geht es um Rechte, Hierarchien, Nutzen oder Wunscherfüllungen.

Inzwischen ist Joshua schon ziemlich weit von dem war-tenden und hilflosen Zustand der ersten Tage und Monate entfernt. Er hat drei große Erlebnisebenen von Beziehung erfahren, erforscht und sie tief in sein Unterbewusstsein eingespeichert. Menschliche Liebe oder Nichtliebe, so hat Joshua gelernt, kann man an drei bedeutsamen Verhaltensweisen des Gegenübers ablesen und messen:

- *Versorgung und Für-einen-da-Sein. Oder eben Nichtversorgung und Abwesenheit.*
- *Erlaubnis und Freiheit. Oder Verbot und Unfreiheit.*
- *Auf Wünsche reagieren und sich lenken lassen. Oder Wünsche nicht erfüllen und sich nicht lenken lassen.*

Joshua erforscht die Liebe: »Liebe ist, wenn ...«

Nichts von dem, was Joshua bis hierher erlebte, war ein Fehler. Der Schnelldurchlauf durch die Evolution war eine lebenswichtige Ausbildung für seinen Aufenthalt auf dem Planeten Erde. Was er durchmachte und lernte, geschah sehr ähnlich auch in Ihrem Leben und in dem jedes anderen. Wie es im Detail bei Ihnen ablief und welche Erfahrungen Sie persönlich zu den einzelnen Themen speicherten, formte das, was heute Ihre Individualität ausmacht. Und ebenso ist es bei Ihrem Partner und bei allen anderen Menschen, die Sie anziehen.

»Wie hast du Freiheit erlebt? Wie hast du den Umgang mit Fehlern erlebt? Wie hast du Nähe oder Nichtnähe erlebt? Was hast du als Liebe kennengelernt?« Das wären Fragen, die man sich gegenseitig stellen könnte. Schlüsselfragen, die Verständnis und Verbundenheit erzeugen und die Beziehung auf eine neue Ebene bringen können.

Wann wird es problematisch?

Wieso gibt es am Ende dieser von den meisten Eltern wirklich gut gemeinten Grundausbildung in Beziehungen später dennoch so viele Probleme? Weil wir Menschen als einzige Lebewesen auf diesem Planeten die Fähigkeit haben, über Liebe und Beziehung nachzudenken und zu reflektieren. Nur bei uns kann die Frage auftauchen: »Ist das Liebe? Falls nicht, wo ist sie dann?«

Darin liegt, wie man so schön sagt, ein Segen und ein Fluch zugleich. Der Fluch ist die Mühe, das Leid und das Unglück, das man durch die Irrtümer während der Suche nach Liebe erlebt. Der Segen ist die lebenslange Möglichkeit zu praktisch unbegrenztem Wachstum und großen Erkenntnissen. Eine der größten ist dabei die persönliche Erfahrung, woher man selbst ganz zu Beginn wirklich kam.

Wie ein »Liebe ist …«-Irrtum die Beziehung steuert

Vielleicht ist Ihnen schon beim Mitverfolgen von Joshuas Lebensgeschichte aufgefallen, dass die meisten Erwachsenen in ihren Beziehungen beim Thema »Liebe« noch immer genau diesen drei Grunderfahrungen folgen. Ganz gleich, wie intellektuell und reflektiert jemand über Liebe und Beziehung mit Ihnen auch sprechen mag, das beseitigt noch nicht seine frühen Prägungen im Unterbewusstsein. Diese können erst dann wirklich heilen, wenn sie aktiv nach oben kommen und auf ein neues, bisher unbekanntes Verhalten treffen: auf Verständnis, Nicht-

DAS FÜNFTE GEHEIMNIS DES SPIEGELS: LIEBE?

gegenwehr, Daseinlassen, Achtung und Annahme. Eben auf die Liebe eines bewussten Partners. Dieser Partner könnten zum Beispiel Sie sein.

Falls Sie ein auffälliges Verhalten beim anderen oder bei sich selbst erleben, könnten Sie als Erstes danach forschen, wer hier gerade welcher Vorstellung von Liebe folgt. Auf die Spur bringt Sie dabei folgender Zusammenhang: Wenn jemand in einer Beziehung nach Liebe sucht, wird er für gewöhnlich zwei grundlegende Dinge tun.

- Er wird selbst das tun, was er für Liebe hält, in der Hoffnung, dass der andere es ebenso macht.
- Oder er wird das tun, wovon er gelernt hat, es tun zu müssen, damit er Liebe als Reaktion oder Belohnung bekommt.

Nun müssen Sie nur noch wissen, was Ihr Gegenüber oder Sie selbst, je nach Kindheitsprägungen, unter Liebe überhaupt verstehen können, und Sie finden die Erklärungen für praktisch alle Verhaltensweisen in Ihrer Beziehung. Gleichzeitig entdecken Sie auch noch, was Sie selbst damit zu tun haben und welche Lösungswege es gibt.

Inzwischen ist Joshua ein junger Erwachsener geworden. Aufgrund seiner bisherigen Erfahrungen hat er viel über Beziehungen nachgedacht, sich mit anderen ausgetauscht, einiges gehört und gelesen und auch schon ein paar Liebesbeziehungen erlebt. Einer der großen Vorteile des Älter-

werdens besteht darin, dass Neues nicht mehr im Unterbe-
wusstsein abgelegt wird, sondern an Orten im Gehirn, an die
man gut herankommt. Als Erwachsener kann Joshua über ein
Thema immer wieder neu nachdenken und sich daraus neue
Wünsche, Vorstellungen, Pläne und Vorgehensweisen ablei-
ten. Das gilt auch für Beziehungen und das Thema Liebe. Und
so steht Joshua nun auch die letzte bedeutende Quelle für
Ideen über die Liebe zur Verfügung: der analytische, nachden-
kende Verstand.

Die Informationsspeicher zum Wesen der Liebe

Es gibt in jedem Menschen genau drei Speicherorte zum Thema: »Was ist Liebe?« Es sind Wachbewusstsein, Unterbewusstsein und Seele. An jedem dieser drei Orte kann sich eine andere Bewusstheit über Liebe befinden.

Das Wachbewusstsein – Wünsche, Vorstellungen und offene Erwartungen zur Liebe

Was Sie im anfänglichen Experiment mit der Beschreibung eines Tisches im Vergleich zur Beschreibung der Liebe vielleicht mitgemacht haben, fand in Ihrem wachen Verstand statt. Sie haben nachgedacht, was Liebe wohl ist, und haben versucht, es in Ihren Worten möglichst gut auszudrücken. Es mag auf Anhieb vielleicht noch nicht völlig perfekt gewesen sein, aber Sie können wahrscheinlich sagen: »Ich habe gewisse Erfahrungen und

Vorstellungen darüber, wie Liebe sein sollte.« Das sind Ihre Ideen und vielleicht auch Ziele zum Thema. Weil Ihr Wachbewusstsein die Aufgabe hat, Ziele zu erreichen, wird es Verhaltensweisen ausüben, um diesen Zielen näher zu kommen. So entsteht die erste Kraft, der die Menschen in Beziehungen folgen:

Die Kraft der eigenen Vorstellung.

Das Unterbewusstsein – Frühe Erfahrungen, Prägungen und unbewusste Erwartungen zur Liebe

Zu einer Zeit, als Sie noch nicht die Möglichkeit des Nachdenkens und Reflektierens hatten, haben Sie dennoch bereits Beziehung erlebt. Wie wir bei Joshua mitverfolgen konnten, gibt es ab dem Moment der Geburt andere Menschen im Umfeld, und in jedem Kontakt zu ihnen findet Beziehung statt. Alles, was zu der frühen Zeit erlebt wird, wird nicht kritisch durchdacht. Es wird einfach nur wahrgenommen, gespeichert und erhält den Stempel: »So ist Beziehung.« Und falls es mit nahestehenden Menschen wie der Mutter zu tun hat, landet es ungeprüft in der Schublade mit der Aufschrift: »So ist Liebe.«

Als Erwachsener können Sie sich daran nicht mehr erinnern, und selbst Ihre Eltern haben viele der kleinen und großen Ereignisse schon lange vergessen. Dennoch ist nichts wirklich vergessen. Es wurde nur unsichtbar abgelegt. Auf diese Weise entsteht die zweite Kraft, der alle Menschen in Beziehungen folgen:

Die Kraft der unbewussten Muster.

Die Seele – Das spirituelle Wissen
über das wahre Wesen der Liebe

Was Liebe wirklich ist, weiß der Teil von Ihnen, den man Seele nennt. Denn dieser Teil ist nicht an Vorstellungen gebunden und nicht an Kindheitsprägungen. Ihre Seele ist so nahe an der Quelle, die alles erschafft, dass sie das Wesen der Liebe auf eine reine, unbelastete Weise kennt. Ihre Seele hat sozusagen eine Hand an der Schöpfung und die andere Hand an Ihnen. Mit diesem vollkommen reinen Wissen um das Wesen von Liebe wird ein Kind geboren. Deshalb sehen so viele Eltern in den Augen ihrer kleinen Kinder »die reine Liebe«. Das ist keine Einbildung. Sie sehen die Wahrheit und erinnern sich an die Wahrheit. Und das berührt sie tief im Herzen. Dabei erleben sie die dritte Kraft, der Menschen in ihren Beziehungen folgen:

Die Erinnerung an die Herkunft.

Ein Mensch, drei Ziele –
Verwirrung vorprogrammiert

Verstandesvorstellungen, unterbewusste Prägungen und Seele. Diese drei großen Kräfte bestimmen den größten Teil vom Verhalten Ihres Partners und von Ihnen selbst. Das kann zu großem Durcheinander, Unklarheit und ständig wechselnder Ausrichtung führen.

Ein Beispiel: Jemand kann Sie über alle Maßen lieben, weil Ihre Seelen sich lieben. Das ist es, was Sie beide spüren und was Sie tief miteinander verbindet. Weil die Seele über die Herzregion mit dem Körper verbunden ist, fühlen viele Menschen die Liebe zum anderen genau dort am deutlichsten und nennen es deshalb »Herzensverbindung«.

Gleichzeitig kann der andere persönliche Ziele verfolgen, die seinen Vorstellungen und Wünschen entspringen. Vielleicht steht er auf einen bestimmten Typ Mann oder Frau oder auf ein bestimmtes Verhalten, das Sie selbst nicht darstellen. Oder auf eine Art von Beziehung, die Sie nicht leben können oder möchten. Dann würden Sie sich fühlen, als wären Sie versteckten »Forderungen und Bedingungen« ausgesetzt. Als müssten Sie ständig etwas liefern, darstellen oder erfüllen, was Ihnen in Wahrheit nicht entspricht.

Und drittens kann der andere, neben Seelenverbindung und Wunschvorstellungen, auch Prägungen und Muster in sich tragen, die dafür sorgen, dass er bei zu großer empfundener Nähe reflexartig und unbewusst Abstand herbeiführt. Vielleicht, obwohl es ihm später leidtut. Das würden Sie dann als unerklärliches »Sich-nicht-einlassen-Können« empfinden.

Nun, wo Sie um die drei Quellen von Information über die Liebe wissen, können Sie vielleicht schon einiges vom Verhalten in Ihren bisherigen Beziehungen besser verstehen.

Damit Sie der Möglichkeit für Veränderung einen weiteren Schritt näher kommen, sehen wir uns nun die zehn häufigsten Prägungen und Irrtümer zum Thema Liebe an.

Die zehn größten Irrtümer über Liebe und ihre Heilung

Kinder verbindet von Geburt an immer ein Band aus Liebe zu ihren Eltern. Selbst falls die Eltern das nicht empfinden sollten, so fühlt das Kind dieses Band tiefer Verbundenheit dennoch. Gleichzeitig erlebt es das praktische Leben. Die Erziehung. Das Verhalten der Eltern im Alltag.

Falls Sie übrigens bei der Betrachtung der Ursachen ungewolltes Bewerten oder Verurteilen vermeiden möchten, könnten Sie die frühesten Erlebnisse zum Thema Beziehungen und Liebe ganz neutral »Startbedingungen« nennen. Aus diesen Startbedingungen hat Ihr Partner, ebenso wie Sie selbst, Rückschlüsse, Strategien und Verhaltensreflexe für Beziehungen entwickelt. Die folgenden Irrtümer über die Liebe sind daher keine Fehler oder Mängel eines Menschen, sondern Prägungen und Verhaltensmuster, die sein Leben ihn entwickeln ließ.

Der erste Irrtum:
»Um Liebe muss man sich bemühen«

»Irgendwann muss mein Partner mich doch sehen!
Ich muss nur weitermachen und gute Leistung bringen.
Das wird er bemerken und dann wird Liebe kommen.
Ich muss deutlicher erkennbar fleißig sein.«

In der Geschichte »Das große Putzen« geriet Stefanie unbemerkt und ungewollt in der Beziehung mit Matthias in einen Zustand von Dauerleistung. So sehr, dass es sich am Ende nicht nur auf ihre Gesundheit und ihre Arbeit, sondern auch auf die Beziehung negativ auswirkte.

Warum tat sie etwas, das letztlich sogar das Gegenteil von Liebe bei ihrem Partner bewirkte? Weil sie als Kind vor allem dann Lob erhielt, wenn von ihr genügend Leistung erbracht wurde. Es ging Stefanie dabei noch nicht einmal um ein erreichtes Ziel. Es ging ihrem Unterbewusstsein nur darum, ob Matthias sehen konnte, dass sie fleißig war.

Welchen Typ von Partner würde ein solches Muster anziehen? Welche Muster eines anderen würden dazu passen? Muster suchen immer Mitspieler. Die Idee »Liebe ist Leistung«, könnte also jemanden anziehen, dessen Muster antwortet: »Das finde ich auch.« Und für diese Überzeugung kann er drei Gründe haben.

- Verlassensangst: »Gut, dass du so fleißig bist und versuchst, mir damit zu gefallen. Solange du das machst, bist du beschäftigt. Und solange ich sehe, dass du dich für mich bemühst, weiß ich, dass du mich nicht verlässt.«

- Geborgenheit durch Ähnlichkeit: »Gut, dass du so fleißig bist, denn ich bin es auch. Das fühle ich als tiefe Verbindung. Das ist der Sinn unserer Beziehung.«
- Retter und zu Rettender: »Ich weiß, dass es für dich gut ist, wenn du so fleißig bist. Dann hast du Aufgabe und Sinn, einen Platz neben mir und einen Platz im Leben. Weiter so!«

Menschen, die dem »Liebe ist Leistung«-Prinzip folgen, könnten Partner anziehen, von denen sie sich beobachtet, bewertet oder kontrolliert fühlen. Das wäre normal, denn bildlich gesprochen ziehen fleißige Arbeiter gute Vorgesetzte an. Nur sollte das in einer gleichwertigen Partnerschaft nicht die Rollenverteilung sein.

Woran Sie den
»Liebe ist Leistung«-Irrtum erkennen

Hat ein Mensch diesen Irrtum im Unterbewusstsein verinnerlicht, trachtet er danach, den eigenen Wert für den Partner zu erhöhen. Er ruft: »Sieh mich doch, wie gut und fleißig ich bin!«

Falls Sie selbst das Gefühl kennen, nicht gut genug für jemanden oder für etwas zu sein, wirkt oder wirkte der »Liebe ist Leistung«-Irrtum auch in Ihnen. Dann erinnern Sie sich vielleicht auch, dass Sie die Liebe und die Versicherungen des anderen gar nicht wirklich annehmen konnten. Immer blieb da noch ein Rest, der glaubte: »Er/ sie kann das nicht wirklich so meinen.«

DAS FÜNFTE GEHEIMNIS DES SPIEGELS: LIEBE?

Irgendwann wurden Sie vielleicht verlassen und das hat den Glauben unterstützt, etwas in der Beziehung »nicht gut genug gemacht« zu haben. Daraus könnte sich eine verborgene Strategie für die Zukunft entwickelt haben: »Wenn ich herausfinde, was mein Partner mag und ich das für ihn bin oder es erfülle, dann wird er mich als wertvoll ansehen. Dann wird er mich bei sich behalten wollen und mich nicht verlassen.«

Hinweise darauf, dass Ihr Partner versucht, Ihnen durch Leistung zu gefallen, können sein:

- Ihr Partner ist ständig mit etwas beschäftigt, auch wenn es sachlich gesehen nicht nötig ist. Und er sorgt dafür, dass Sie es unbedingt bemerken müssen.

- Der andere möchte für das, was er tut, oder dafür, wie er ist, viel gelobt werden. Natürlich lobt, fördert, achtet und ehrt man seinen Partner, das ist kein Fehler. Doch wenn das Muster läuft, wird es Ihnen vorkommen, als versuchte der andere, Ihnen ständig etwas zu beweisen und das Lob aktiv von Ihnen einzuholen. Und ganz gleich, wie sehr Sie auch loben, es wird ihn nie wirklich zufrieden machen.

- Der andere wirkt selbst dann getrieben, wenn Sie gemeinsam Zeit für Ruhe haben und eigentlich gar nichts tun müssten. Er versucht vielleicht auch, Sie irgendwie in sein Getriebensein einzubinden. Weil er nie gelernt hat, dass man ohne weitere Bedingungen einfach nur zusammen sein darf und dennoch geliebt wird.

I. DER »LIEBE IST LEISTUNG«-IRRTUM

Lob ist nicht Liebe.

Lob ist einfach nur Lob.

Wie der innere
»Liebe ist Leistung«-Zwang entsteht

Es gibt Eltern, die selbst gelernt haben, dass man immer fleißig sein und viel Leistung bringen muss, wenn man ein gutes Leben haben möchte. Deshalb erziehen sie ihre Kinder in gutem Glauben nach dem Prinzip von Leistung und Belohnung. Lob ist ein Ausdruck ihrer Zustimmung zum Verhalten des Kindes. Tadel ist direkte Ablehnung. Deshalb versucht das Kind, von seinen Eltern das Lob zu bekommen und die Ablehnung zu vermeiden, indem es alles in seiner Kraft Stehende tut, um die gestellten Anforderungen zu erfüllen. Und die Eltern bemerken, dass ihre Erziehungsmethode offenbar gut funktioniert, also machen sie damit weiter.

Falls die geforderte Leistung nicht erbracht wird, kann die Nichtbelohnung viele Formen annehmen. Neben den bekannten aktiven Strafen gibt es auch die Strafe durch Ignorieren. Für ein Kind ist das überaus traumatisch, denn wenn es ignoriert wird, ist es »nicht vorhanden«. Es hat das Empfinden, als würden die Eltern es emotional sterben lassen.

Falls jemand so etwas erlebt hat, wird er in seinem Leben als Erwachsener immer unterschwellig befürchten, am Ende ignoriert zu werden. Um diese versteckt wirkende Angst nicht gewinnen zu lassen, tut der Betroffene alles, um irgendwie wahrgenommen zu werden. Viele, die heute im Licht der Öffentlichkeit stehen, wurden als Kinder mit Belohnung und Bestrafung durch Lob und Ignorieren erzogen. Sie suchen auch heute noch unentwegt Zustimmung, nur eben in großem Rahmen.

Mit dem »Liebe ist Leistung«-Irrtum verbunden, ist oft noch das Thema der »Fehler«. Fehler zu machen ist aus Sicht der Leistungseltern ganz eindeutig ein Grund für Tadel. So wird »Fehlermachen« beim Kind mit Liebesentzug verknüpft. Aufzuwachsen, zu lernen und sich zu entwickeln, ist aber identisch mit Fehlermachen, deshalb ist es für das Kind auf Dauer unmöglich, sich so zu verhalten, dass es keinen Liebesentzug erlebt.

Später, als Erwachsener, geht der Albtraum, ein »fehlerbehafteter Mensch« zu sein, im Unterbewusstsein weiter. Ständig warnen da Gefühle, es könnte gleich etwas schiefgehen. Eine falsche Entscheidung könnte eine Katastrophe anrichten. Ein Donnerwetter könnte hereinbrechen. Fehler im Beruf könnten Liebesentzug in Form von Entlassung bedeuten. Fehler in der Beziehung könnten Liebensentzug in Form von Verlassenwerden nach sich ziehen. Selbst auf dem spirituellen Weg glauben manche Menschen, Gott würde ständig über ihnen schweben und nur darauf warten, dass sie einen Fehler machen, um sie dann zu bestrafen. Noch mehr, noch bessere Leistung, nur nichts falsch machen! Ein Kreislauf ohne Ende, denn wenn die Leistung selbst das Ziel ist, kommt man niemals an.

Das versteckte Muster kann den Unsinn darin nicht erkennen. Weil ein Muster nicht über sich selbst nachdenken kann, sind jede Ablehnung und jeder Fehler nur ein weiterer Ansporn, noch besser zu werden. Alles nur, um endlich die erlösende Ruhe durch eine liebende Anerkennung zu bekommen. Doch diese Rechnung geht niemals auf. Weil es in einem Hamsterrad kein Ziel und kein Ende gibt.

DER WEG ZUR ERLEUCHTUNG

Ein junger, eifriger Schüler begegnet einem Zen-Meister und fragt ihn: »Meister, wie lange wird es dauern, bis ich die Erleuchtung erreicht habe?«
»Zehn Jahre vielleicht«, antwortet der Meister.
»Aber ich bin schnell und gut«, hakt der Schüler nach.
»Dann vielleicht zwanzig Jahre«, entgegnet der Meister.
»Aber ich bin bereit, alles zu geben. Wie lange dauert es, wenn ich mich wirklich anstrenge?«
»Dann mindestens vierzig Jahre.«

Wie das Muster sich selbst erfüllt

Wenn im Unterbewusstsein die Prägung abläuft »Liebe kommt vielleicht, wenn ich durch Leistung auf mich aufmerksam mache«, wird der Betroffene ständig versuchen, in positiver Weise aufzufallen. Falls diese Eigenschaft einen Partner zu Beginn einer Beziehung vielleicht anzog und beeindruckte, kann sie später zu einer Nervenprobe werden. Der andere fragt sich irgendwann: »Was kann ich nur tun, damit sein/ihr ewiges Rennen, Leisten und Fehlerdenken aufhört?« Vielleicht wird er seinen fleißigen Partner zunächst loben, in der Hoffnung, der würde dann zufrieden werden. Doch durch Lob erkennt das unbewusste Muster des anderen nur, dass seine Strategie funktioniert, und macht weiter. »Es klappt. Er sieht mich und liebt mich. Ich bin auf der richtigen Spur.«

Als Nächstes wird der Partner vielleicht versuchen, die ständigen Leistungsbeweise des anderen zu ignorieren. Doch genau das kennt das Muster ebenfalls vom Verhalten der Eltern und nimmt auch dies als Aufforderung, noch besser zu werden. »Ich habe mich noch nicht genug bemüht. Ich war noch nicht gut genug. Wenn ich besser bin, wird er mich mehr sehen und lieben.«

So geht die Spirale aus Leistung und mehr Leistung von selbst weiter. Bis es der Partner vielleicht nicht mehr ertragen kann und beginnt, Abstand zu nehmen. Vielleicht verkürzt er die gemeinsamen Zeiten, ist plötzlich selbst sehr beschäftigt oder sucht Vorwände, um mehr Zeit allein zu verbringen. Selbst nach einer Trennung denkt der vom Leistungsmuster Getriebene oft noch, er wäre einfach nicht gut genug gewesen, hätte Fehler gemacht oder als Partner in der Beziehung versagt.

Der Spiegel des Verhaltens:
Was Sie als Partner für sich ablesen können

Das »Liebe ist Leistung«-Muster drängt seinen Träger in eine Rolle und Sie als sein Partner werden in die dazu benötigte Gegenrolle gedrängt. Falls Sie das nicht bemerken, landen Sie beide in Positionen, die eine gleichwertige Beziehung auf Dauer unmöglich machen. Denn Sie, als Lobender, übernehmen dann die Stelle der Mutter, während Ihr Partner in der Rolle des Kindes handelt. In

I. DER »LIEBE IST LEISTUNG«-IRRTUM

so einer Konstellation verlieren Sie auf Dauer die Achtung vor dem anderen. Und Ihr Partner, in seiner Kindrolle, verliert die Achtung vor sich selbst.

Das Muster taucht zunächst meist nur zeitweise auf und verschwindet dann wieder, deshalb bemerken es die Partner nicht gleich. Im Laufe einer längeren Beziehung wird es deutlicher werden, weil der Betroffene sich auch deutlicher nach Liebe und Nähe sehnt.

Falls Sie nachforschen möchten, können Sie sich fragen, warum Sie bei dieser Rollenverschiebung ungewollt mitspielen. Vielleicht gibt es einen verborgenen Teil in Ihrem Unterbewusstsein, der die Rolle des lobenden Vaters oder der lobenden Mutter nicht nur gut kennt, sondern es auch liebt, diese Rolle selbst zu spielen. Warum? Welche Gefühle liebt dieser Teil an der Position? Möglich wären ein wenig Überlegenheit oder Macht. Oder ein Gefühl von Sicherheit darüber, dass man nicht verlassen wird, solange man vor Augen hat, wie sehr sich der andere ständig darum bemüht, zu gefallen. Möglich wäre auch ein wenig Verachtung oder Unverständnis über dieses Verhalten, so wie man es schon damals spürte, als die eigene Mutter versuchte, auf dieselbe Weise dem Vater zu gefallen. All das wären Gefühle, die das Unterbewusstsein gut kennt und zu denen es sich nun eine Partnerschaft reproduziert hat.

Der gute Weg: Was Sie als Partner tun können
Jedes Muster verstärkt sich, wenn es die Gegenrolle findet, die es braucht. Sobald Sie erkannt haben, was geschieht und in welche Rollen Sie beide unabsichtlich gefallen sind, können Sie Ihren Teil des Spiels aufgeben.

- DAS MUSTER NICHT BEDIENEN: Falls Ihr Partner im »Liebe ist Leistung«-Irrtum gefangen ist, zeigen Sie ihm auf alle Arten, die Sie kennen, Ihre Liebe, Aufmerksamkeit und Nähe. Nur auf eine nicht: durch Ansporn zu mehr Leistung. Und tadeln Sie scheinbare Fehler nicht. Denn beides wäre genau das Verhalten der Mutter oder des Vaters.

- AN DIE GRÖSSE HIER UND HEUTE ERINNERN: Ihr Partner ist heute ein erwachsener Mensch und braucht keine Ersatzeltern als Lebenspartner. Ihr Partner braucht Sie als gleichwertigen Partner, damit sein alter Beziehungsabdruck aus der Elternbeziehung verschwinden kann. Erinnern Sie sich daran, dass Sie beide nun groß sind und miteinander das Leben zweier gleichwertiger Erwachsener führen. »Wir sind groß, selbstständig, haben uns frei gewählt. Niemand muss dem anderen etwas beweisen.« Das wäre ein guter innerer Beschluss. Und es wäre ein heilsamer, wertvoller Beitrag für Ihren Partner.

- DAS KIND IN SICH JETZT LIEBEN: Falls Sie in sich das »Liebe ist Leistung«-Muster feststellen, können Sie versuchen, es selbst zu beenden. Rufen Sie sich innerlich das Bild des Kindes herbei, das Sie waren und das seinen Eltern gefallen wollte. Machen Sie sich anschließend klar, dass Sie als Erwachsener im Hier und Jetzt leben und zeigen Sie Ihrem inneren Kind die Realität: »Siehst du, so ist das heute in Wahrheit. Du bist kein Kind mehr, und du musst nichts tun oder leisten, um Liebe herbeizuführen. Hier und jetzt bist du erwachsen und musst nicht um Liebe und Anerkennung ringen. Weil es keine Liebe ist, wenn man darum kämpfen muss.« Das könnte eine gute neue Ausrichtung sein.

Das Unterbewusstsein reproduziert immer wieder
genau die Situationen, die es gut kennt.
Häufig, obwohl Sie es nie wollten.
Sobald Sie erkennen, verstehen und einfach nur beobachten,
warum und wie es das macht, hört es damit auf.

Der zweite Irrtum: »Liebe bedeutet Freiheit«

»Erwartungen zu erfüllen erzeugt schlechte Gefühle.
Das kann auf keinen Fall Liebe sein.
Liebe ist das Gegenteil von Erwartungen.
Liebe ist Freilassen.
Ich muss darauf achten, meine Freiheit zu schützen.«

Die Seele sucht etwas, das dem Verstand vielleicht unmöglich vorkommt: Vollkommene Verbundenheit bei gleichzeitiger vollkommener Freiheit. Doch wie soll das gehen? Der Verstand kann sich an viele Situationen im Leben erinnern, in denen die Verbindung mit einem anderen Menschen seine Freiheit eingeschränkt hat. Da waren so viele ausgesprochene und unausgesprochene Pflichten. Da war Verantwortung. Und am Ende auch keine Liebe und keine Freude mehr. Deshalb sagt der Verstand heute: »Bitte binde mich nicht.« Und die Liebe sagt weiterhin: »Bitte lass mich verbunden sein.«

Daraus kann ein großer innerer Konflikt entstehen. Falls dieser sich unbemerkt selbstständig macht, führt er leidvolle Beziehungssituationen herbei, die man so nie wollte.

Woran Sie den *»Liebe ist Freiheit«-Irrtum erkennen*

* REDEN: Generell können Sie gut erkennen, dass sich jemand mit einem ungelösten Thema beschäftigt, wenn er viel darüber redet. Oder dass er versucht, andere von seiner Meinung zu überzeugen. Das ist normal, denn der Verstand testet damit die Resonanz der anderen, um herauszubekommen, ob er gerade auf dem richtigen Lösungsweg ist. Er betreibt sozusagen eine Art Meinungsumfrage, an deren Ende er gern Zustimmung hätte. »Wenn es mir gelingt, den anderen zu überzeugen, habe ich wahrscheinlich recht. Wenn ich mehrere überzeugen kann, habe ich sogar ziemlich sicher recht.« Bei der »Liebe ist Freiheit«-Idee ist dies nicht anders. Plötzlich wird das Thema Freiheit in der Beziehung aktiv. Und weil die Liebe ein Thema ist, das der Verstand unglaublich schwer versteht, kann

die Erforschung durch Nachdenken, Ausprobieren, Reden und sich selbst Überzeugen eine ganze Weile andauern. Manchmal sogar ein Leben lang.

- DEMONSTRIEREN: Freiheit zu demonstrieren oder es vom anderen zu verlangen, ist ein weiteres Merkmal für den »Liebe ist Freiheit«-Irrtum. Oft wird dabei gern gesehen, dass der Partner zwar zustimmt, die Freiheit aber für sich nicht voll ausnutzt, während man selbst es bedingungslos darf.
- LEID: Das deutlichste und am einfachsten erkennbare Merkmal für einen »Liebe ist Freiheit«-Irrtum ist, wenn es einem oder beiden wehtut. Eifersucht, Traurigkeit, Einsamkeit, Herzschmerz oder ein Gefühl von »hier stimmt etwas nicht« sind klare Anzeichen dafür, dass ein verborgenes Muster mit seiner Idee die Beziehung übernommen hat.

Falls eine gelebte Beziehungsidee am Ende einem oder beiden wehtut, kann es nicht Liebe sein.

Wie der »Liebe ist Freiheit«-Irrtum entsteht

Erinnern Sie sich an die Phase, in der Joshua zu erforschen begann, was man mit Händen und Füßen anstellen kann? Wie schnell man laufen und was man alles anfassen kann? Wie er diese Zeit erlebte, prägt bei ihm noch heute das Thema Freiheit. Wurde er unablässig beaufsichtigt, zurückgerufen und gemaßregelt? Dann wird er als Erwachsener vielleicht das Gegenteil leben wollen, könnte aber

DAS FÜNFTE GEHEIMNIS DES SPIEGELS: LIEBE?

insgeheim gleichzeitig seine Beziehungspartner beaufsichtigen und maßregeln wollen. Ein wenig nach dem Motto: »Ich darf es, aber du lieber nicht.«

Als Erwachsener befragt, würde Ihnen Joshua als Grund für seine Freiheitsideen wahrscheinlich bestimmte Verletzungen aus seinen vergangenen Liebesbeziehungen nennen. »Wenn es nur noch Verpflichtung, Pflichterfüllung und Bindung ist, fühlt es sich nach allem an, aber nicht nach Liebe. Aber ich will Liebe erleben. Also brauche ich eine Beziehung ohne Pflichten, ohne Erfüllungsaufgaben, ohne Bindungen.«

Wie das Muster sich selbst erfüllt

Der »Liebe ist Freiheit«-Irrtum sagt: »Ich will frei sein. Ohne Bindung. Machen können, was ich will.« Und genau das produziert er auch. Diese Beziehungen funktionieren nämlich nicht, und am Ende ist der Betroffene immer wieder allein, scheinbar frei und kann machen, was er will. Nur die Liebe hat er dabei nicht gefunden.

DIE ENTSCHEIDUNG

Zwanzig Mönche und eine Nonne, die Eshun hieß, übten die Meditation bei einem berühmten Zen-Meister. Eshun war sehr hübsch, obwohl ihr Kopf geschoren und ihr Gewand einfach war. Mehrere Mönche verliebten sich heimlich in sie. Einer von ihnen schrieb ihr einen Liebesbrief und bat um ein Stelldichein. Eshun antwortete nicht. Der Mönch nahm seinen ganzen Mut zusammen und schrieb wieder. Und wieder bekam er keine Antwort.

Am folgenden Tag gab der Meister der Gruppe eine Unterwei-sung in Klarheit. Am Ende erhob sich Eshun. Sie wandte sich zu dem Absender des Briefes und sagte: »Wenn du mich wirk-lich so sehr liebst, so komm und umarme mich jetzt.«

Einfach gesagt: In Beziehungen erzeugen alle Schwebesi-tuationen auf Dauer nur Leid. Ohne ein deutliches und klares Ja gibt es keine Nähe. Ohne Verbindlichkeit gibt es keine Geborgenheitsgefühle. Eine Freiheit, die als Ego-ismus oder Nichtachtung der Gefühle des anderen gelebt wird, kann unmöglich Liebe werden. Das ausgelöste Leid wird die Beziehung beenden. Und damit hätte sich das Muster selbst erfüllt.

Der Spiegel des Verhaltens:
Was Sie als Partner für sich ablesen können

»Liebe ist deutlich gelebte und dem anderen demonst-rierte Freiheit.« Falls Sie diese Überzeugung bei Ihrem Partner erleben und es in Ihnen widersprüchliche Ge-fühle auslöst, könnten Sie sich die Frage stellen, welcher Teil in Ihrem System das angezogen hat. Wozu in Ihnen passt das? Oder welcher Teil in Ihnen stellt sich zur Ver-fügung, diese Idee zu bedienen?

Es könnte sein, dass Sie diese Überzeugung selbst einige Zeit lang dachten, doch dass diese Zeit nun vorbei ist und Sie gerade etwas Neues erkennen. Es könnte auch sein, dass in Ihnen eine Angst vor zu viel Nähe war und Sie deshalb einen Partner anzogen, der auch keine wirk-liche Nähe aushalten kann. Oder Sie hatten einen domi-

nanten Elternteil und später dominante Partner, die leid-
bringende Kontrolle über Sie ausübten. Deshalb hat Ihr
Unterbewusstsein vielleicht nun eine Beziehung erschaffen, in welcher der Partner »das Gegenteil von Kontrolle« mit Ihnen leben möchte.

Der gute Weg: Was Sie als Partner tun können

- DEM GEFÜHL DIE ERSTE STELLE ZURÜCKGEBEN: Falls
  Ihr Partner der Leitidee »Ich brauche meine Freiheit«
  folgt, achten Sie darauf, was es mit Ihnen selbst macht.
  Legen Sie alle vergangenen Erklärungen und Argumente für einen Moment beiseite. Fragen Sie sich:
  »Egal, ob das alles letztlich logisch ist und stimmt
  oder nicht, wie fühle ich mich dabei? Wie geht es mir
  damit in Wahrheit? Ist es der Zustand, der mich jetzt
  glücklich macht?« Falls ja, ist es gut. Dann haben Sie
  beide gerade eine gemeinsame Erlebnisbasis gefunden.
  Falls nein, werden Sie durch weiteres Ertragen des Zu-
  standes nicht glücklicher werden. Vielleicht sind Sie
  heute in einem neuen Zustand und die Vereinbarung
  von gestern stimmt jetzt nicht mehr. Vielleicht ist für
  Sie nun die Zeit gekommen, in der Liebe als Bekenntnis und freiwillige tiefe Verbindung gelebt wird. Dann
  machen Sie es wie Eshun in der kleinen Geschichte.
  Sprechen Sie es aus, wenn es die Wahrheit ist.
- DAS ZÖGERN BEENDEN UND EIN BEKENNTNIS BEGIN-
  NEN: Sie müssen sich nicht sofort zu einem Menschen
  bekennen. Bekennen Sie sich als Erstes zu der Idee
  über Liebe und Partnerschaft, die Sie selbst haben.
  »Ich weiß, wofür ich nicht mehr zur Verfügung stehe

2. DER »LIEBE IST FREIHEIT«-IRRTUM

und wofür ich zu haben bin.« So werden Sie davon frei, auf das Muster des anderen zu reagieren. Nachdem Sie dieses Bekenntnis für sich gefunden haben, wird es viel leichter fallen, es im richtigen Moment auch auszusprechen und danach zu handeln.

- ERWACHSEN WERDEN DÜRFEN: Bekennen Sie sich als Nächstes zu sich selbst, als erwachsener Mensch hier und jetzt. Die Kindheit ist nicht mehr real und die Eltern haben keine Rechte und keinen Einfluss mehr auf Sie. Sie sind nun groß und frei. Falls Sie das Thema bislang nur zögerlich wie ein Kind betrachten konnten, können Sie sich jetzt selbst aus der Kindrolle entlassen. Machen Sie allen Teilen in sich deutlich klar, wie alt Sie sind. Sprechen Sie laut aus: »Ich bin jetzt erwachsen und XX Jahre alt. Ich muss niemandem mehr etwas beweisen oder vorleben. Auch nicht mir selbst.«

- DIE BEDINGUNGEN BEENDEN: Entkoppeln Sie innerlich den Irrtum, Sie bräuchten diese eine bestimmte Bedingung zum Thema Freiheit und jene spezielle Idee über Liebe, damit Sie sich einlassen könnten. Sie brauchen keine Freiheit, wenn es um Liebe geht. Für Liebe brauchen Sie nur Liebe.

- DAS WARTEN BEENDEN: Wartezeiten können gut sein, wenn sich irgendwann auch etwas verändert. Doch wenn der Wartezustand zum Dauerzustand in der Beziehung wird, leben Sie in einem Wartezimmer. Erinnern Sie sich lieber an Ihre Freiheit, sich entweder vollkommen zu verbinden oder sich ganz neu zu entscheiden. Das ist nur möglich, wenn Sie keine Angst vor den Folgen haben. Also entscheiden Sie sich als

Erstes, der Angst nicht mehr zu folgen. Das könnte Ihnen leichter fallen, wenn Sie den Gedanken aufgeben, eine Beziehung unbedingt haben oder sie erhalten zu müssen.

- DAS »B-WORT« AUSTAUSCHEN: Eine »Beziehung« bedeutet immer eine Verbindung und eine Bindung. Eine »Begegnung« hingegen ist immer nur ein Zusammenkommen, Austauschen und Sich-wieder-Entfernen. Vor dem Moment des »sich Entfernens« hat das Unterbewusstsein Angst. Deshalb sucht es »Beziehung«. Aber in Wahrheit ist Beziehung eine Illusion. In Wahrheit begegnen Sie und Ihr Partner sich in jedem Moment immer wieder neu. Und Sie beide wissen nicht, wie es in einem Monat oder in fünf Jahren sein wird. Wenn Sie das als Wahrheit in sich fühlen, könnten Sie eine Jetzt-Brille aufsetzen und sich über jede Begegnung mit Ihrem Partner immer wieder neu freuen. Das verändert den alten Einfluss des unterbewussten Musters, das ansonsten weiter versuchen würde, Freiheit und Beziehung in Deckung zu bringen.

Die größte Freiheit in einer Beziehung ist nicht,
wenn jeder macht, was er will.
Die größte Freiheit ist, wenn jeder,
obwohl er machen könnte, was er wollte,
sich entscheidet, nur mit dem einen anderen zu sein.
Dieser Zustand nennt sich nicht Freiheit,
sondern Freiwilligkeit.

Der dritte Irrtum:
»Liebe ist Sicherheit«

»Wenn man sich liebt, verlässt man sich nicht.
Man gibt sich gegenseitig so viel Sicherheit,
dass man sich vollkommen geborgen fühlen kann
und keiner mehr Angst haben muss,
verlassen zu werden.
Ich muss besonders auf die Sicherheit achten!«

Dass Liebe, Partnerschaft und Gefühle von Sicherheit zusammenhängen, ist nicht unwahr, denn die Liebe verbindet, und wenn Liebe da ist, spürt man Sicherheit und ein Angekommensein. Aus diesem geborgenen Gefühl heraus hat das Unterbewusstsein die »Liebe ist Sicherheit«-Verknüpfung abgespeichert. Wenn sich dieses Gefühl natürlicherweise und von selbst in der Beziehung ergibt, entsteht daraus auch kein Problem.

Zu einem Problem wird es aber, wenn ein Partner beginnt, die Sicherheit zu vermissen, oder anfängt, sie vom anderen einzufordern. Denn ab diesem Moment fangen im Hintergrund zwei verborgene Muster damit an, sich miteinander zu verbinden. Das des einen, das die Sicherheit einfordert, und das des anderen, das sich von den Forderungen bedrängt fühlt.

Gefühle von Sicherheit und Geborgenheit
sind eine Folge von Liebe in der Beziehung.
Aber das umgekehrte Einfordern von Sicherheit
wird keine Liebe zur Folge haben.

Woran Sie den
»Liebe ist Sicherheit«-Irrtum erkennen

Sie erkennen das Muster daran, dass sich ein Druck aufbaut. »Gib mir Sicherheit!« Es entstehen Anforderungen, Bekenntnisabfragen, Überwachungstendenzen, Eifersucht, Kontroll- und Rechtfertigungszwänge. Vielleicht erhöht sich auch der Druck eines Partners zum Thema Kinder, Heiraten oder gemeinsame Wohnung. Das verborgene Muster versucht alles, um aus seinem Verständnis heraus Sicherheit zum Verbleiben des anderen zu gewinnen. Es bemüht sich, dessen Verhalten für die Zukunft unter Kontrolle zu bringen.

Dieser Prozess kann so stark werden, dass ein Partner unablässig versichert haben möchte, dass der andere ihn noch liebt. Natürlich zeigt man sich das in Beziehungen immer wieder, doch falls das Muster seine Verlustangst stark auslebt, wird der andere das Gefühl bekommen, ausgesaugt zu werden. So viel Sicherheit, dass es endlich ruhig wird, kann er auf Dauer gar nicht liefern.

Wie der »Liebe ist Sicherheit«-Irrtum entsteht

»Wenn Liebe das schöne Gefühl von Nähe, Geborgenheit und Sicherheit ist, kann alles zwischenmenschlich Unsichere keine Liebe sein.« So einfach denkt das Unterbewusstsein. Gelernt hat es diesen Zusammenhang, wie oft, sehr früh. Vielleicht gab es eine instabile Familiensituation, in der das Kind keinen Halt finden konnte. Oder es gab ein Ereignis in sehr früher Zeit, in der das Kind der Mutter für eine gewisse Zeit entzogen wurde. Vielleicht wurde es ihr nach der Geburt kurz an die Brust gelegt und dann wieder weggenommen. Dabei wurde die Entwicklung von Bindungs- und Geborgenheitsgefühlen unterbrochen. Das Unterbewusstsein merkt sich solche ersten Erfahrungen und hat ab dann immer Angst davor, dass die Beziehung abgebrochen wird, sobald zu viel Nähe da ist.

Diese Gefühle spürt der Erwachsene in seinen Beziehungen später immer wieder, deshalb fragt und fordert er ständig vom anderen die Sicherheit ein, nicht verlassen zu werden.

Niemand kann etwas für solche Gefühle. Es ist normal, darauf zu reagieren, denn durch logisches Nachdenken und Selbstberuhigung verschwinden sie nicht. Unterbewusste Muster können nicht nachdenken. Sie können nur ablaufen. Doch sie beginnen sofort damit, sich zu verändern, wenn man versteht, woher sie kommen.

Wie das Muster sich selbst erfüllt

»Um mich weiter einlassen zu können, brauche ich Sicherheit. Weil es aber Sicherheit nicht gibt, kann ich mich nicht weiter einlassen.« Diese unglückliche Verknüpfung im Unterbewusstsein behauptet, dass Einlassen und Sicherheit einen Zusammenhang hätten. Den haben sie aber nicht. Doch solange die Verknüpfung besteht, wird der Träger ständig in inneren Konflikten sein. Auf lange Sicht kann eine Beziehung so nicht funktionieren, denn die notwendige Nähe und Verbundenheit entstehen nicht. Und so erzeugt das Muster genau die Beziehungen, vor denen es selbst Angst hat, immer wieder selbst: die unsicheren.

Das Sicherheitsmuster lebt vom Zustand des Abwartens. Es wartet auf mehr Sicherheit. Je länger man das zulässt und wartet, umso schwieriger wird die Beziehung. Der andere Partner weiß dann auch nicht, wie er sich verhalten soll, sucht selbst Sicherheit und wartet ebenfalls auf Signale. Falls keiner den Kreis durchbricht, zerstört das Muster die Beziehung.

Immer wenn die Partner beginnen,
ihre Beziehung an etwas zu messen,
verschlechtert sich die Beziehung.
Weil sich die Liebe unter Anforderungen
und Beobachtung zurückzieht.

Der Spiegel des Verhaltens:
Was Sie als Partner für sich ablesen können

Falls Ihr Partner der zögernde Teil ist: Wovor zögert er?
Er hat eine Angst vor bestimmten Folgen. Hat ein verborgener Teil von Ihnen diese Folgen zu bieten? Hat das
Muster Ihres Partners vielleicht nicht völlig unrecht? Das
würde es unbewusst wahrnehmen und darauf reagieren.
Prüfen Sie: Welche Befürchtung haben Sie, falls der andere sich nicht entscheiden oder falls er sich tatsächlich
voll und ganz entscheiden würde? Muster wollen auf
Dauer immer ihre Befürchtungen herbeiführen. Hier
können Sie etwas verändern, wenn Sie Ihre eigenen Befürchtungen ansehen und ihnen ein »Ja« der inneren Annahme geben.

Falls Sie selbst sich oft nach mehr Sicherheit sehnen:
Welche Art von Sicherheit sucht dieser Teil in Ihnen?
Dafür muss es einen Grund geben. Vielleicht haben Sie
Angst davor, was geschehen würde, wenn Sie einfach
einen Schritt nach vorn machten? Und dann noch einen?
Was genau befürchtet Ihr Unterbewusstsein dabei? Das
ist der Grund, warum Sie diese Situation angezogen
haben.

Und schließlich der direkte Spiegel: Vielleicht kann
der andere Ihnen nicht mehr Klarheit und Sicherheit geben, weil Sie ihm nicht mehr Klarheit und Sicherheit
geben?

Margits Befürchtung

»Peter wollte so gern, dass wir zusammenwohnen. Drei Jahre lang habe ich herumgezögert, weil ich wusste, dass er Kinder möchte. Ich selbst wusste nicht, ob ich mit ihm Kinder haben wollte. Ich hätte es einfach nicht sagen können. Er wollte immer, dass wir zusammenziehen, und ich dachte mir: ›Wenn du dazu Ja sagst, gibst du ihm ein Ja zum Kinderkriegen.‹ Ich konnte diesen Druck einfach nicht mehr aushalten und habe Peter das auch gebeichtet. Ich sagte: ›Ich kann nicht mit dir wohnen, weil ich nicht sagen kann, ob wir eine Familie gründen sollten oder nicht.‹

Und er antwortete: ›Was hat denn das damit zu tun? Ich wollte einfach nur mit dir zusammen sein, in einer gemeinsamen Wohnung. Weil wir doch ohnehin schon fast all unsere Zeit gemeinsam verbringen.‹ Ich war erst einmal völlig durcheinander, weil er mehrmals über seinen Kinderwunsch gesprochen hatte. Und dann erklärte er mir, dass er frühestens in fünf Jahren an eine Familie denkt und dass ein Zusammenziehen aus seiner Sicht nichts mit einem gegenseitigen Kinderversprechen zu tun hätte.

Ich war wirklich überrascht, weil ich merkte, dass in mir so ein grundlegender Irrtum abgelaufen war. Ich bin gar nicht auf die Idee gekommen, dass Zusammenziehen einfach nur Zusammenziehen ist. Es ist nicht Heiraten und nicht Kinderbekommen. Und es ist nicht endgültig. Es ist einfach nur eine Entscheidung für das Jetzt.«

Der gute Weg: Was Sie als Partner tun können

- LOSLASSEN: Erkennen Sie als Erstes, dass es keine Sicherheit in die Zukunft hinein geben kann, jedoch eine Sicherheit im Hier und Jetzt: Jetzt können Sie ein Ja

geben, weil Sie es jetzt genau so spüren. Und dann kann der andere vielleicht auch ein Ja für das Jetzt geben.
- DAS JETZT ERKENNEN: Mehr als sich beide in diesem Moment, werden Sie nie haben, auch wenn der Verstand gern die Ewigkeit sein Eigen nennen würde. In dem Wissen um das Jetzt als einzige Wirklichkeit liegt ein großes Geschenk. Wenn Sie zugeben, dass Sie beide nie wissen, was morgen sein wird, nehmen Sie dieses Geschenk des absichtslosen und furchtlosen Zusammenseins an.

Solche Momente nennt man Hingabe an die Liebe.

*Wenn Sie sich mit all Ihrer Aufmerksamkeit
immer um ein gutes gemeinsames Jetzt kümmern,
brauchen Sie sich keine Sorgen um eine
gute gemeinsame Zukunft zu machen.*

Der vierte Irrtum:
»Liebe bedeutet, sich nicht abzugrenzen«

*»Wenn ich ganz nahe komme
und mein Partner lässt dies zu, ist alles gut.
Denn die Liebe darf das.
Falls er mich zurückweist oder etwas vor mir ausschließt,
ist er auf dem Rückzug von mir.
Dann verschwindet gerade die Liebe
Ich muss aktiv für Nähe sorgen.«*

Jeder Mensch trägt um sich herum persönliche Grenzen. Sie spüren das jeden Tag, wenn Sie anderen begegnen. Man hält einen ganz bestimmten Abstand zu einem fremden Menschen, einen anderen Abstand zu einem Bekannten und wieder einen anderen zu einem guten Freund oder einer guten Freundin. Diese Abstände werden nicht besprochen oder ständig neu gezeigt, weil man sie spüren kann. Man weiß einfach die Grenze, ab der man einem anderen zu nahe treten würde.

Wo genau die persönlichen Grenzen liegen, kann von Person zu Person sehr verschieden sein. Es ist das Ergebnis früher Abgrenzungserfahrungen jedes Einzelnen. Und wie jemand mit den Grenzen anderer umgeht, wurde ebenfalls früh als Muster in seinem Unterbewusstsein abgespeichert.

Wird in einer Beziehung ein solches Muster aktiviert, reagiert es wie ein Reflex, also schneller als der Betroffene darüber nachdenken kann. Dann zieht sich vielleicht einer plötzlich zurück und aktiviert dadurch das Gegenmuster beim anderen, der ihm dann reflexartig nachläuft.

Weil ein Merkmal von Liebesbeziehungen die besondere Nähe ist, hat der richtige Umgang mit diesen persönlichen Grenzen eine grundlegende Bedeutung.

4. DER »LIEBE IST GRENZENLOS«-IRRTUM

Simon und die Umarmungen (1)

Alina Flores und Simon Maartens waren seit sechs Jahren ein Paar. Seit vier Jahren wohnten sie zusammen. Beide hatten vorher schon einige, aber kaum beständige Beziehungen gehabt. Nun schien es zum ersten Mal zu klappen. Auch wenn die Partnerschaft insgesamt nicht ganz so war, wie Alina es sich erträumt hatte, so war Simon immerhin ein Mann, mit dem sie viele ihrer Träume erleben konnte.

Das Zusammenleben von Alina und Simon war das, was man »emotional lebendig« nennen kann. Wünsche oder Meinungsverschiedenheiten wurden meistens ausgesprochen, und nicht selten entstand daraus ein hitziger Austausch.

Alina war Fitnesstrainerin, und Bewegung, auch wenn sie emotionaler Art war, gefiel ihr. Simon zeichnete ein eher stabiler Charakter aus, der sich nicht aus der Ruhe bringen lassen wollte. Doch Menschen aus ihrer Ruhe in die Bewegung zu bringen, war Alinas Beruf, und so tat sie genau das auch unbewusst mit ihrem Partner. Wo er alles lassen wollte, wie es war, wollte sie etwas verändern. Wo er erst einmal gründlich nachdachte, hätte sie am liebsten spontan losgelegt.

Ihre Unterschiedlichkeit empfanden die beiden nicht als Nachteil. Alina liebte Simon als den Fels in der Brandung und Simon liebte Alina als die Welle von Lebendigkeit, die seinen inneren Fels umspülte. Ähnliche Ziele, sich ergänzende Eigenschaften und interessante Andersartigkeit — für eine lebendige Wachstumsbeziehung war alles vorhanden.

Allerdings gab es auch einige Punkte, die immer wieder so deutlich für Reibung sorgten, dass die beiden im Verborgenen abwechselnd daran zweifelten, ob sie wirklich füreinander bestimmt waren. Alina nannte sie an Simon »nervende Eigenschaften« und er bezeichnete sie an ihr ähnlich. Oft waren es nur Kleinigkeiten, wie sie im Alltag vieler Beziehungen vorkommen. Nichts, warum man sich gleich trennen müsste.

Doch zu diesen eher alltäglichen Spannungen kam eine Grundeigenschaft ihres Partners, mit der Alina einfach keinen Frieden finden konnte: Immer, wenn Simon etwas wollte und sie seine Idee nicht teilte, aktivierte das in ihm eine Art Überzeugungsplan. Von da folgte vieles, was er tat und sagte, der Strategie, Alina zu einer Zustimmung zu bewegen. Simon ließ das Thema so lange nicht ruhen, bis sie schließlich nachgab. Manchmal wurde sie mit auffällig vielen Geschenken und Einladungen versorgt. Sie wartete dann unbewusst schon darauf, wann er diese Werte in die Waagschale werfen würde, um sie zu einer Zustimmung für seine Idee zu bewegen. Eine andere Strategie bestand darin, dass Simon sie umso häufiger auf scheinbare Fehler oder Mängel hinwies, je mehr er etwas durchsetzen wollte.

Alina verstand das zumindest ein wenig, denn Simon betrieb eine erfolgreiche Handelsvertretung und war ein guter Kaufmann. Also übertrug er das soziale Verhalten, in dem er beruflich geübt war, auch in seine Beziehung. Dies allein wäre noch nicht Anlass genug gewesen, um Alina zu einem folgenschweren Entschluss zu führen. Der wirkliche Grund war das, was Simon in den Situationen tat, wenn sie nicht einlenkte ...

Woran Sie den
»Liebe ist grenzenlos«-Irrtum erkennen

- ANZIEHUNG: »Wo Liebe ist, darf keine Zurückweisung sein.« Welche Form von Partner könnte eine derartige verborgene Überzeugung anziehen? Entweder solche, die »Grenzen überschreiten« als Liebe betrachten und Ihre persönliche Sphäre nicht achten.

4. DER »LIEBE IST GRENZENLOS«-IRRTUM

Oder solche, die Ihnen mit Zurückweisung begegnen, weil Sie der Teil sind, dessen Muster unbewusst immer wieder die Grenzen überschreitet.

- ABLAUF: Welche Form von Beziehungsabläufen wird eine verborgene Überzeugung hervorbringen, die »Liebe« und »Grenzen oder Nichtgrenzen« miteinander verknüpft hat? Es wird offen oder verborgen immer wieder genau darum gehen: Zu nahe. Zu häufig. Zu bedrängend. Zu wenig nahe. Zu wenig häufig. Zu unverbindlich. Zu viel Zeit miteinander oder zu wenig. Zu dominierend oder zu zaghaft. Komm her, geh weg … Ständig beschäftigt sich der Verstand damit, wie es wohl »richtig« sein könnte. Er versucht eine Lösung zu finden, wie die ersehnte Nähe möglich ist, ohne dass die alten Verletzungen aktiviert werden. Und weil frühe Kindheitsprägungen sich durch Nachdenken nicht auflösen lassen, endet das leidige Thema einfach nicht.

- GEFÜHLE: Wenn Ihre persönlichen Grenzen nicht geachtet werden, spüren Sie Abwehrimpulse, Rückzugsreflexe, Bedrängung, körperlichen Stress oder Druck und Enge auf der Brust. Falls Sie dieses Verhalten hingegen beim anderen auslösen, können Sie wie über einen Spiegel rückschließen, dass Sie seine unsichtbaren Grenzen überschreiten.

Simon und die Umarmungen (2)

Es ging um Geld. Wieder einmal. Obwohl daran kein Mangel war. Und es ging um einen banalen Gegenstand namens Sonnenbrille. Doch wie so oft in Beziehungen brauchte es nur einen unscheinbaren Funken, um am Ende ein vernichtendes Buschfeuer zu entfachen.

Alina und Simon machten Urlaub auf einer mediterranen Ferieninsel. Eines Nachmittags flanierten sie gemeinsam durch die Altstadt und Alina stellte fest, dass ihre Sonnenbrille verschwunden war. Jene Brille, die Simon ihr erst am Vortag gekauft hatte.

Wenn Alina die Geschichte später erzählte, hielt jeder diesen Vorfall für so bedeutungslos, dass man es ihr kaum glaubte. Weil es aber in Beziehungen nie um dieses oder jenes Ereignis selbst geht, sondern darum, was es mit den Beteiligten macht, war der Verlust der Brille der Auslöser für Alinas Erkenntnis, dass sie gerade mit dem falschen Mann am falschen Ort war. Denn Simon reagierte überhaupt nicht wie jener Fels in der Brandung, in den sie sich zu Beginn verliebt hatte. Er reagierte wie ein Herrscher, dessen Untertan versucht hatte, ihn zu bestehlen. Kurz gesagt, er rastete emotional aus, warf Alina Unachtsamkeit im Umgang mit schwer erarbeiteten Werten und Geschenken vor und dazu noch Missachtung seiner Person.

Aus Alinas Sicht war es deshalb ein so markanter Moment, weil sie bis dahin noch nie einen derart spürbaren Kontrast zwischen der Unbedeutsamkeit eines Vorfalls und dem Albtraum an Streit, den er auslöste, gespürt hatte.

Gegen Abend in der Ferienwohnung hatte sich die Spannung zwischen ihnen noch immer nicht ganz gelöst. Alina konnte es irgendwann nicht mehr ertragen. Um ein wenig Abstand zu bekommen, schloss sie sich im Schlafzimmer ein. Doch damit bewirkte sie genau

4. DER »LIEBE IST GRENZENLOS«-IRRTUM

das Gegenteil von Abstand, denn nun versuchte Simon alles, um sie zum Öffnen der Tür zu bewegen. Schließlich kam ihr die ganze Situation so kindisch vor, dass sie aufschloss. Nach einer weiteren sinnlosen Diskussion versuchte Simon, sie zu umarmen.

»Ich will das nicht!«, sagte sie energisch.

»Was denn?«

»Dass du mich zu einer Umarmung zwingst, wenn ich Abstand brauche. Ich will auch nicht mehr, dass du mich dazu zwingst, mich dauernd einladen zu lassen, und mir später erzählst, du wärest der Teil von uns beiden, der so viel arbeiten und bezahlen muss. Und ich mag nicht, dass du mir dauernd neue Dinge kaufst und mir dann Vorhaltungen machst, dass ich sie habe oder was damit geschieht.«

»Ich hab es doch nur gut gemeint«, sagte Simon spürbar verunsichert.

»Das sagt du immer. Seit Jahren. Aber ich mag es trotzdem nicht. Es bedrängt mich und ich habe das Gefühl, keine Luft mehr zu bekommen.«

Simon machte eine Bewegung auf seine Partnerin zu.

»Komm, lass uns wieder gut sein«, sagte er und hantierte etwas hilflos mit den Armen in ihre Richtung. Als versuchte ein Teil von ihm, sie zu umarmen, und ein anderer kämpfte dagegen. Irgendwie tat er ihr leid und schließlich ließ sie es zu. Wieder einmal. Und als er fragte, ob alles wieder gut wäre, antwortete Alina, wie immer, mit Ja. Doch ihre Gedanken sagten das Gegenteil. Nein, es war nicht gut, und es würde auch nicht mehr gut werden, weil an diesem Tag etwas zerbrochen war, das man nicht mehr kitten konnte. Alina erkannte es daran, dass ein Teil von ihr sich in seinen Armen abgestoßen fühlte. Sie wusste nicht, woher dieses Gefühl kam. Sie wusste nur: Wenn ich mich so fühle, ist es vorbei. Das kann nicht mehr gut werden.

DAS FÜNFTE GEHEIMNIS DES SPIEGELS: LIEBE?

Sie verbrachten den Rest des Urlaubs, ohne weiter darüber zu reden, und Alina verlor kein Wort über ihre Gefühle. Sie wollte nichts beschädigen, ehe sie sich nicht selbst völlig klar darüber war, was gerade geschah.

Zurück zu Hause, machte sie, was sie immer tat, wenn es ihr nicht gut ging. Sie rief Karen, ihre beste Freundin an.

»Er behandelt mich wie ein Kind«, klagte sie. »Als hätte er das Recht, mich zu erziehen. Und das eigentlich schon all die Jahre lang immer wieder. Mir ist es nur nie so deutlich aufgefallen wie letzte Woche.«

»Du redest aber schon lange darüber«, erinnerte Karen sie. »Was ist dieses Mal anders?«

»Ich habe mich geekelt, als er mich umarmte«, sagte Alina. »Er hat es bestimmt nicht schlecht gemeint, aber es fühlte sich an wie eine körperliche Lüge. Einfach falsch. Ich kann das nicht mehr ertragen.«

»Ich habe mich sowieso gefragt, wie lange du das noch mitmachst«, sagte Karen. »Seit Langem klagst du immer über dieselbe Sache, und doch bleibt es gleich.«

Alina dachte kurz nach. »Wenn ich ganz ehrlich bin, hat ein Teil von mir es auch darauf angelegt, ihn immer wieder ein wenig zu provozieren. Ich weiß auch nicht, warum. Vielleicht weil ich ihn aus seiner stillen Reserve locken wollte. Oder weil das Versöhnen hinterher immer so schön ist.«

»Oder weil er dich so oft provoziert, dass du ihn zurückprovozierst«, schlug Karen vor. »Ich habe dir immer gesagt: Ihr beide habt ein Machtspiel laufen.«

»Keine Ahnung, ob es ein Machtspiel ist«, entgegnete Alina. »Aber ich weiß, dass ich es so nicht mehr länger mitmachen kann.« ...

4. DER »LIEBE IST GRENZENLOS«-IRRTUM

Wie der »Liebe ist grenzenlos«-Irrtum entsteht
Je vertrauter eine Beziehung ist, umso näher darf man
einander kommen. Die vertrauteste menschliche Beziehung ist die eines Kindes zu seiner Mutter in den ersten
Monaten. Mehr Nähe, als neun Monate im Bauch und danach die Zeit im Arm, geht nicht.

Mutter und Vater haben bei ihrem Kind also zunächst
ein natürliches Recht auf Nähe, weil sie die Aufgabe und
Pflicht erfüllen, es zu schützen und zu nähren. Doch das
Kind wird größer und damit eigenständiger. Es wird nicht
immerfort jede Form von Bevormundung und körper-
licher Nähe durch die Eltern haben wollen. In manchen
Familien gibt es einen dominanten Elternteil, der diese
Entwicklung nicht respektiert, weil er eine Vorstellung
von Elternliebe hat, in der die Kinder ihren Eltern immer
folgen werden. Falls sie nicht gehorchen, wird es körperlich. Vater oder Mutter greifen psychisch oder physisch in
das Verhalten des Kindes ein.

Manche Kinder ziehen sich dann aus Schutz in sich
selbst zurück. Wenn auch dieses Verhalten nicht respektiert wird, kann »Nähe und Grenzen« bei dem betroffenen Menschen zu einem großen Lebens- und Beziehungs-
thema werden. Denn später, in einer Liebesbeziehung, wird
der alte Reflex aus dem Unterbewusstsein auftauchen, sobald zu viel Nähe stattfindet. Diese Reaktion kann zwei
Formen annehmen.

- ABWEHRREFLEX: Sobald es sich »zu nahe« anfühlt,
  rutscht der Betroffene in seine Vergangenheit als Kind
  und wehrt sich gegen den Partner auf dieselbe Weise,

wie damals gegen den Vater oder die Mutter: mit innerem Rückzug, Einsilbigkeit, Ablenkung, Flucht. Oder mit Zurückstoßen. Es ist ein hilfloses, oft selbst gar nicht gewünschtes Verhalten im Umgang mit menschlicher Nähe.

- ÜBERGRIFFREFLEX: Was man früher erdulden musste, kann das Muster heute als Lösung selbst praktizieren. Es wird dann vielleicht Meinungsverschiedenheiten ganz ähnlich zu lösen versuchen, wie es mit ihm als Kind gemacht wurde. Statt den Konfliktgrund gemeinsam anzusehen oder dem Partner Raum zu geben, könnte das unterbewusste Muster den Gedanken einstreuen: »Im Streit- oder Konfliktfall: schnellstmöglich Umarmungssituation oder Sex herbeiführen. Dann ist der Streit gelöst.« So sorgt das Muster dafür, dass die Abstandszone genau dann durchbrochen wird, wenn der Partner eigentlich Distanz braucht. Statt Achtsamkeit gibt es Hinterherlaufen, Zwangsumarmungen oder eingeforderte Zustimmungen. Speziell bei Konflikten wird der Partner dies als unerlaubten Übergriff empfinden. Er fühlt sich nicht respektiert.

Simon und die Umarmungen (3)

Eigentlich, so stellte Alina später rückblickend fest, war die Beziehung zum Zeitpunkt des Vorfalls im Urlaub schon gelaufen. In ihr hatte sich mittlerweile ein so heftiger Widerwille gegen die körperliche Nähe ihres Partners entwickelt, dass sich jede Zärtlichkeit wie eine Lüge an-

4. DER »LIEBE IST GRENZENLOS«-IRRTUM

fühlte. Wie er über all die Jahre hinweg immer wieder ihre Grenzen übertreten hatte und ihre Nichtgegenwehr als Zustimmung oder Sieg betrachtete, empfand Alina mit heutigen Augen einfach nur noch als respektlos. Warum nur war ihr das so bewusst nie aufgefallen?

Simon hingegen hatte schlichtweg keine Ahnung, was an seinem wirklich gut gemeinten Verhalten in Alina eine derart starke Abwehr auslöste. Er liebte sie doch. Und sie zuckte vor seiner Liebe zurück. Natürlich hatten sie auch ihre Auseinandersetzungen, aber in welcher Beziehung gab es die nicht? Man versöhnte sich und danach war es wieder gut. Wo lag der Fehler? Vielleicht daran, dass Frauen eben, so wie Simons Vater es immer ausgedrückt hatte, unberechenbar und zickig waren?

Das Zusammenleben der beiden durchlief noch einige Monate lang ein Wechselspiel aus Abstand und Nähe. Wenn Alina neben ihrem Partner lag, fühlte sich ein Teil von ihr zu ihm hingezogen und ein anderer Teil abgestoßen. Dieser andere Teil wollte nicht angefasst werden, wenn es wieder nur eine neue Art von Manipulation war. Genau genommen empfand Alina ihre Beziehung, und vor allem alles Körperliche darin, wie eine große Lüge.

Simon hingegen lag neben seiner Liebsten und verstand die Welt nicht mehr. Sollte er nun passiv bleiben? Was war das dann für eine seltsame Beziehung? Oder sollte er körperlich auf sie zugehen? Und würde er damit wieder nur Abwehr auslösen? So lagen die beiden viele Nächte nebeneinander und wussten nicht, was sie miteinander anstellen sollten. Dabei wurde der gefühlte Abstand immer größer, so lange, bis Alina es nicht mehr aushielt und auszog.

Fast acht Jahre waren sie zusammen gewesen. Immerhin war es für beide die längste Beziehung ihres Lebens gewesen. Doch am Ende hatten sie, trotz unzähliger Diskussionen, keine Ahnung, was genau zum Bruch geführt hatte ...

Wie ein »Liebe ist Nähe«-Zwang wirkt

Ein unterbewusstes Muster möchte immer, dass Sie es erfüllen. Im Fall des »Liebe ist grenzenlos«-Irrtums hat sich ein Muster beispielsweise gemerkt, dass Nähe als Ausdruck von Macht in einer Beziehung spürbar demonstriert wird, obwohl es unangenehme Situationen und Gefühle erzeugt. Weil es damals die Eltern so machten, und weil Kinder immer ein Band der Liebe zu ihren Eltern spüren, glaubte das Kind, dieses Verhalten wäre ein Ausdruck der Liebe, wie man sie auf dieser Welt lebt.

So könnte jemand mit diesen frühen Erfahrungen auf die Idee kommen, die Beziehung gäbe ihm das Recht, wann immer er will, in die Privatsphäre des anderen einzudringen oder ungefragt dessen Dinge zu benutzen. Das Muster kennt dies als Ausdruck einer intimen Beziehung, denn manche liebenden Eltern machen es mit ihren Kindern ebenso.

Ein erwachsener Partner wird das auf Dauer aber nicht wollen, und so entsteht ein stilles Ringen um Abstand und Raum. Das Muster bekommt die Gegenwehr, die es kennt, und am Ende wird es die Liebe in der Beziehung kosten.

Genauso wie damals als Kind.

Der Spiegel des Verhaltens:
Was Sie als Partner für sich ablesen können

Falls Ihnen dieses Thema in Ihren Beziehungen nicht unbekannt ist, könnten Sie in sich selbst nachforschen: »Welches innere Programm wird durch das ›Liebe bedeutet Nähe‹-Programm meines Partners bei mir ausgelöst?«

4. DER »LIEBE IST GRENZENLOS«-IRRTUM

- EBENFALLS EIN NÄHEPROGRAMM: Falls Ihr Partner sich zurückzieht, kommt in Ihnen das Bedürfnis, ihm zu folgen, einen Abschluss der Differenzen herbeizuführen und am Ende umarmt zu werden. Damit alles wieder gut ist.

- EIN RÜCKZUGSPROGRAMM, das die Situation von Übergriffen leider nur zu gut kennt. Ein Zuviel an Nähe erzeugt Distanzierungsgefühle. Nun sucht der Partner, gut gemeint, noch mehr Nähe, und in Ihnen entstehen noch mehr Abwehrgefühle. Dieses verborgene Muster hat einen Partner mit einem Übergriffsprogramm angezogen. Die Verletzungen passen zueinander.

- EIN SPIELPROGRAMM, das auf einer versteckten Ebene dieses Hin und Her liebt: weil es genau das seit jeher als Beziehung kennt. Vielleicht ist es ein Spiel aus Verletztheit und Versöhnung. Aus Fehler, Schuld und Vergebung. Aus Kontrolle über den anderen, durch Rückzug und Nachlaufenlassen. Geben und Nehmen von Nähe ist für das oft von Verlustangst beherrschte Unterbewusstsein ein sehr gutes Werkzeug, um einen Partner emotional zu kontrollieren.

Simon und die Umarmungen (4)

Simons Vater war das, was man einen cholerischen, unbeherrschten Menschen nennt. Wenn einer seiner beiden Söhne etwas angestellt oder auch nur, wenn der Vater schlechte Laune hatte, gab es zuerst Schläge und dann Arrest im Gästezimmer im Keller. Nach einer Weile hatte Vater sich beruhigt und bereute sein Handeln. Dann ging er die Stufen hinab und befreite seinen Sohn. Manchmal versuchte er auch so etwas wie eine Entschuldigung. Immer jedoch wollte er, als Zeichen, dass alles wieder gut sei, eine Umarmung. So wurde diese eigentlich liebevolle Geste für Simon schon früh ins Absurde geführt. Im Streit explodieren. Unfair handeln. Bereuen. Verzeihen durch Umarmung. Diesen Handlungsablauf hat sich sein Unterbewusstsein für Beziehungen eingeprägt.

Ein Muster fragt nicht, ob es selbst die Wahrheit ist. Es fragt auch nicht, ob es in diesem oder jenem Moment das Richtige tut. Ein Muster ist einfach nur ein Muster. Und so kam es, dass Simon von seiner Lebenspartnerin in den unpassendsten Momenten und konfliktgeladensten Situationen Umarmungen einforderte.

Alina hingegen hatte eine sehr liebevolle Kindheit erlebt. Umarmungen aus echter Zuneigung waren in ihrer Familie an der Tagesordnung gewesen. Deshalb war ihr auch lange nicht aufgefallen, dass Simon zwei verschiedene Arten von Nähe kannte. Eine Absichtslose, aus dem Herzen und im richtigen Moment. Und eine zweite mit der Absicht, in Konfliktsituationen Alinas Distanz zu überschreiten und ihre Zustimmung zu bekommen.

Simon lebte in seinem Erwachsenenleben unwissentlich das Grundverhalten seines Vaters nach. Es fiel ihm nur nicht auf, weil er selbst nicht schlug und seine Partnerin natürlich auch nicht in den Keller sperrte. Und dennoch praktizierte Simon ganz ähnliche Abläufe. Er folgte dem verborgenen Muster in seinem Unterbewusstsein: Falls er nicht bekam, was er wollte, oder sich kritisiert fühlte, wurde er zornig. Im Zorn wurde er unsachlich, unbeherrscht und emotional respektlos gegenüber seiner Partnerin (er durchbrach ihren Abstand). Dies machte er so ausdauernd, bis sie den Raum verließ und sich manchmal sogar einschloss (in den Keller sperren). Anschließend bereute er seinen Ausbruch und versuchte mit allen Mitteln, die Situation wie-

*der in Harmonie zu bringen (umarmen). Simon hatte immer vermei-
den wollen, so wie sein Vater zu werden, doch unbemerkt praktizierte
er nun psychisch, was sein Vater physisch getan hatte.*

*Hätte es ihm jemand aufgezeigt und erklärt, dass sein Unterbewustsein
in Beziehungen noch immer dem frühkindlich erlernten Ablauf folgte,
so wäre die Beziehung mit Alina möglicherweise ganz anders verlaufen.*

Der gute Weg: Was Sie als Partner tun können

- ERKENNEN UND LOSLASSEN: Lösen Sie die innere Verbindung, dass es ein Zeichen oder Beweis für eine gute
  Beziehung und Liebe wäre, immer Nähe haben zu
  müssen. Nun, wo sie wissen, wie die Verbindung sich
  gebildet hat und wie sie arbeitet, wird ihnen das leichter fallen. Es ist nicht die Wahrheit, es ist ein Muster.
  Dieses Muster ist nicht Sie selbst und es ist nicht Ihre
  Liebe. Es hat nicht einmal etwas mit Liebe zu tun.

- AKTIV BEOBACHTEN: Ein Muster verliert seine Kraft,
  wenn Sie es entdeckt und durchschaut haben. Also beobachten Sie aufmerksam, wo es sich in Ihrer Beziehung aktivieren möchte. Und praktizieren Sie gleichzeitig das, was das Muster bislang nicht kennt oder
  haben will. Wahrscheinlich hat es mit der Achtung
  des persönlichen Raums zu tun. Ganz gleich, ob rein
  physisch, emotional, zeitlich oder ganz praktisch in
  Ihrer gemeinsamen Wohnung. Gegenseitige Achtsamkeit ist Ihrer beider Schlüssel für dieses Thema.

- RAUM GEBEN: Machen Sie sich bewusst: Selbst noch so
  gut gemeinte Nähe kann vom anderen wie Unachtsamkeit, Nichtverstehen und Übergriff empfunden werden.
  Jeder Mensch, auch in der liebevollsten Liebesbezie-

hung, braucht irgendwann Zeit und Raum für sich, damit er regenerieren und atmen kann. Raum geben, wann immer er gebraucht wird, und dennoch verbunden bleiben – das ist Freiheit, die mit Liebe zu tun hat.
- ZUSAMMEN ANSEHEN: Falls Sie die irrtümliche Verknüpfung in Ihrem Partner erkennen, erklären Sie ihm das Muster nicht in dem Moment, in dem es aktiv ist. Dann kann er es ohnehin nicht hören. Betrachten Sie es gemeinsam in einem Moment, in dem Liebe anwesend ist. Dann kann es mit den Augen der Liebe gesehen werden. Allein das ist schon ein Schritt zur Heilung.

Liebe bedeutet nicht:
persönliche Grenzen überschreiten dürfen.
Liebe bedeutet:
persönliche Grenzen besonders respektieren.
Achtsamkeit ist der heilende Schlüssel für beide.

Der fünfte Irrtum:
»Liebe bedeutet, den anderen zu retten«

»Wenn ich jemanden liebe und erkenne, dass er Hilfe braucht,
helfe ich ihm natürlich, wo immer es nur geht.
Auch oder besonders dann,
wenn er es aus Rücksicht vielleicht ablehnen würde.
So zeige ich Verbundenheit
und Füreinander-da-Sein.«

5. DER »LIEBE IST RETTUNG«-IRRTUM

Zueinander passende Begabungen, Fähigkeiten und Eigenschaften ziehen sich an. Das ist nicht nur schön und harmonisch, sondern auch sinnvoll, denn als Lebensgemeinschaft meistert man vieles leichter und besser als einzeln.

Der andere kann etwas besonders gut, was man selbst nicht gut kann. Dafür hat man selbst eine Fähigkeit, die dem anderen nicht liegt. Im Team einer gleichberechtigten Partnerschaft entsteht daraus normalerweise kein Problem, sondern eine Verbundenheit, die beiden zeigt, dass man gut zueinanderpasst.

Wenn ein Partner jedoch auf einem Gebiet besonders gut ist, auf dem der andere sich noch entwickeln möchte, kann das Helfen zum vollkommenen Gegenteil von wirklicher Hilfe werden. Weil dieses spezielle »Liebe ist Rettung«-Muster ethisch besonders wertvoll wirkt und sich meist ganz langsam in die Beziehung einschleicht, wird es erst bemerkt, wenn bei einem der beiden Partner deutlich spürbar schlechte Gefühle auftreten.

Franks gut gemeinte Hilfe

Frank Winter ist Filialleiter eines großen Supermarkts. Das Leben und sein Beruf haben ihn dazu ausgebildet, Entscheidungen zu treffen, Abläufe zu organisieren und Menschen zu führen. Darin ist er wirklich gut geworden. Frank ist bei den Angestellten nicht nur beliebt, weil er freundlich und klar eine gute Führung vorgibt, sondern auch, weil sich die Filiale in der Konzernkette zu den erfolgreichsten hochgearbeitet

DAS FÜNFTE GEHEIMNIS DES SPIEGELS: LIEBE?

hat. Der Erfolg lässt Frank nicht allzu viel Zeit für ein Privatleben, aber er tut sein Bestes, sich nicht vollkommen von der Arbeit einnehmen zu lassen.

Frank ist gerade fünfunddreißig, als er Martha Weiss über eine Partnervermittlungsbörse kennenlernt, zu einem Zeitpunkt, an dem Martha eigentlich schon nicht mehr an Partnerfindung über das Internet geglaubt hatte. Ihm gefällt nicht nur das Wesen der zierlichen blonden Frau, sondern auch, dass sie beruflich etwas ganz anderes macht als er. Martha ist Sekretärin in einer Anwaltskanzlei.

Als Martha Frank zum ersten Mal in einem Restaurant trifft, fällt ihr sofort seine klare und kraftvolle Ausstrahlung auf. Er erweist sich als gewandter Gesprächspartner, der nicht allzu viel von seinem eigenen Beruf berichtet, sondern sich stattdessen mehr für Martha interessiert. Die beiden finden schnell zueinander, und nach fast einem Jahr beschließen sie, gemeinsam eine Wohnung zu beziehen.

Alles läuft gut, bis Martha ihre Stelle verliert. Sie nutzt die Chance und bildet sich zur medizinischen Kosmetikerin weiter. Ein Traum ihrer Jugend ist ein eigenes Studio. Doch die Ausbildung ist nicht einfach und es dauert seine Zeit. Eine Zeit, in der sie nichts verdient und in der Frank den Großteil des Geldes zum gemeinsamen Leben beisteuert. Nach einiger Zeit spürt Martha, wie der nicht enden wollende Ablauf des Studierens sie langsam zermürbt. Doch sie hat einen Traum und ein Ziel und gibt nicht auf.

In den ersten Monaten macht Frank ihr immer wieder Mut und versichert ihr, dass er für sie sorgen würde. Nach etwa anderthalb Jahren allerdings, zweifelt Martha immer mehr, ob sie überhaupt der Typ Mensch ist, der sich selbst ständig neu motivieren und am Ende ein eigenes Geschäft auf die Beine stellen kann.

An Marthas vierunddreißigsten Geburtstag enthüllt Frank ihr eine große Überraschung.

5. DER »LIEBE IST RETTUNG«-IRRTUM

Er hat ein medizinisches Gerät für Hautregeneration gekauft, von dem Martha weiß, dass es in etwa den Wert eines Kleinwagens hat.

»Es ist gebraucht«, sagt Frank. »Aber es funktioniert. Ich möchte, dass es dich motiviert.«

Martha ist überwältigt. Und sie ist überrascht, dass es sie nicht motiviert, sondern deprimiert. Es fühlt sich an, als würde sich ein breiter Ring um ihre Brust legen und langsam zusammenziehen.

»Wie soll ich das jemals wiedergutmachen?«, fragt sie Frank.

»Das musst du nicht«, antwortet Frank. »Es ist einfach mein Geschenk an deine Zukunft.«

Martha bedankt sich und spürt, wie die Gefühle und Gedanken in ihr zu tanzen beginnen. Wie sollte sie sich jemals eines solchen Geschenkes würdig erweisen? Sie hat ja noch nicht einmal den Abschluss und ist sich inzwischen noch nicht einmal sicher, ob sie ihn je schaffen wird.

»Danke«, sagt sie nur.

»Kein Problem«, entgegnet Frank. »Ich liebe dich.«

Ab diesem Tag fällt Martha das Lernen noch schwerer als je zuvor.

Was, wenn ich es nie schaffe, denkt sie immer wieder. Was wird Frank von mir denken, wenn ich versage?

Dieses Gerät, das eigentlich so wertvoll ist und sie motivieren soll, fühlt sich an, als würde es sie erdrücken. Immer wieder ertappt sie sich bei dem Wunsch, es gar nicht im Haus haben zu müssen. Es nie geschenkt bekommen zu haben.

Nach mühevollen drei Jahren und zweimal Durchfallen besteht Martha schließlich die Prüfung. Am Abend des Tages mit der erlösenden Nachricht überrascht Frank sie mit einer Idee.

»Ich habe einen Innenarchitekten beauftragt, die kleine Wohnung unter uns als dein neues Geschäft einzurichten. Was sagst du dazu?«

Und noch während sie nachdenkt, was sie antworten soll, legt Frank

DAS FÜNFTE GEHEIMNIS DES SPIEGELS: LIEBE?

ihr die Pläne auf den Tisch. Dreidimensionale Bilder einer hellen, gut durchdachten Praxis, in so vielen realistisch wirkenden Ansichten, dass Martha das Gefühl hat, sie wäre bereits fertig und nur abfotografiert worden.

Es ist perfekt, denkt Martha beim Ansehen der Zeichnungen. Wie alles, was Frank macht. Perfekt wie sein Supermarkt. Perfekt wie seine Umsätze. Perfekt wie seine Mitarbeiterführung. Perfekt wie sein ganzes Leben.

Frank freut sich, dass sich Martha offenbar auch freut. Zumindest glaubt er dies an ihren dankbaren Worten zu erkennen, wenn er auch in ihren Augen etwas sieht, das ihn irritiert.

»Alles in Ordnung?«, erkundigt er sich.

Sie schüttelt den Kopf. »Es ist perfekt, Frank. Ein Wunder. Wirklich. Besser geht es nicht.«

»Sehr gut«, sagt Frank und entspannt sich sichtlich. »Dann kannst du bald loslegen.«

Martha fragt sich, wie sie eine solche Praxis jemals füllen soll. Sie wohnen in einem ländlichen Gebiet, und es gibt bereits ein Kosmetikstudio zwei Orte weiter. Sie selbst hätte mit einem einzelnen Zimmer und ein paar kleinen Geräten angefangen, und nun steht sie vor der Aufgabe, allein ein ganzes Studio in Gang zu setzen. Und Frank sieht dabei zu. Der erfolgreiche Frank! Wieder spürt Martha, wie sich dieser Ring um sie legt. Erst vor wenigen Stunden hat sie ihre Prüfung bestanden und für ein paar Momente die Freiheit wieder gespürt. Durchgeatmet. Und nun liegt die nächste Herausforderung vor ihr.

Nein zu sagen traut sich Martha nicht, denn wie könnte sie solche selbstlosen Geschenke ihres liebenden Partners je ablehnen? Frank hätte sich bestimmt zutiefst zurückgewiesen gefühlt.

Martha bekommt die neue Praxis nicht wirklich zum Laufen. Es gibt einfach zu wenig Interesse in der Umgebung.

5. DER »LIEBE IST RETTUNG«-IRRTUM

Drei Jahre lang war sie innerlich gerannt wie verrückt, und nun muss sie sich eine neue Stelle suchen. Frank versteht das und hat sich auch schon Gedanken gemacht, spricht von einer Stelle in seinem Supermarkt. Doch nun ist der Moment gekommen, an dem Martha es aussprechen muss.

»Frank, ich will das alles nicht. Ich liebe dich. Aber diese ständige Hilfe belastet mich. Ich weiß, dass du es gut meinst, aber es setzt mich wahnsinnig unter Druck. Ich habe das Gefühl, als würde ich selbst gar nichts mehr schaffen und du würdest alles schaffen.«

»Aber das war doch nie meine Absicht«, sagt Frank und wirkt dabei ehrlich wie vor den Kopf gestoßen.

»Das weiß ich«, sagt Martha nochmals. »Es war mein Fehler, dass ich es zugelassen habe.«

»Nein, mir tut es leid«, beteuert Frank, und Martha spürt, dass er es aufrichtig meint. »Was soll ich jetzt tun? Wie kann ich das wiedergutmachen?«

Er denkt einen Moment nach. »Ich habe gute Kontakte zu einem unserer Lieferanten. Die brauchen eine Kraft im Chefsekretariat. Ich könnte da mal anklopfen.«

Martha schüttelt energisch den Kopf. »Nein, Frank. Genau das möchte ich nicht!«

Frank starrt sie an, als hätte sie ihm gerade erklärt, dass sie vier Arme hätte, und ihm das nie aufgefallen wäre.

»Was möchtest du denn dann?«, fragt er nach einer Weile.

Sie sieht ihn lange an. »So ehrlich und offen wie jetzt hast du mich das noch nie gefragt.«

Er weiß nicht, was er entgegnen soll. Martha spürt, wie nahe sie sich ihm noch immer fühlt. Sie legt ihm eine Hand auf den Arm.

»Frank, ich liebe dich und ich bin gern an deiner Seite. Ich möchte einfach nur einen verloren gegangenen Teil von meinem Leben zurück.«

193

Woran Sie den »Liebe ist Rettung«-Irrtum erkennen
Es gibt Hilfe, die sich vollkommen richtig und gut anfühlt. Man weiß, es stimmt und es ist auch nicht zu viel.
Man spürt, dass man nicht in eine Schuld gerät, weil es
sich irgendwann und irgendwie ausgleicht. Oder weil es
einfach in Ordnung ist. Um diese Hilfe geht es nicht. Es
geht um eine Hilfe, die bei dem, der sie erhält, unstim-
mige oder ungute Gefühle auslöst. Hilfe, über die er dann
immer wieder nachdenken muss, weil sie eine Art Druck
erzeugt, obwohl beim objektiven Hinsehen kein Grund
für Druck zu erkennen ist. Auf so ein Gefühl sollten Sie
hören. Es ist ein Hinweis auf ein Herannahen von Ungleichgewicht und innerer Unfreiheit.

Sie können auch innerlich einen Schritt zurücktreten
und sich die Verantwortungen und Aufgaben in Ihrer Beziehung von außen ansehen. Wenn für einen Partner immer wieder nur die kleinen oder gefühlt wertlosen Aufgaben übrig bleiben und der andere sich wichtiger für das
gemeinsame Überleben fühlen kann, könnte das ein Hinweis auf ein verborgenes Muster sein, das langsam, aber
stetig diese ungleichgewichtige Situation erzeugt.

Auch ein Hinweis sind Sätze, die letztlich immer die
Verantwortung von Ihnen abziehen:

- »Gib es mir, ich erledige das schon!«
- »Lass mich mal machen!«
- »Lass mal, ich kann da jemanden ...«
- »Das geht einfacher und schneller. Am besten machst
  du es so ...«
- »Ich informier mich mal und geb dir dann Bescheid.«

Alles, was Ihnen etwas aus der Hand nimmt, ist erst einmal nett und angenehm. Aber vielleicht möchten Sie auf Dauer gar nicht, dass der andere Ihnen alles aus der Hand nimmt?

Wie der »Liebe ist Rettung«-Irrtum entsteht

Falls ein Kind schon früh erlebt, wie seine Eltern immer wieder starke Spannungen und Konflikte miteinander haben, wird es deren Leid fühlen. Vielleicht bei der Mutter, weil sie der schwächere Teil ist. Oder beim Vater, weil er dem Kind emotional nähersteht. Oder bei beiden. Kinder lieben ihre Eltern und möchten eine heile Beziehung erleben. Weil die Praxis oft anders ist, fühlen sie sich häufig mitverantwortlich an schwierigen Situationen. Sie versuchen zu vermitteln. Sie versuchen zu beschwichtigen oder zu trösten. Sie versuchen, einen Elternteil oder die ganze Situation gefühlsmäßig auszugleichen.

Falls zum Beispiel die Mutter den angebotenen Strohhalm ergreift und sich emotional an das Kind klammert, wird die Mutter-Kind-Beziehung zu einer »Rettungsgemeinschaft«. Dabei entsteht große Nähe und Vertrautheit, denn letztlich helfen sich beide gegenseitig dabei, innerlich zu überleben.

Wenn das Kind erwachsen wird, erlischt dieses lange gelebte Muster jedoch nicht einfach. Dann ist »intime Beziehung« mit »Rettungsgemeinschaft« verknüpft. Der Retter betrachtet seinen Partner als den schwächeren Teil und sich selbst als den, der immer stark wirken muss.

So gut es auch gemeint ist – das Gefühl, gerettet zu werden, mag in einer Partnerschaft niemand auf Dauer vermittelt bekommen. Deshalb entsteht statt Freude und Dankbarkeit irgendwann nur Traurigkeit oder Abwehr. Das »Liebe ist Rettung«-Muster ernährt sich oft unbewusst von der Bewunderung, den Verpflichtungsgefühlen und der Dankbarkeit der Geretteten. Deshalb werden manche Menschen an der Seite eines übermächtigen Retters auf lange Sicht depressiv und kraftlos.

Wenn Sie Ihrem Partner das Gefühl geben,
er könnte es auch sehr gut ohne Sie schaffen,
wird er Sie auf Dauer mehr lieben,
als wenn Sie ihm den Eindruck vermitteln,
dass es ohne Sie nicht gut geht.
Denn dann spürt Ihr Partner etwas,
das er vielleicht so noch nicht kennt:
Vertrauen, Respekt, Achtung und Freilassen.
Liebe ohne Bindungsdruck.

Wie das Muster sich selbst erfüllt

Beim Ansehen dieses Musters geht es, wie gesagt, nicht um das Thema einer liebevollen gegenseitigen Unterstützung. Die ist ein wertvoller Bestandteil jeder guten Beziehung. Beim »Liebe ist Rettung«-Irrtum geht es nur um jene Art von Unterstützung, die auf Dauer das Gleichgewicht der Kräfte in der Beziehung so sehr verschiebt, dass bei einem oder beiden ein gefühltes Unglück entsteht. Dieser Mechanismus läuft etwa so ab:

196

- ANZIEHUNG: Das Retterprogramm braucht immer jemanden, der gerade gerettet werden muss. Also sucht es sich als ersten Schritt unbewusst einen Partner, der auf genau dem Gebiet schwächer ist, auf dem der Retter sich besonders gut auskennt. Der so gefundene Partner hingegen liebt und bewundert selbstbewusste, starke Retter, weil er sich an deren Seite sicher, aufgehoben und geborgen fühlt.

- BEZIEHUNG: Das Retterprogramm hilft gern. Auch ungefragt. Es ist im Helfen so geübt, dass der andere gar nicht bemerkt, wie er in winzigen Schritten »entmündigt« wird.

  Das Retterprogramm meint es meist wirklich gut, nimmt aber letztlich dabei dem Partner alles aus der Hand. Was immer der andere anfasst, der Retter kann es ein Stück besser oder schneller. Was immer gerade als zaghafte Idee aufkommt, der Retter holt sie zu sich und legt sofort mit der Umsetzung los. Er übernimmt das Ruder, sobald er eine Gelegenheit erkennt, um seine Fähigkeiten beweisen zu können. Er tut es, weil sein Programm darin die Liebe sucht. »Sieh her, das alles kann ich tun und nur für dich. Liebst du mich dafür?«

- SELBSTERFÜLLUNG: Beim Helfen geht es dem Retter nicht um das Ergebnis selbst. Ihm geht es darum, zu beweisen, dass er es wieder geschafft hat. Das ist sein Ruf nach Anerkennung, die er für Liebe hält. Zufriedenheit und Glück entstehen beim Partner jedoch nur, wenn er selbst etwas geschafft hat. Auch wenn es nicht perfekt ablief und vielleicht schwer war und das

Ergebnis besser sein könnte – aber man hat es selbst erreicht. Das ist eine große Erfüllung, ein inneres Wachstum.

An der Seite eines aktiven Retters kann das nur schwer stattfinden. Man wird eher selten das Gefühl bekommen, etwas ganz allein geschafft zu haben. Zumal der Retter sich am Ende oft gern mit seinem Beitrag zum Ergebnis hervorhebt. »Siehst du, auf mich ist Verlass. Ich habe eben die richtigen Verbindungen.« – »Ich wusste von Anfang an, wie es am besten geht. Erinnerst du dich?« – »Nachdem ich meine Beziehungen spielen ließ, hat sie es gut hinbekommen.«

Partner von Rettern haben oft innerhalb kurzer Zeit das Gefühl, ihre Eigenständigkeit, ihre Kraft und ihr Selbstvertrauen zu verlieren. Doch auf Dauer mag niemand neben einem Partner leben, der einem das Selbstvertrauen nimmt. Und der Retter selbst achtet auf Dauer keinen Partner, der wenig Selbstvertrauen hat. Irgendwann legt er das Verhalten des anderen als Schwäche aus und verliert das Interesse. Das versteckte Programm mit dem Titel »Liebe bedeutet, den anderen zu retten« hat nun keinen Partner mehr, bei dem genügend Aussicht auf Erfolg besteht. Und so begibt sich der Retter auf die Suche nach einer neuen Rettungsmöglichkeit. Um sich und anderen wieder einmal zu beweisen, was in ihm steckt.

5. DER »LIEBE IST RETTUNG«-IRRTUM

Ein verborgenes Muster wird niemals aufhören zu tun,
wofür es programmiert wurde,
nur weil sein Ziel erreicht wurde.
Es wird vielleicht kurz absinken,
um irgendwann wiederaufzutauchen.
Solange es existiert,
wird das Muster immer weiter dasselbe tun wollen.
Wenn nicht mit dem einen, dann eben mit einem anderen.
Solange, bis es von seinem Träger erkannt wurde
und dieser bewusst darüber entscheiden kann.

Der Spiegel des Verhaltens:
Was Sie als Partner für sich ablesen können

Der eine Fall ist: Das Rettermuster des anderen hat Sie gefunden. Warum haben Sie es angezogen? Was an einem Retterverhalten findet ein verborgener Teil von Ihnen attraktiv? Was davon verwechselt dieser Teil in Ihnen mit Liebe? Vielleicht hat etwas in Ihrem Unterbewusstsein früh gelernt: »Wenn ich mich ein wenig schwach mache, kommt jemand und kümmert sich um mich. Das ist Liebe.«

Oder ein verborgener Teil in Ihnen denkt: »Ich kann sowieso nie so gut sein wie andere.« Dann würde dieser Teil sich der Idee unterordnen, dass man sich zu guten Leistungen führen lassen muss. Haben Sie das als Kind erlebt?

Oder ein Teil von Ihnen liebt es ganz einfach, versorgt zu werden. Retter sind gute Versorger. Zunächst. So lange, bis alles getan ist, was zu tun war.

Der andere Fall ist: Sie haben einen scheinbar zu Rettenden angezogen. Sie haben mit dem Retten-Wollen begonnen und bemerken nach einiger Zeit, wie sehr es Ihre Kraft kostet. Und wie es Ihre gemeinsame Unbeschwertheit belastet. Fragen Sie sich: »Welcher Teil in mir zieht gute Gefühle aus der Idee, einen Partner auf einem Gebiet als schwächer einzuordnen und anschließend zu retten?«

Es ist kein Fehler, solche Gedanken in sich zu tragen. Jeder Mensch erlebt das, es sind Bausteine unserer Persönlichkeit. Gleichzeitig sind es nur Ideen und Überzeugungen und nicht Sie selbst. Mit jedem irrtümlichen Gedanken, den Sie entlarven, werden Ihr Leben und Ihre Beziehungen ein Stück besser werden. Damit Sie irgendwann wirklich aus ganzem Herzen und auch nach Jahren zu einem anderen sagen können: »Ich liebe dich ganz genau so, wie du bist.«

Der gute Weg: Was Sie als Partner tun können

- SELBSTSTÄNDIGKEIT FÖRDERN: Falls Sie selbst in sich einen Retter finden, müssen Sie sich nicht ablehnen oder etwas unterdrücken. Machen Sie stattdessen dem Retter in sich eine neue Möglichkeit bewusst: Man kann einen Partner retten, indem man ihn von sich selbst unabhängig macht. Und dabei rettet man gleichzeitig die Liebe in der Beziehung. Denn die Liebe verschwindet in genau dem Maß, in dem die Abhängigkeit Einzug hält, und sie blüht auf in dem Maß, in dem Freiheit da ist.

  Falls Ihr innerer Retter also eine gute Sache für den Partner tun möchte, nehmen Sie ihm nicht das Leben

aus der Hand, sondern seien Sie bei ihm, wenn er gerade sein Leben in seine eigene Hand nimmt. Unterstützen Sie ihn darin, es auf seine ganz eigene Weise zu tun statt auf Ihre.
- UMSTÄNDE FÜR SELBSTLIEBE FÖRDERN: Achten Sie darauf, ob Ihr Partner vielleicht nur zustimmt, um Ihnen zu gefallen oder weil er Sie nicht ablehnen möchte. Oder ob er nur zustimmt, weil er an Sie mehr glaubt als an sich selbst. Helfen Sie Ihrem Partner, das umzudrehen. Er wird Sie über alles lieben, wenn Sie ihm uneigennützig den Glauben an sich selbst zu finden helfen.

Die beste Rettung für die Liebe in Ihrer Beziehung ist,
den anderen selbstständig und groß werden zu lassen.

Der sechste Irrtum:
»Liebe bedeutet Sehnsucht«

»Wenn ich jemanden liebe,
spüre ich eine große Sehnsucht nach ihm.
Leider hatte ich oft Beziehungen,
in denen sich der Partner nicht zu mir bekannte.
Einerseits wünsche ich mir, dass meine Sehnsucht erlöst wird.
Wenn aber in einer Beziehung einmal keine Sehnsucht da ist,
zweifle ich, ob es Liebe ist.
Ich finde da einfach keinen Weg heraus.
Das macht mich unglücklich.«

Liebe und Sehnsucht sind als Gefühle sehr eng miteinander verbunden. So eng, dass man manchmal nicht auseinanderhalten kann, was gerade in einem geschieht. Die Liebe vermischt sich mit der Sehnsucht oder beides wechselt ständig miteinander ab, sodass am Ende ein unglücklicher Zustand inneren Durcheinanders herauskommt.

Manchmal verschwindet das nicht einfach von selbst. Und oft entstehen immer wieder genau solche Beziehungen, die so etwas erzeugen. Dann könnte sich ein verborgenes Muster zum Thema »Liebe und Sehnsucht« gebildet haben.

Woran Sie den
»Liebe ist Sehnsucht«-Irrtum erkennen

- AM BEZIEHUNGSMODELL: Der »Liebe ist Sehnsucht«-Irrtum erzeugt typischerweise Beziehungen, in denen die Sehnsucht unerlöst bleibt: Fernbeziehungen. Einseitige Beziehungen. Einseitige Verliebtheit. Platonische Beziehungen. Affären. Parallelbeziehungen. Beziehungen mit vergebenen Partnern. Wartesituationen. Beziehungen mit immer neuen Versprechen für die Zukunft.
- AM BEZIEHUNGSABLAUF: Entweder, die Beziehung findet vorwiegend in den Gedanken von einem oder beiden statt. Oder es ist eine vor allem virtuelle Beziehung mit wenig oder keinen persönlichen Begegnungen. Oder es ist eine Beziehung ohne vollkommenes beiderseitiges Bekenntnis. Das Kennzeichen ist der unerlöste Schwebezustand. Die ungestillte Sehnsucht.
- AM BEZIEHUNGSGLEICHGEWICHT: Der »Liebe ist Sehnsucht«-Irrtum erzeugt oft große Ungleichgewichte.

6. DER »LIEBE IST SEHNSUCHT«-IRRTUM

Einer verzehrt sich nach dem anderen und diesem schmeichelt das vielleicht, deshalb lässt er den Zustand eine Weile zu. So lange, bis es ihm zu viel oder zu riskant wird. Vielleicht ergibt sich auch eine Affäre, doch es kommt nie zu einem wirklichen Ja.

Beim »Liebe ist Sehnsucht«-Irrtum
kommt es zu keiner inneren Erlösung,
weil das beiderseitige wirkliche Bekenntnis nicht stattfindet.
Es bleibt immer ein Schwebezustand
von unerfüllter Sehnsucht.
Genau das ist es, was das verborgene Muster
aufrechterhalten will.

Wie der »Liebe ist Sehnsucht«-Irrtum entsteht

Wenn sich zwei erwachsene Menschen wirklich lieben und eine Partnerschaft leben, erzeugt eine längere Abwesenheit voneinander Sehnsuchtsgefühle. Man möchte einfach wieder in der Nähe des anderen sein. Dann signalisiert der eine: »Du fehlst mir.« Und der andere antwortet aus tiefem Herzen: »Du mir auch.« Falls man so etwas schon einmal erlebt hat, weiß man: So fühlt es sich an, wenn es stimmt.

Das Unterbewusstsein hört immer mit, und es merkt sich, dass Liebe und das Sehnsuchtsgefühl in einer guten Beziehung zusammengehören. »Weil ich meinen Partner so liebe, vermisse ich ihn, wenn er nicht da ist.«

Aus diesem richtigen Zusammenhang kann das einfach gestrickte Unterbewusstsein machen: »Liebe ist identisch mit Vermissen. Falls ich Liebe in meinem Leben haben möchte, muss ich für Situationen sorgen, in denen das Vermissen wieder gespürt wird.« Das mag für den intelligenten Verstand absurd klingen. Doch ein Muster kann nicht über sich selbst reflektieren. Es ist eine fest abgespeicherte, ungeprüfte und verborgene Überzeugung. Erst wenn Sie das Muster entdecken und ans Licht holen, kann es sich verändern.

Wie das Muster sich selbst erfüllt

Irgendwann hat man vielleicht keine Beziehung mehr oder man hat eine feste Partnerschaft, aus der die Lebendigkeit oder die Liebe verschwunden sind. Dann sucht ein unterbewusster Teil wieder das bekannte Gefühl: das Vermissen. Die unerfüllte Sehnsucht. »Wo ist sie nur? Wie kann ich sie wieder erzeugen?«

Der unbewusste Teil sucht nun Situationen, in denen Sehnsucht gespürt werden kann. Und dafür sind alle Beziehungsmodelle passend, in denen Sehnsucht herbeigeführt, aber nicht erlöst wird. Plötzlich ist das Fühlen von unerfülltem Verlangen für das Unterbewusstsein zu einem wichtigen Zustand geworden, den es nicht loslassen möchte.

Wenn der Betroffene in Ruhe darüber nachdenkt, fragt er sich selbst, warum er aus diesem Laufrad der Nichterfüllung einfach nicht herauskommt. Er sucht die Erklärung im Verhalten des anderen oder in Fehlern bei sich selbst. Aber weil eine »Liebe ist Sehnsucht«-Verwechslung gar nicht die Liebe sucht, sondern die Sehnsucht, wird es nie aufhören, solange der Irrtum nicht entdeckt wird.

Der Spiegel des Verhaltens:
Was Sie für sich ablesen können

- ALS BETROFFENER: Falls Sie in sich selbst diese ständig unerfüllte Sehnsucht nach einem konkreten Menschen spüren, könnten Sie nachforschen, woher Sie das kennen. Es ist nicht erst in diesem Fall entstanden. Entweder hatten Sie bereits eine wirklich große Liebe, und die Sehnsucht nach ihr klingt heute als Echo in Ihnen nach. Dann gibt es noch etwas Altes loszulassen. Solange es nicht losgelassen ist, versucht das Unterbewusstsein, den Gefühlszustand der alten Beziehung wiederherzustellen. Gehen Sie nochmals in den Abschiedsprozess, bis er wirklich abgeschlossen ist und Sie wirklich frei für etwas Neues sind.

  Oder Sie mussten bereits als Kind die Trennung von einem geliebten Menschen erleben. Vielleicht ist ein Elternteil gegangen oder ein geliebter Großvater gestorben. Jemand, den Sie auch heute noch sehr vermissen. Oft hat so jemand eine derart große Bedeutung, dass er noch heute auf dem Platz des »meistgeliebten Menschen« sitzt. Falls das aber eigentlich der Platz des Mannes oder der Frau an Ihrer Seite wäre, kann es zu keiner erfüllenden Partnerschaft kommen.

  Sie haben mehrere Plätze für die Liebe in sich. Geben Sie allen vergangenen Menschen ihre richtigen Plätze in der großen Ordnung. Und machen Sie den Platz für den aktuellen oder einen möglichen neuen Partner vollkommen von alten Geschichten frei. Dann verschwindet die Sehnsucht danach, etwas Altes ersetzen zu wollen.

- ALS DER AUSLÖSENDE TEIL: Etwas in Ihnen hat einen Menschen angezogen, der Sie möchte, aber Sie lassen sich vielleicht nicht wirklich ein. Der andere hat die Sehnsucht, aber Sie erfüllen sie ihm nicht. Falls das so ist, könnten Sie nach dem Teil in Ihrem Unterbewusstsein suchen, der diesen Zustand interessant findet. Ist es ein Abenteuer im ansonsten wenig spannenden Alltag? Ist es, um sich selbst oder jemand anderes etwas zu beweisen? Erzeugt es Gefühle von Begehrtheit oder ein wenig Macht? Könnte es ein wenig Spaß am Spielen sein? Ist es, um sich eine Chance aufrechtzuerhalten, die man aber nicht nutzt, ähnlich wie die Sicherheit von erspartem Geld in der Hinterhand? Irgendetwas im Unterbewusstsein muss den unerlösten Schwebezustand gut finden. Wenn Sie das herausfinden, kommen Sie für Ihr Beziehungsleben auf eine neue Ebene von Erkenntnis und innerer Erfüllung.

Der gute Weg: Was Sie als Partner tun können

- DIE KLARHEIT SUCHEN: Ganz gleich, in welcher Rolle Sie beim »Liebe ist Sehnsucht«-Irrtum gerade sind: Suchen Sie nicht die Sehnsucht oder die Liebe. Suchen Sie die Klarheit. Der Irrtum ernährt sich davon, dass die Träger nicht erkennen, was er tut. Er hat nur ein Ziel: Er möchte die Unklarheit und Unerlöstheit aufrechterhalten. Damit die Sehnsucht bleiben kann.
- NIEMANDEN BENUTZEN: Falls Sie bemerken, dass in einem Menschen viel Sehnsucht nach Ihnen aktiv ist, Sie aber kein Bekenntnis abgeben können oder wollen, erinnern Sie sich daran, dass der andere sich ge-

rade in einer überaus unglücklichen inneren Lage befindet. So interessant oder abenteuerlich sich das alles vielleicht anfühlen mag, tun Sie dem anderen dennoch nichts Gutes, wenn Sie den Schwebezustand erhalten. Emotionale Schwebezustände sind Zustände von Leid. Diese Situation kam in Ihr Leben, damit Sie für sich selbst die Klarheit üben können und dabei erleben, dass ausgeübte Klarheit Liebe ist, wenn für einen anderen dabei ein Leid aufgelöst wird.

- SICH AN DIE PENDELKRÄFTE ERINNERN: Vielleicht hilft Ihnen der Gedanke, dass man im Laufe seines Lebens alle Beziehungssituationen immer von allen Seiten erleben wird. Später könnten Sie einmal derjenige sein, der sich über eine erlösende Klarheit vom anderen freut.

Der siebte Irrtum:
»Liebe bedeutet Essen«

»Manchmal fühle ich eine Leere in mir.
Wenn ich etwas Gutes esse, wird es besser.
Und wenn eine Leere in unserer Beziehung droht,
essen wir zusammen und es wird besser.
Aber in Wahrheit fühle ich mich leer,
selbst dann, wenn ich esse oder satt bin.

Gutes und insbesondere gemeinsames Essen ist für die meisten Menschen eine wirklich vielfältige Quelle von Wohlbefinden. Geschmack, Gerüche, Aussehen, Am-

DAS FÜNFTE GEHEIMNIS DES SPIEGELS: LIEBE?

biente ... Das alles kann allein schon positive Gefühle von Lebensqualität und Daseinsinn erzeugen. Neben den schönen Sinneserlebnissen beseitigt Essen auch ganz praktisch bestimmte Mangelgefühle. Der gefühlte Hunger verschwindet. Der Körper fühlt sich besser, weil die Nährstoffe neue Kraft geben. Das Essen wird als Erlebnis wahrgenommen. Dazu kommt die soziale Komponente: In fast allen Kulturen der Erde und über alle Zeiten war gemeinsames Essen auch Zusammensein. Miteinander essen ist ein kurzes Zur-Ruhe-Kommen im Wettlauf des Lebens und ein Zeichen von Zuneigung oder Freundschaft. Gemeinsam essen ist ein geschützter Moment des Friedens.

Dass die meisten Menschen es so empfinden, hat seinen Grund. Wenn Sie sich an Joshuas Reise in die Welt erinnern, begann für ihn direkt nach der Geburt eine Zeit, in der nur eines wichtig war: Nahrung und Wärme zu bekommen. Der Vorgang, seinen Hunger zu äußern und gefüttert zu werden, ist eines der ersten Erlebnisse von Beziehung und Interaktion.

»Wenn es mir nicht gut geht, weil es sich in meinem Bauch leer anfühlt, melde ich mich und werde gefüttert. Dann kommt jemand, kümmert sich um mich und passt auf mich auf. Dann bin ich nicht mehr einsam und die anderen schlechten Gefühle in mir verschwinden ebenfalls.« Dieser Jemand, der die schlechten Gefühle wegmachte, war meistens die Mutter. Deshalb fühlt sich »gutes Essen« für das Unterbewusstsein ähnlich an, wie »bei der Mutter sein«.

All das ist kein Problem, sondern ein ganz natürlicher Ablauf im Menschsein. Ein Problem kann es nur werden, wenn in einer Partnerschaft das Essen mit der Qualität der Beziehung in eine übermäßige Verbindung gebracht wird. Und das geschieht, wenn Essen und Liebe verwechselt werden.

Woran Sie den
»Liebe ist Essen«-Irrtum erkennen

Kennen Sie die Situationen, in denen ein erwachsener Sohn oder eine erwachsene Tochter die Eltern besucht und es während des Besuchs die meiste Zeit ums Essen geht? Erst das Lieblingsgericht, dann der Lieblingsnachtisch, bald darauf Kaffee und Kuchen und dazwischen die eine oder andere Lieblingssüßigkeit ... Und währenddessen vielleicht immer wieder die besorgten Fragen, ob es einem wirklich gut geht.

»Versorgung« ist ein wesentlicher Teil der Elternrolle. Wenn das Versorgen des Kindes die wichtigste Aufgabe im Leben eines Elternteils war, wurde es vielleicht sogar zu einer Identität. Später kann das Kind sich um sich selbst kümmern, aber das lässt die Versorgungsidentität der Mutter nicht verschwinden. »Ich werde immer deine Mutter sein, daran wird sich nichts ändern.« Es mag manche erwachsenen Kinder stören, doch grundsätzlich zeigt es einfach nur, dass eine Mutter ihre Aufgabe damals vollkommen angenommen hat.

Falls ein »Ich füttere dich«-Muster sich unbewusst zur Basis der Beziehung zwischen einer erwachsenen Frau und ihrem erwachsenen Mann macht, könnten die Lebenspartner versehentlich in die Rollen von Mutter und Kind gerutscht sein. Plötzlich, vielleicht erst nach Jahren, könnte ein Partner feststellen: »Er kommt eigentlich immer nur, wenn es etwas zu Essen gibt.« Oder beide bemerken, wie sie im Laufe der Beziehung stetig an Gewicht zunehmen und es nicht aufhalten können. Ein Blick auf das »Liebe ist Essen«-Muster kann helfen zu erkennen, ob ein Großteil der Beziehung inzwischen auf »sich versorgen« aufbaut.

Wie gesagt geht es nicht darum, dem gemeinsamem Essen die Schönheit zu nehmen, sondern nur darum, seine Sinne zu schärfen, ob sich Programme einschleichen, die sich unerfüllend anfühlen, weil sie mit Liebe verwechselt wurden.

Das Muster taucht auch ohne eine Beziehung häufig auf: Manche Menschen nehmen bei Liebeskummer oder bei einem Mangel an Selbstliebe deutlich ab, weil sie fast nichts mehr essen. Andere nehmen in derselben Situation zu, weil sie deutlich mehr essen als normal. Die Ersteren verhalten sich so, weil etwas im Unterbewusstsein ihnen sagt: »Wenn ich diesen Mangel an Liebe fühle und gleichzeitig etwas essen soll, fühlt sich das falsch an. Wie ein Verrat am Essen. Essen ist für mich mit Geborgenheit, Gemeinsamkeit, Schönheit und Sinnesgenuss, einem guten Leben und Liebe verbunden. Und das spüre ich im Moment nicht. Ich habe es gerade nicht verdient. Also esse ich auch nicht.« Die zweite Variante ist die Kompensation: »Wenn ich diesen Mangel an Liebe spüre und etwas Gutes esse, fühle ich wieder etwas Geborgenheit und Wärme. Dann verschwindet das Mangelgefühl für eine Weile.«

Wie der »Liebe ist Essen«-Irrtum entsteht

Das oft unbewusste Gefühl, Essen und Liebe hätten miteinander zu tun, ist, wie Sie bei Joshuas Reise miterlebten, das Ergebnis einer Urprägung. Während der Nahrungsaufnahme an der Brust der Mutter verschwindet nicht nur das schlechte Gefühl von Hunger und es kommt das gute Gefühl von Sättigung. Gleichzeitig kommt auch das Gefühl, nicht mehr allein zu sein. Geborgenheit, Wärme, Ruhe, Entspannung, Sicherheit, Angekommensein – all das hängt mit dem Sattwerden zusammen.

»Liebe ist Nahrung.« Von den ersten Lebensmomenten an, oft bis zur Zeit als junger Erwachsener, erleben viele Menschen diese Gefühlsverbindung in unzähligen Varianten. Später, in der Beziehung, kann sie sich über diverse verborgene Glaubenssätze über Partnerschaft, Liebe und Selbstliebe äußern:

- »Wenn ich esse, bin ich für diese Zeit geborgen und geschützt.«
- »Wenn wir gemeinsam gut essen, so lange, bis wir beide richtig satt sind, wird es ruhig und wohlig. Das fühlt sich gut und sicher an.«
- »Wenn ich meinen Partner füttere, wird er sich gut fühlen. Versorgt, sicher und geborgen. Er wird spüren, dass er in mir ein Zuhause hat und geliebt wird.«
- »Wenn ich meiner Partnerin zeigen will, dass ich sie gerade nicht mag, esse ich nicht mit ihr, dann muss sie allein essen. Oder ich esse mit Unlust oder komme zu spät zum Essen, auch wenn sie mich schon gerufen

hat. Dann spürt sie, dass ihr gerade meine Liebe verloren geht und muss sich ändern, so wie es mir guttut.«

- »Wenn ich meiner Partnerin zeigen möchte, wie sehr ich sie liebe, bringe ich ihr Süßigkeiten mit. Die isst sie dann, es geht ihr gut dabei und dafür liebt sie mich.«
- »Wenn es meinem Partner nicht gut geht, versorge ich ihn ganz besonders mit viel gutem Essen. Meistens geht es ihm dann besser.«
- »Wenn es mir selbst nicht gut geht und ich wenig Liebe spüre, esse ich gern etwas besonders Gutes. Dann fühle ich mich vom Leben versorgt und geborgen.«

All diese Ideen sind kein Grund für eine Verurteilung oder Bewertung, weil es einfach nur frühe Prägungen sind, die auf die eine oder andere Weise in fast jedem Menschen schlummern. Sie haben auch nichts mit Unvermögen oder mangelnder Intelligenz zu tun, denn die Prägungen sitzen ja nicht in dem Teil des Bewusstseins, den wir durch logisches Nachdenken kontrollieren könnten.

Wie das Muster sich selbst am Leben hält

- ANZIEHUNG: »Versorgen und versorgt werden«. Die verborgene Überzeugung, dass Essen Liebe sei, kann Partner anziehen, die eine gleichartige oder dazu passende Überzeugung haben. Dann kommt vielleicht jemand, der sich gern versorgen (»füttern«) lässt und Sie daran misst, wie sehr Sie sich um ihn kümmern. Oder es kommt jemand, der Sie dauernd versorgen (»bevormunden«) will.

7. DER »LIEBE IST ESSEN«-IRRTUM

- BEZIEHUNG: »Versorge mich, so wie es mir guttut. Dann liebe ich dich auch.« Falls Sie von einem Partner zum Versorger gemacht werden, werden Sie nicht mehr bedingungslos geliebt, sondern stattdessen für das, was Sie tun, gelobt. Falls Sie irgendwann als Versorger nicht mehr funktionieren, verlieren Sie die Anerkennung. Das ist das Risiko des »Liebe ist Essen«-Musters. Viele Frauen und Mütter bemerken nach Jahren plötzlich, dass sie in der Beziehung zu ihrem Mann fast nur noch diese Rolle der Versorgerin erfüllen. Zu Beginn waren sie eine begehrte Geliebte, dann eine Partnerin und Frau und irgendwann vielleicht nur noch eine Ersatzmama. Oder männliche Versorger stellen fest, dass es der Frau scheinbar nur darum geht, wie viel Geld er nach Hause bringt. Dann kommen die großen Beziehungs-, Sinn- und Liebesfragen und nicht selten ein neuer Partner, mit dem man noch einmal ganz von vorn anfangen möchte.

- SELBSTERFÜLLUNG: Solange das Unterbewusstsein unbemerkt glauben darf, dass Essen und Versorgen Liebe bedeuten, wird es die Beziehung daran messen. Falls der gewohnte Effekt des Zu-Hause-Gefühls nachlässt, könnte sich das Muster woanders eine Quelle suchen. Oder die Mutter-Kind-Rollenverteilung lässt den Partner nicht mehr attraktiv genug erscheinen, und es entsteht eine parallele Beziehung. Zu Hause die Bemutterungs-Frau und woanders die Geliebte.

Der Spiegel des Verhaltens:
Was Sie als Partner für sich ablesen können

Für den Fall, dass Sie einen Anteil dieses Musters in Ihrer Beziehung oder in sich selbst vermuten, wenden Sie den Spiegel an. Forschen Sie nach, was in Ihrem System damit in Resonanz geht. Wie reagieren Sie auf das Essensthema? Fühlen Sie sich als Versorger verantwortlich? Ist es in Ihren Augen ein Liebesbeweis? Passen Sie sich dem Partner an, obwohl Sie es eigentlich anders machen würden? Haben Sie Essen als einen Teil von Sinn und Glück im Leben definiert und sind traurig, wenn Sie allein essen? Finden Sie die verborgene Überzeugung – und Sie sind einen großen Schritt weiter.

Der gute Weg: Was Sie als Partner tun können

Wenn im Leben oder in einer Beziehung etwas auf den falschen Platz geraten ist, sollte man den Dingen wieder ihre richtigen Plätze geben. So ist es auch bei diesem versteckten Thema.

- DIE VERKNÜPFUNG LÖSEN: Eine einfache Erinnerung könnte Ihnen helfen, Klarheit zu finden. Falls Sie gerade in sich selbst nach Mustern zum Thema forschen, machen Sie sich immer wieder den Satz bewusst: »Essen ist nicht Liebe.« In diesem Moment fällt ein geheimer Glaube ab, und es könnte eine Tür aufgehen, die Ihnen zeigt, was bislang im Verborgenen wirkte.
- DER NEUE BLICK: Eine weitere Möglichkeit, die verborgenen Strukturen in Ihrer Beziehung zu untersuchen, ist: Nehmen Sie gedanklich aus Ihrer Beziehung

8. DER »LIEBE IST LEIDEN«-IRRTUM

den ganzen Bereich des Essens heraus und sehen Sie, was dann übrig bleibt.

- DEN RICHTIGEN PLATZ ZUWEISEN: Falls das ganze Thema in Ihnen eine Resonanz erzeugt, könnten Sie sich auch fragen: Was bedeutet mir Essen? Habe ich eine Wichtigkeit in dieses Thema gegeben, die eigentlich gar nicht stimmt? Und dann nehmen Sie diese Bedeutung innerlich wieder heraus. Essen ist nur Essen. Es mag schön sein, aber es hat nichts mit einer guten Beziehung zu tun.
- VERHALTEN VERÄNDERN: Untersuchen Sie: Vielleicht füttern Sie mit Ihrem Verhalten dieses Muster bei Ihnen beiden und dadurch wurde es im Laufe der Zeit immer stärker? Das können Sie von sich aus beenden.

Nachdem man es verstanden hat,
genügt eine einzige Erinnerung,
um dem verborgenen Muster seine Kraft zu nehmen:
»Essen ist nicht Liebe. Essen ist Essen. Und Liebe ist Liebe.«

Der achte Irrtum:
»Liebe bedeutet Leid«

»Wenn es längere Zeit zu ruhig und alltäglich abläuft,
kommt es mir vor, als würde sich keiner mehr
besonders um den anderen kümmern.
Als wäre da keine Liebe mehr.

Dann reagiere ich fordernd oder ablehnend.
Nach einiger Zeit geht es mir damit auch nicht gut
und ich wünsche mir Zuwendung.
Oft entstehen dadurch Konflikte
und dann brauche ich Abstand.
Dieses Hin und Her zermürbt mich.
Und dennoch hört es einfach nicht auf.«

Es gibt fast keinen Beziehungsfilm, in dem die Partner nicht leiden, ehe sie zusammenkommen. Im Film muss das so sein, denn Konflikte sind der Teil, der die Geschichte vorantreibt. Erst Uneinigkeit und die letztliche Überwindung machen die Handlung lebendig.

Diesen Zusammenhang haben die Filmemacher nicht erfunden, sondern dem Leben abgeschaut. Falls das Unterbewusstsein Ihres Partners ein Muster mit dieser Überzeugung in sich trägt, könnte es versuchen, Ihre Beziehung oder das Leben voranzutreiben, indem es immer wieder scheinbar sinnlose und überflüssige Konflikte erschafft. Doch so sinnlos, wie sie scheinen, sind sie aus Sicht des Musters natürlich nicht.

Woran Sie den »Liebe ist Leiden«- Irrtum erkennen

Dass ein verborgenes Muster wirkt, erkennen Sie immer am Ergebnis. Wenn beim Thema Liebe und Beziehung am Ende immer wieder Leid herauskommt, muss dies von einer verborgenen Kraft immer wieder genau so erzeugt worden sein. Damit es so ablaufen kann, braucht

8. DER »LIEBE IST LEIDEN«-IRRTUM

das Muster zwei Partner, die unwissentlich ihre Plätze einnehmen und ihm folgen. Hinweise darauf, dass dies stattfindet, könnten sein:

- Wenn ein Mensch Sie sehr mag oder liebt und Ihnen dennoch immer wieder Verletzungen zufügt – oder umgekehrt.
- Wenn der andere parallele Beziehungen aufbaut, obwohl er die Beziehung zu Ihnen ebenfalls möchte – oder umgekehrt.
- Wenn er einfach nur Ja zu Ihnen sagen müsste, es aber einfach nicht kann – oder umgekehrt.
- Wenn er sich Ihnen gegenüber einen großen Teil der Zeit leidend zeigt, obwohl kein wirklicher Grund zum Leiden da ist, oder wenn Sie der auf diese Weise Leidende sind.
- Wenn Sie oder der andere Lebendigkeit vermissen, sobald es längere Zeit ruhig und harmonisch wird.
- Wenn Sie sich beide darüber verbunden fühlen, dass es Ihnen ähnlich schlecht geht.
- Wenn auch längerfristig immer wieder unsinnige, unlogische Handlungen die Beziehung gefährden und dann immer wieder Klärung und Versöhnung stattfinden.
- Wenn der Fokus in der Beziehung langfristig und immer wieder auf dem Thema des Leidens und Möglichkeiten, was man dagegen tun kann, liegt.
- Wenn das Leiden zu einer spirituellen Phase erklärt wird und sich einer oder beide darüber spirituell mit dem Großen verbunden fühlen.

DAS FÜNFTE GEHEIMNIS DES SPIEGELS: LIEBE?

All dies sollte wieder kein Urteil und keine Verurteilung hervorrufen. Und natürlich bringt einem das Leben oft wirklich leidvolle Situationen und Phasen. Darum geht es nicht. Es geht um die Muster in einer Beziehung, die Leid erzeugen, wo gar kein wirklicher Grund für Leid ist.

Wie der »Liebe ist Leiden«-Irrtum entsteht

Es gibt Kinder, die von ihren Eltern nur dann gesehen und umsorgt wurden, wenn es ihnen nicht gut ging. Also entwickelte ihr Unterbewusstsein die Strategie: »Wenn es mir nicht gut geht, werde ich mehr geliebt, als wenn es mir gut geht. Falls ich Liebe will, muss ich dafür sorgen, dass der andere mich leidend erlebt. Dann kommt er und hilft.«

Wie das Muster das Leid selbst erzeugt

Wenn alle oder fast alle bisherigen Beziehungen deutlich von Leid und schlechten Gefühlen durchzogen waren, merkt sich das Unterbewusstsein diesen Zusammenhang. Wird er zu einer festen Überzeugung, so arbeitet das Muster irgendwann von selbst auf das Ergebnis hin. Es erzeugt grundlos Leid, weil Leid der einzige Beziehungszustand ist, den es wirklich gut kennt.

Natürlich will der erwachsene, nachdenkende Mensch das nicht. Doch ein Muster wirkt magnetisch auf dazu passende Muster bei anderen. Also wird ein verborgenes »Liebe ist Leiden«-Muster entweder solche Partner aus der Menge fischen, die auch innerlich leiden. Oder solche, die durch ihr Verhalten das Leid bei anderen auslösen. So schließt sich der Kreis um das Leid in Beziehungen immer wieder.

Zwischenzeitlich kommt ein Betroffener auf die Idee, er sei vom Lebensglück einfach benachteiligt, er wäre nicht gut oder weit genug oder er müsste das Thema innerer Ausrichtung besser lernen. All diese Ideen interessieren ein verborgenes Muster aber gar nicht, denn es wird von Beschlüssen und Ideen des wachen Verstandes nicht berührt. Das Muster wartet einfach auf die nächste passende Situation und kommt dann wieder nach oben.

Der Spiegel des Verhaltens:
Was Sie als Partner für sich ablesen können

Wenn Sie bislang leidende oder Leid erzeugende Partner angezogen haben, könnten Sie erforschen, welcher Teil in Ihnen diese Form von Beziehung kennt. Woher? Wo haben Sie das schon erlebt?

Falls Ihr Partner der leidende Teil ist, fragen Sie sich, was ein Teil von Ihnen daran anziehend fand. War es vielleicht Ihre Idee, helfen zu können? War es der Wunsch, derjenige zu sein, der dem anderen beweisen würde, dass es auch ohne Leid geht? Ist das überhaupt Ihre Aufgabe?

Ein Muster hat immer einen versteckten Nutzen. So verrückt es auch klingen mag, fragen Sie sich: »Welchen Vorteil hat der andere aus der Situation? Welchen verborgenen Vorteil habe ich aus der Situation?«

Der gute Weg: Was Sie als Partner tun können

- SELBSTERFORSCHUNG: Der Weg, ein unbewusstes Muster zu beenden, liegt darin, es bewusst zu machen. Es zu erkennen, zu verstehen und von allen Seiten zu beleuchten. Denn ab diesem Moment wird es zu einem

»bewussten Muster« und kann von Ihnen mit dem Wachverstand bemerkt werden. Erst ab dann haben Sie eine Mitsprache- und Vetomöglichkeit.

Vielleicht haben Sie, bei in Ihnen erahnten Mustern, bisher ganz besonders versucht, solche Situationen nicht mehr aufkommen zu lassen – und als läge genau darin eine Zauberkraft, kam es am Ende dennoch immer wieder dazu. Doch diese scheinbare Zauberkraft hat einen ganz realen Hintergrund: Alles, was Sie besonders dringend vermeiden möchten, versorgen Sie besonders kraftvoll mit Ihrer Aufmerksamkeit. Wenn Sie zum Beispiel denken: »Ich möchte nie wieder einen Partner haben, in dessen Augen ich schon von Anfang an das Leid ablesen kann«, werden Sie in den Augen aller potenziellen Partner danach suchen. Sie passen auf wie verrückt und entscheiden sich für den mit den lustigsten Augen. Und am Ende kommt es dennoch wieder so, wie es schon früher war, weil das Leidmuster in diesem Fall nicht in den Augen erkennbar war.

So herum geht es also nicht. Der gute Weg ist, zu erforschen, was in Ihnen selbst zu diesem Thema vorhanden ist. Hier können Sie den Magneten verändern, der die bislang passenden Muster angezogen hat. Im Fall des »Liebe ist Leiden«-Irrtums gibt es zwei wichtige Schlüssel.

- AUSRICHTUNG ÄNDERN: Füttern Sie diese Idee in Ihrem Leben unbewusst mit passenden Geschichten oder sehen Sie gern Filme oder lesen Bücher, in denen es so abläuft? Suchen Sie die Nähe von Menschen, die Ihnen diese Geschichte immer wieder erzählen? Oder stellen Sie sich zumindest dafür zur Verfügung? Das würde das verborgene Überzeugungsmuster füttern, bis Sie es unterbinden.

- VERGANGENHEIT BEERDIGEN: Erforschen Sie, ob etwas Prägendes, das Sie früher in Hinsicht Leid und Liebe erlebten, für heute tatsächlich eine Bedeutung hat. Vielleicht erkennen Sie auch, dass ein »Damals« nur so lange existiert, wie Sie selbst daran glauben, dass es existiert. Solange Sie denken, dass Sie selbst die Erinnerung wären, so lange hat die Erinnerung eine Kraft. Sobald Sie erkennen, dass eine Erinnerung nichts mit Ihnen zu tun hat, weil es nur eine alte, neu hervorgeholte, nicht mehr reale Geschichte ist, werden Sie freier.

Sie könnten alles, was vor dem Hier und Jetzt war beerdigen. Nehmen Sie Abschied von den alten vertrauten Gefährten in Ihrem Kopf. Nehmen Sie Abschied von all den Beziehungen und Leidmomenten. Achten Sie sie. Gewähren Sie den letzten Gefühlen dazu ihren Raum. Und dann werfen Sie eine Handvoll Erde darauf und verlassen Sie den Friedhof. Denn da draußen wartet ein neues Leben auf Sie, mit neuen Menschen, denen Ihre Vergangenheit egal ist.

Sie selbst existieren in Wahrheit nur heute.

Liebe bedeutet kein Leid.
Liebe ist die vollkommene Abwesenheit von Leid.

Der neunte Irrtum:
»Liebe bedeutet, Emotionen zu erleben«

»Wenn in einer Partnerschaft keine Gefühle da sind, ist sie tot.
Das darf nicht sein.
Zwischen uns darf es nicht langweilig werden!
Sonst spüren wir uns nicht mehr
und dann verlieren wir uns vielleicht.
Ich muss dafür sorgen,
dass Gefühle und Emotionen da sind.«

Es gibt viele Ideen darüber, was Liebe und Partnerschaft bedeutet und wie es sich anfühlen sollte. Eine davon erzählt die Geschichte, dass Lebendigkeit gut und Stille eher nicht gut wäre. Nun wird das Voranschreiten gegenseitiger Vertrautheit immer dazu führen, dass der Partner sich irgendwann »gewohnt« anfühlt. Nach Jahren des Zusammenseins wird man sich anders erleben als zu Beginn.

Falls im Unterbewusstsein ein Muster mit der Idee abläuft, dass emotionale Ruhe bedeuten würde, die Liebe wäre nicht mehr da, könnte genau dieses Muster dafür sorgen, dass ständig neue anstrengende emotionale Situationen entstehen. Dann laufen beide unbewusst den Gefühlen und Emotionen hinterher, und die Gefühle und Emotionen werden ihr Leben steuern. Weil viele davon dem Unterbewusstsein entspringen, wird dann zum großen Teil das Unterbewusstsein ihr Leben steuern.

Woran Sie den
»Liebe ist Emotionen«-Irrtum erkennen

Wieder geht es nicht darum, etwas gegen Gefühle oder Emotionen in Beziehungen zu sagen. Sie sind ein Bestandteil des Zusammenseins, so wie Mehl ein Bestandteil von Kuchen ist. Worum es geht, ist, den Dingen ihren richtigen Platz zu geben, damit Störungen verschwinden können. Folgende Details können Hinweise sein, dass sich das Herbeiführenwollen von Emotionen als Idee von Liebe selbstständig gemacht hat.

- Wenn ein Partner den Vorwurf äußert, die Beziehung wäre langweilig oder ohne Impulse.
- Wenn ein Partner Dinge macht, die künstlich Probleme erzeugen. Einfach nur, damit ein Problem da ist, über das man sich dann emotional austauschen kann.
- Wenn Leidenschaft und Nähe sich mit Abstand und Abwehr abwechseln.
- Alle Formen des berühmten »Streit wegen nichts«.
- Gegenseitiges oder einseitiges Eifersüchtigmachen als unbewusster Versuch, Lebendigkeit in die Beziehung zu bekommen.
- Heute Ja, morgen Nein, heute rechts, morgen links. Unberechenbares, unstetiges Verhalten dem Partner gegenüber, wobei dieser sich oft unter Beobachtung fühlt, wie er wohl darauf reagiert.

DAS FÜNFTE GEHEIMNIS DES SPIEGELS: LIEBE?

Wie der »Liebe ist Emotionen«-Irrtum entsteht

Manche Menschen haben noch nie oder sehr selten beding-
ungslose Liebe erlebt. Sie hatten vielleicht eine Kindheit mit Eltern, die selbst nicht wussten, was Liebe wirklich ist, weil auch sie es nie erfahren haben. Stattdessen
gab es häufig Konflikte. Vielleicht hatte einer ständig
Angst, vom anderen verlassen zu werden, weil dieser ihm
sogar damit drohte. Oder es gab oft emotional ausge-
prägte gegenseitige Vorwürfe.

Solche Formen von Mann-Frau-Beziehungen speichert
ein zusehendes Kind in sich ab. Und das Unterbewusstsein liebt es, im Erwachsenenalter genau das zu reproduzieren, was es kennt.

DER RING DER WEISHEIT

*E*in mächtiger und weiser König stellte seinen Hofgelehr-
ten folgende Aufgabe: »Ich versuche, mein Reich gerecht
zu regieren«, erklärte er ihnen. »Doch manchmal stehen mir
meine Emotionen und Gefühle dabei im Wege. Manchmal bin
ich traurig oder zornig oder voller Übermut. Das beeinflusst
meine Entscheidungen. Ich gebe euch die Aufgabe, eine Lösung für mein Problem zu ersinnen.«
Die Weisen zogen sich zurück. Nach einigen Tagen Berat-
schlagung ersuchten sie um Audienz.
»Wir haben eine Lösung gefunden, Herr«, sagte der Älteste
und hielt seinem Herrscher ein rotes Kissen entgegen, auf
dem ein goldener Ring lag. »Wenn wieder diese Emotionen kommen, nehmt einfach den Ring ab und seht ihn
Euch an.«

Der König nahm den Ring entgegen und entdeckte auf der Innenseite eine Inschrift: »Warte ab, bis es vorüber ist. Und erst dann entscheide dich.«

Wie das Muster sich selbst erfüllt

Wenn Emotionen am Werk sind, ist der gesunde Menschenverstand zurückgedrängt. Emotionen übernehmen das Ruder, als hätte auf der Brücke eines Schiffs der Kapitän gewechselt. Die Emotionen selbst sind nicht intelligent, sie können nicht darüber nachdenken, ob sie die Wahrheit sind und das Richtige tun. Sie suchen einfach nur andere Emotionen.

Für ein aktives »Liebe ist Emotionen«-Muster ist jede Reaktion des Partners ein Beweis dafür, dass man dem anderen noch etwas bedeutet. Und damit eine Sicherheit, dass man nicht verlassen wird. Also versucht das Muster immer weiter und auf unterschiedlichste Arten, positive oder negative emotionale Situation zu erzeugen. »Wenn sie auf mich reagiert, sind wir noch verbunden. Also muss ich sie zum Reagieren bringen. Falls nicht im Guten, dann notfalls auch anders.«

Ein großer Teil verrückt wirkender Beziehungsabläufe wird verständlich, wenn Sie wissen, dass es diesem Muster gar nicht darum geht, harmonisch und geliebt zu sein. Dem »Liebe ist Emotionen«-Muster kommt es nur darauf an, dass Emotionen aller Art stattfinden.

Sie haben bestimmt schon von Scheidungen gehört, in denen sich die Partner, selbst nach vollzogener Trennung, noch ständig sinnlos weiter streiten. Das ist oft eine Folge des verborgenen Musters »Wer noch auf mich reagiert, in dessen Leben habe ich noch einen Platz. Und diesen Platz gebe ich freiwillig nicht her.«

Oder man hört am – vielleicht dramatischen – Ende einer Beziehung die Erklärung, jemand hätte dies oder das »aus Liebe getan«, obwohl es eine ungute, völlig widersinnige Handlung war.

Die Kraft, die den negativen Emotionen ihre Macht
über die Beziehung und das Leben nimmt,
ist die Klarheit.
Auf die Emotionen haben Sie wenig Einfluss.
Auf Ihre Klarheit hingegen schon.

Der Spiegel des Verhaltens:
Was Sie als Partner für sich ablesen können

Falls der andere sich wie beschrieben verhält, könnten Sie sich fragen: »Warum habe ich es angezogen? Welche Rolle in einem solchen Muster erfülle ich selbst? Biete ich die geeigneten Reaktionen an, sodass sich Emotionen und Drama aufschaukeln können? Bin ich innerlich klar oder bin ich in mir unklar?«

Unklarheit in Beziehungen erzeugt Drama. Der andere weiß nicht, woran er ist, und das aktiviert in ihm Gefühle und Emotionen wie Angst, Abwehr, Misstrauen, Unsicherheit.

Jemand in diesem Zustand ist vom anderen abhängig. Liebt ein Teil von Ihnen das? Oder ist es andersherum

9. DER »LIEBE IST EMOTIONEN«-IRRTUM

und Sie sind das Opfer der Unklarheit? Dann könnte das Muster des anderen gerade versuchen, Sie emotional abhängig zu halten.

Der gute Weg: Was Sie als Partner tun können
Gehen Sie nicht mehr auf die Idee ein, es müsse unbedingt lebendig und aufregend und dramatisch sein. Das ist nicht Liebe. Erkunden Sie stattdessen, was Liebe von allen anderen Gefühlen unterscheidet. Erforschen Sie, was Liebe ist und was im Gegensatz dazu Beziehung ist.

Beobachten Sie, was in Ihren Beziehungen geschieht und stellen Sie immer wieder die eine Frage: »Ist das Liebe?«

Das Wesen von Beziehung ist,
dass einer vom anderen etwas will.
Das Wesen von Liebe ist,
dass keiner vom anderen etwas will.
Das Wesen einer Liebesbeziehung ist,
dass zwei Menschen versuchen,
diese beiden Tatsachen miteinander zu verbinden.
Und ein Beziehungsdrama entsteht,
wenn sie zwischen beiden Zuständen hin- und herpendeln.
Ihre Bewusstwerdung beendet dieses alte Muster.

Der zehnte Irrtum:
»Liebe bedeutet Vater, Mutter, Kind«

»Die Vollendung von Liebe zwischen Menschen ist die Familie.
Ein Blick in die Augen von Kindern ist ein Blick in die reine Liebe.
Wenn unsere Liebe weniger wird, könnte das ein Zeichen sein.
Vielleicht sollten wir Kinder bekommen?«

Es gibt die Beziehung zwischen Ihnen und Ihrem Partner. Und es gibt vielleicht einen Wunsch nach Kindern.
Falls Sie beides unwissentlich miteinander vermischen,
könnte eine Geschichte innerhalb Ihrer gemeinsamen
Beziehung entstehen, die Sie so nie wollten. Eine Geschichte, die möglicherweise ganz anders verlaufen würde,
wenn alle Dinge den richtigen Platz hätten.

Woran Sie den
»Liebe ist Kinder«-Irrtum erkennen

Beim Ansehen dieses Themas geht es nicht darum, einen
Kinderwunsch zu bewerten. Ob, wann und in welcher
Konstellation ein Mensch Kinder in seinem Leben haben
möchte, ist einzig Teil seines eigenen Weges. Beim »Liebe
ist Kinder«-Irrtum geht es um ein Gedankenmuster, das
sich in eine Beziehung drängen kann und einem oder beiden Partnern eine Problemlösung oder eine Idee zur Erfüllung einer Liebessehnsucht vorschlägt, die so nicht
stimmt. Ob die Idee, Kinder zu haben, nicht aus dem
Herzen, sondern als Lösungsmodell für die Verbesserung
der Beziehung auftaucht, erkennen Sie am Zeitpunkt:

10. DER »LIEBE IST KINDER«-IRRTUM

- Wenn der Wunsch in Erscheinung tritt, während die Beziehung gerade eine Belastung erfährt, läuft eine verborgene Lösungsidee ab.
- Falls er auftaucht, wenn ein Partner Angst vor Verlust des anderen oder Alleinsein hat, ist er wahrscheinlich auch ein Lösungsmodell des Unterbewusstseins.
- Falls die Idee auftaucht, wenn das Alter voranschreitet, kann es der Angst entspringen, einen unkorrigierbaren Lebensfehler zu machen.
- Falls ein Kinderwunsch als Lösungsidee für soziale Anerkennung in der Gesellschaft oder im Verwandtschaftssystem auftaucht, könnte man sein Herz befragen, ob es wirklich ein eigener Wunsch ist.
- Falls die Beziehung belastet ist und schon Kinder da sind und einer den Wunsch nach weiteren Kindern äußert, kann dahinter die Idee ablaufen, die Familienidee doch noch zu retten, indem man sich eine weitere gemeinsame Aufgabe hinzufügt.
- Wenn der Kinderwunsch auftaucht, weil der Partner mit einem Expartner bereits gemeinsame Kinder hat, könnte ein unbewusstes Lösungsmodell ablaufen, das einen gleichwertigen Platz an seiner Seite erzeugen möchte.

Kurz gesagt: Immer dann, wenn die Idee, Kinder zu haben, als Lösung für ein scheinbares Problem im Hier und Jetzt auftaucht, ist das ein Hinweis, dass ein »Liebe ist Kinder«-Irrtum ablaufen könnte.

Wie der »Liebe ist Kinder«-Irrtum entsteht

Der Irrtum entsteht durch eine unterbewusste und ungeprüfte Gedankenkette. Wenn in einer Partnerschaft Gefühle von Stillstand, Rückschritt, Leere oder einem Rückgang an Lebendigkeit und Liebe aufkommen, denkt der Verstand natürlich über mögliche Ursachen und Wege zur Abhilfe nach. Das Unterbewusstsein wirkt dabei kräftig mit, und hinsichtlich eines Mangels an guten Gefühlen denkt es ähnlich einfach wie hinsichtlich eines Mangels an Essen, Wärme oder Sicherheit: Ein Mangel muss beseitigt werden. Und das macht man durch das »Herbeischaffen« von etwas.

So kommt es zu Gedankenketten wie dieser: »Die Liebe, die Unbelastetheit und die Freude in unserer Beziehung sind irgendwie weniger geworden als zu Beginn. Ein Kind ist reine Liebe, Unbelastetheit und Freude. Wenn wir unserer Beziehung ein Kind hinzufügen, ist wieder Liebe um uns herum.«

Das ist zunächst einmal nur eine Illusion, denn in Wahrheit hat man keine Ahnung, ob mit einem Kind Liebe, Unbelastetheit und Leichtigkeit in die Beziehung kommen. Es gibt viele Fälle, in denen etwas ganz anderes geschieht.

Doch das Unterbewusstsein denkt nicht vielschichtig. Es reflektiert nicht darüber, was es gerade denkt. Es sendet nur Ergebnisse seiner einfachen Gedankenmuster in Form von Impulsen an das Wachbewusstsein. Und so fühlen ein oder beide Partner vielleicht ganz unvermittelt die Idee aufkommen: »Ich glaube, wir sollten Kinder haben.«

Und als wäre dies endlich eine Lösung für die schon länger schwelenden Probleme, denkt der Verstand: »Danke! Endlich ist etwas beschlossen. Jetzt kann ich aufhören, andauernd nachzudenken, was in unserer Beziehung nicht stimmen könnte und was ich tun soll.«

Hat man gute Erinnerungen an seine eigene Kindheit, weil man Liebe, Unbeschwertheit und Freude erleben durfte, speicherte das Unterbewusstsein die Konstellation »Eltern mit Kind« als Lösung für ein gutes Leben ab. »So habe ich es erlebt und es war eine glückliche Zeit. Ich möchte, dass wir beide auch so glücklich leben. Deshalb sollten wir diese Situation herstellen. Was meinst du dazu?«

Wie schon gesagt, sind diese Ausführungen nicht gegen einen Kinderwunsch gerichtet, sondern nur ein Hinweis darauf, wie ein Irrtum zum Thema Liebe entstehen kann. Damit man nicht später aufwacht und sich fragt, wie alles so kommen konnte.

Wie das Muster sich selbst erfüllt

Ein Muster erfüllt sich selbst, wenn am Ende die Überzeugung des Musters auch praktisch eintritt. Falls ein Muster einem Irrtum folgt, wird man am Ende erleben, dass es ein Irrtum war. Nicht als Strafe, sondern weil es die vom Leben vor Augen geführte Möglichkeit ist, das Muster zu durchschauen und künftig davon frei zu werden.

Manchmal wirkt das »Liebe ist Kinder«-Muster so stark, dass ein Mensch unbedingt ein Kind möchte, fast egal, was er dafür tun müsste. Dann macht sich der Kinderwunsch sogar von einem bisherigen Partnerideal unabhängig oder beendet eine bestehende Partnerschaft. Oder es entstehen Kinder mit einem Partner, mit dem man es nicht wollte. Oder schneller, als man wollte. Das Muster steuert als Kraft im Hintergrund den Zustand von »Leben mit Kindern« an.

Wenn man für sich alle Gründe geprüft hat, die eigentlich ein Lösungsmodell sind, und nichts davon zutrifft, weiß man zumindest, dass man nicht unbewusst unerfüllbare Erwartungen mit dem Kinderplan verbunden hat. Dann könnte es eine wirkliche Herzenssehnsucht sein.

Der Spiegel des Verhaltens:
Was Sie als Partner für sich ablesen können

Falls Ihr Partner Sie mit seinem Kinderwunsch konfrontiert, ist das keine Kleinigkeit, zu der man mal eben Ja oder Nein sagt. Es setzt bei Ihnen beiden tiefe Prozesse in Gang. Zur Unterstützung Ihrer eigenen Klarheit könnten Sie genau hinsehen, was dieser Wunsch des anderen mit Ihnen macht. Falls die Gedanken und Gefühle abwehrend sind, könnten Sie in sich selbst Folgendes nachforschen:

Entweder gibt es eine Verletzung in Ihrer Vergangenheit, die durch den Wunsch des Partners als Muster anspringt. Beispielsweise das Erlebnis eines unglücklichen Familienlebens als Kind. »Das will ich nicht auch selbst produzieren und dann noch mal erleben müssen.« Oder etwas, das Sie sich vom Leben ersehnen, wird dadurch bedroht. Vielleicht das Gefühl von Freiheit. Ein Reise, eine Karriere oder ein anderer großer Lebenswunsch. Dann hätten Sie die Entscheidung für einen Verzicht zu treffen. Das kann auch eine gute Entscheidung sein.

Wenn Sie nichts entscheiden, entscheidet das Leben für Sie. Oder besser gesagt: das Unterbewusstsein. Falls Sie selbst entscheiden möchten, machen Sie sich den Preis bewusst, und falls Sie ein Ja geben, dann tun Sie es nicht halbherzig. Geben Sie es voll und ganz. Und geben Sie auch dem Preis, den dieses Ja kostet, voll und ganz ein Ja. Dann belastet der Preis nicht die weitere Beziehung. Dann werden Sie nicht irgendwann Ihrem Partner, dem Kind oder dem Leben vorwerfen, eine große Reise, eine Karriere oder etwas anderes geopfert zu haben. Mit einem wirklichen Herzens-Ja haben alle von Anfang an eine große Last weniger.

Falls Sie in sich ein Nein zu Kindern finden, rufen Sie sich in Erinnerung, dass Sie erwachsen und frei sind und kein anderer Mensch auf diesem Planeten über den Weg Ihres Lebens zu entscheiden hat, außer Ihnen selbst. Kinder und ein Leben in Liebe und Glück sind nicht zwingend miteinander verbunden.

Der gute Weg: Was Sie als Partner tun können

Ein guter Weg bei so einem bedeutsamen Thema ist, den anderen nicht hinzuhalten oder etwas vorzutäuschen, nur weil man selbst nicht weiß, was man will oder weil man Verlustangst hat. Ein auf diese Weise schwelendes ungeklärtes Thema belastet eine Partnerschaft enorm. Sie können nicht frei und freudig miteinander umgehen, wenn ein lebensbestimmendes Thema ohne Entscheidung zwischen Ihnen schwebt.

Man kann immer eine Entscheidung treffen. Zum Beispiel die, dass man es jetzt nicht entscheiden muss. Dass

Sie ein Kind möchten, können Sie in dem Moment entscheiden, wenn Sie jetzt auch wirklich eines möchten. Sie müssen nicht jetzt eine Entscheidung für einen Termin in drei Jahren treffen. Jetzt ist jetzt. Und dafür finden Sie eine Antwort, der Sie beide zustimmen. Und später kommt wieder ein Jetzt, in dem Sie sich erneut fragen können.

Bringen Sie Ihre wichtigen Beziehungsentscheidungen
möglichst ins Hier und Jetzt.
Dann vermeiden Sie den Druck,
sich mit Entscheidungen zu beschäftigen,
die nur theoretisch sind.

DAS SECHSTE GEHEIMNIS DES SPIEGELS:

BEWUSSTWERDUNG

Die Lösung aus den »Problem-Ichs«

*»Fast immer, wenn es um schwierige Situationen geht,
taucht ein Wort am häufigsten auf: ›Ich‹.
Und dann kommt das ›Du‹ und das Thema ›Schuld‹.
Ich merke oft, wie sich das steigert und wie es mich aggressiv macht.
Und dennoch finde ich dann den Weg heraus
in die Freiheit nicht.«*

Liebe verbindet deshalb auf so wundervolle Weise, weil sie zwei getrennten Persönlichkeiten das Gefühl gibt, zu einem einzigen Wesen zu werden. Zu einem »Wir«.

In einer Partnerschaft wechseln sich der Teil, der die Liebe ist, und der Teil, der die Beziehung ist, ab. Immer wenn die einzelnen Ichs zurückkommen, verschwindet die Liebe. Und wenn die Liebe verschwindet, wird es oft kompliziert, anstrengend oder unerfüllend. Finden Sie heraus, wie das abläuft, erleben Sie die Befreiung aus dem unerquicklichen Kreislauf.

Wie zwei Ichs sich finden

Alleinsein ist »Ich«. Zusammensein ist »Wir«. Die Gemeinsamkeiten sind die tiefe gefühlte Verbindung zwischen zwei Partnern. Deshalb entdecken beide am Beginn ihrer Beziehung zunächst ganz besonders die als positiv empfundenen Gemeinsamkeiten. »Wir sind uns in so vielem so ähnlich.« Dieser Gedanke macht glücklich.

Doch warum sollte das Ähnlichsein nur auf die spürbar angenehmen Eigenschaften begrenzt sein? Wenn Sie sich aufgrund von Resonanz angezogen haben, hat niemand zuvor diese Resonanz auf »besonders positive Einzelqualitäten« beschränkt. Es zieht sich an, was zueinander passt.

DAS SECHSTE GEHEIMNIS DES SPIEGELS: BEWUSSTWERDUNG

Und zusammen passt alles, was aufeinander reagiert und miteinander schwingen kann.

Falls Sie in Ihren Beziehungen oder in sich selbst Wiederholungen oder andere Zustände bemerkt haben, von denen Sie gern frei sein würden, wird Ihnen das Wissen um das Ich und die Formen, die es in Partnerschaften annehmen kann, viele bedeutende Erkenntnisse bringen.

Was ist ein Ich?

Die Summe aller Gedanken und Gefühle eines Menschen erzeugen das, was man eine Weltsicht nennt. Eine Wahrnehmung des Lebens. Im alltäglichen Leben können verschiedene Menschen im selben Moment nebeneinanderstehen und dieselbe Situation völlig unterschiedlich wahrnehmen. Über diesen Effekt der individuellen Wahrnehmung haben Sie vielleicht schon bei Unfall- oder Verbrechenszeugen gehört. Doch auch ohne dramatische Vorfälle erleben Sie diese Tatsache täglich im Umgang mit anderen Menschen. Zwischen dem, was Sie gesagt haben, und dem, was der andere gehört und verstanden hat, können Welten liegen. Die Welt eines Ichs ist also nicht identisch damit, wie die Realität in Wahrheit ist. Sie ist immer nur das, was die Gedanken eines Menschen über seine Erlebnisse denken. Solche Meinungen können sich auf kleine Details beschränken oder auf größere Zusammenhänge.

Armin und der Weg der Widder

Armin Becker, ein vierzigjähriger Mann, hatte bisher drei längere Partnerschaften. Im Moment war er Single, weil er wieder einmal verlassen wurde. Die letzten beiden Beziehungen liefen aus seiner Sicht nach einem ähnlichen Muster ab, wobei besonders auffallend war, dass Armin sich am Ende verletzt und betrogen fühlte. Armin hatte über Gründe nachgedacht, und weil es nicht einfach ist, Gründe in sich selbst zu finden, hatte er einige Gründe in den Frauen und den äußeren Umständen entdeckt. Weil sich Armin auch ein wenig für spirituelle Themen interessiert, fiel ihm auf, dass beide Frauen dasselbe Sternzeichen hatten: Widder. Er selbst ist Jungfrau, und irgendwo hat er gelesen, dass Widder und Jungfrau nicht gut harmonieren. Das konnte er aus vollem Herzen bestätigen.

Armins Verstand merkte sich also folgende Überzeugung: »Ich hatte zwei Beziehungen mit Frauen, die im Sternzeichen Widder geboren waren. In beiden Fällen hat es mir am Ende einfach nur wehgetan.« Weil unbeaufsichtigte Gedanken dazu neigen, etwas schlampig zu werden oder extrem zu vereinfachen, entstand in Armin die Überzeugung: »Frauen mit dem Sternzeichen Widder passen nicht zu mir.« Wieder einige Zeit und viele Gespräche mit anderen später, wurden Armins Gedanken noch einfacher und grundsätzlicher: »Widder sind schwierig.« Noch etwas später haben sich zu der Überzeugung entsprechende Gefühle gesellt, die es dann dramatisch deutlich ausdrücken: »Oh Gott, Finger weg von Widdern!« Damit hatte Armins Verstand eine grundlegende Weltsicht über ein Sternzeichen erschaffen. Eines Tages traf Armin nun eine Frau, die ihn, wie man so schön sagt, wegfegte. Marie Zimmermann, der Traum seiner Träume, stand vor ihm. Er verliebte sich so spontan in sie und sie sich in ihn, dass er

DAS SECHSTE GEHEIMNIS DES SPIEGELS: BEWUSSTWERDUNG

vollkommen vergaß, sich nach dem Sternzeichen zu erkundigen. Alles fühlte sich einfach nur gut und richtig an, und es entstand eine wundervolle, von Schönheit und Achtsamkeit getragene Beziehung. Als Armin nach einer Weile fast zufällig erfuhr, dass seine Marie Stern-zeichen Widder mit Aszendent Widder ist, traf ihn fast der Schlag. Seine ganze bisherige Weltsicht geriet nicht nur ins Wanken — sie zerbrach in wenigen Momenten. Soll er die Frau aus seinem Leben stoßen? Keinesfalls. Alles war besser als je zuvor in einer Beziehung, Was aber tat Armins Verstand? Er änderte schlagartig die Weltsicht zum Thema Sternzeichen. Doch nachdem er zuvor Beweise erlebt und erzählt hatte, dass Widderfrauen gar nicht zu ihm passen, konnte sein Verstand nicht plötzlich denken, dass Widderfrauen die besten wären. Also kam eine neue Idee: »Sternzeichen spielen in Wahrheit gar keine Rolle.«

Wann immer von nun ab jemand mit Armin über die Bedeutung von Astrologie diskutieren wollte, winkte er nur ab und berichtete von seiner aktuellen persönlichen Erfahrung. Ein neues Ich zum Thema: »Was in Beziehungen wichtig ist«, hatte sich gebildet.

Die Summe vieler kleiner Gedanken wird eine Meinung. Die Summe vieler kleiner Meinungen zu einem Thema wird eine Sichtweise. Und die Summe vieler Sichtweisen zu vielen Themen wird eine Weltsicht.

Diese Weltsicht erzeugt Gefühle zu allem, was man wahrnimmt und was einem widerfährt. Zu diesen Ge-fühlen gesellen sich passende Gedanken, und wenn diese Kombination einige Male durch das Leben bestätigt wurde, ist die Verbindung stabil. Dann ist es ein Ich. Eine Persönlichkeit.

Nahezu alle als charismatisch empfundenen Persönlichkeiten haben besonders klare Meinungen. Sie stehen für etwas. Dabei spielt es, wie die Geschichte zeigt, eine untergeordnete Rolle, wofür genau sie stehen und ob es auch stimmt. Die Persönlichkeit wirkt deshalb stark, weil sie so überzeugt und klar von ihrer eigenen Meinung zu einem Thema ist.

Bei einem starken Ich geht es also nicht um Wahrheit oder Unwahrheit, sondern um Klarheit oder Unklarheit. Jemand kann klar eine völlige Unwahrheit vertreten – und viele werden ihm glauben und folgen. Einfach weil er selbst so sehr davon überzeugt ist.

Die Überlebensnahrung eines Ichs

Die Gedanken eines Ichs über die Welt haben sich aus Erlebnissen in der Welt gebildet. Deshalb brauchen Ichs für ihr weiteres Überleben etwas grundlegend Wichtiges: die Bestätigung, dass sie richtig sind. Denn würde das Leben diesen Gedankenmustern ständig das Gegenteil der bisherigen Erfahrungen zeigen, so könnten die Muster sich nicht erhalten. Irgendwann müsste dann die Erkenntnis kommen: »Ich glaube, es ist einiges ganz anders, als ich bisher dachte.« Und dann würde sich das Ich verändern oder sogar auflösen müssen.

Nun gibt es Ichs, deren Erfahrungen so intensiv waren und so oft vom Leben bestätigt wurden, dass nahezu nichts ihre Weltsicht und ihr Verhalten noch ändern kann. Alles, was neu hinzukommt, wird so wahrgenommen oder innerlich verändert, dass es sich in das bestehende Weltbild einfügt. Man sagt dann auch: »Er will nur hören, was er hören will.«

In Armins Fall hätte er also auch sagen können: »Ich bleibe dabei: Jungfrauen und Widder passen nicht zusammen. Aber ich selbst und Marie, wir sind eine große und besondere Ausnahme von der Regel.« Dann hätte Armins Ich das neue Erlebnis genutzt, um sich selbst größer zu machen, anstatt die alte Überzeugung abzulegen.

Manchmal braucht es ganz besondere Ereignisse, um einem Menschen zu helfen, eine alte Ich-Identitätsschale zu verlassen. Das sind dann die Momente im Leben, die man als bedeutsame Umbrüche kennt. Erschütterungen wie Verlust oder Krankheit, aber auch große Glücksfälle rütteln am bisherigen Weltbild und lösen die alten Gedankenmuster auf.

In einer Beziehung ist ein Ich
immer daran interessiert,
dass Sie es mit dem versorgen,
wovon es überzeugt ist oder was es kennt.
Es sucht Bestätigung seines Weltbildes,
nicht dessen Auflösung.

Wie ein »Problem-Ich« entsteht

Es gibt einen Unterschied zwischen den weiter vorn im Buch beschriebenen »Knöpfen«, die unangenehm gedrückt werden können, und einem Problem-Ich. Solche Knöpfe sind unterbewusste Prägungen und reagieren wie ein Reflex. Das Muster wartet still auf eine bestimmte Situation. Wenn es aktiviert wird, läuft es immer gleich ab und verschwindet irgendwann auch wieder. Sie erleben das bei Ihrem Gegenüber deutlich als »vorübergehende Veränderung«. Er ist für eine begrenzte Zeit gar nicht mehr wirklich er selbst, kommt aber später wieder zu sich.

Ein »Ich« ist eine stabile Verbindung von Gedanken und Überzeugungen, die zu einem immer ähnlichen Handeln führt. Dann kennen Sie einen Menschen vielleicht gar nicht anders als »immer leidend«, »immer hilfsbedürftig« oder »immer im Widerstand«.

So eine stabile Verbindung von Gedanken, Gefühlen und Handlungen entsteht, weil der Mensch schon früh erkannt hat, dass eine bestimmte Verhaltens-, Lebens- oder Beziehungsstrategie besonders gut funktioniert. Oder dass sie das einzig Mögliche war, was funktionierte. Falls eine solche Überlebensstrategie darauf beruht, bestimmte Probleme zu haben oder für andere ein Problem zu sein, hat sich ein »Problem-Ich« gebildet.

Die Kraft des versteckten Nutzens

Ein Gedankenmuster glaubt immer an etwas, von dem es am Ende einen Nutzen haben wird. Finden Sie den heraus – und Sie haben das Muster in der Beziehung erkannt und wissen, wovon es sich ernährt. Weil dieser Nutzen auf den ersten Blick vielleicht unlogisch erscheint oder kaum sichtbar ist, nennen wir ihn den »versteckten Nutzen«.

Im Beispiel von Stefanie, Matthias und dem Putzen könnte man auf den ersten Blick sagen: Die beiden ärgern sich doch nur gegenseitig. Sie putzt und Matthias mag es nicht. Je mehr sie putzt, umso weniger mag er das. Das Putzen erzeugt also Abstand, obwohl Stefanie sich innerlich nach Nähe sehnt. Selbst wenn Matthias ihr dies sagt, macht sie weiter. Eigentlich müsste ihr doch klar sein, dass sie damit die Beziehung verschlechtert statt verbessert. Und dennoch tut sie es weiterhin, weil ein unbewusster Teil ihres Ichs davon einen versteckten Nutzen hat. Wie könnte dieser aussehen?

- »Solange ich putze, sieht er, wie fleißig ist bin und dass ich meinen Beitrag zu unserer Beziehung leiste.«
- »Solange ich putze, während er da ist, muss ich die Leere zwischen uns nicht spüren.«
- »Wenn ich putze, habe ich immerhin das Gefühl, etwas zu schaffen und etwas wert zu sein. Ein Gefühl, das mir mein Partner nicht vermittelt.«
- »Wenn ich putze, habe ich die Kontrolle über etwas, das unsere Partnerschaft – zumindest am Rande – betrifft: eine saubere und ordentliche Umgebung.«

DIE KRAFT DES VERSTECKTEN NUTZENS

- »Während ich putze, muss ich nicht nachdenken.«
- »Solange ich mit etwas beschäftigt bin, wird er sich eine Beschäftigung für sich suchen, und dann muss ich nicht neben ihm und seinen Anforderungen an mich sitzen.«

Der wesentliche versteckte Nutzen für Stefanie war, wie wir gesehen haben, die Überzeugung: »Wenn ich putze, löse ich in ihm emotional etwas aus. Vielleicht wird es irgendwann Lob und Anerkennung sein. Dann sieht er mich. Und vielleicht bemerkt er dabei plötzlich, wie sehr er mich liebt, und er umarmt mich und hilft mir.«

Das scheinbar sinnlose Putzen hat also einen Nutzen für Stefanies Muster. Und gleichzeitig möchte sie es gar nicht tun müssen. Im Herzen würde sie gern einen liebevollen, verständnisvollen Partner an ihrer Seite haben, dem sie nichts beweisen muss. Jemand, neben dem sie einfach sein darf, ohne Anforderungen erfüllen zu müssen. Stefanie war wirklich überrascht, als der Berater Morego ihr den versteckten Nutzen aufzeigte. Ein Ich ist immer überrascht, wenn es seine eigenen Muster zu sehen bekommt. Wenn es die Unlogik und den Widersinn des eigenen Handelns erkennt.

Wir sehen uns dies hier auch nicht an, um später einem anderen Menschen seine Muster vorhalten zu können. Dass dies nur Abwehr auslösen würde, können Sie leicht nachvollziehen, wenn Sie sich selbst in die Lage versetzen, der andere würde Ihnen Ihre Muster vorhalten. Wir sehen es uns an, um zu verstehen. Weil Verstehen am Ende Liebe ist. Und wenn Liebe da ist, hat eine Beziehung eine Zukunft.

DAS SECHSTE GEHEIMNIS DES SPIEGELS: BEWUSSTWERDUNG

Würde Matthias verstehen, in welcher inneren Not seine Partnerin Stefanie steckt, würden sein Ärger und die Genervtheit über ihr Verhalten möglicherweise verschwinden. Dann müsste er es nicht innerlich erdulden, sondern könnte es annehmen lernen. Und dabei würde er vielleicht seinen eigenen Anteil an der Situation erkennen. Das wäre der tiefe Spiegel in der Geschichte. Vielleicht würde sich Matthias nach so einer Erkenntnis vor seiner putzenden Frau nicht zurückziehen, sondern sie still umarmen.

Je besser Sie das Prinzip des versteckten Nutzens verstehen, umso durchsichtiger werden Verhaltensweisen, die man ansonsten kaum verstehen kann. Und wenn etwas durchsichtig wird, kann es nicht mehr verborgen seinen alten, ewig gleichen Dienst tun. Es wird sich deutlich verändern oder gänzlich auflösen.

Die folgenden Grundformen decken die wichtigsten stabilen Ich-Muster ab, denen Sie in Beziehungen begegnen können.

Sieben Formen von Problem-Ichs und die Wege zur Lösung

Für alle folgenden Muster, die in einem Menschen wirken können, gilt: Der gute Umgang in einer Partnerschaft liegt als Erstes darin, dem Problem-Ich des anderen keinen weiteren Widerstand entgegenzubringen. Denn alles, was gegen ein Ich gerichtet ist, macht das Ich nur stärker. Dann muss es, um zu überleben, seine Position behaupten. Es muss sich verteidigen, und dabei wird es aktiver.

246

Die Achtsamkeit im Umgang mit den Verletzungen und Mustern des anderen ist gleichzeitig eine gute Übung für das eigene Wachstum, denn man lernt, sich selbst nicht im anderen und in dessen Geschichten zu verlieren.

Ein weiterer guter Umgang ist es, die Achtung gegenüber dem anderen Menschen zu bewahren. Seine Würde nicht zu verletzen. Niemand kann etwas für die Muster und Programme, die das Unterbewusstsein gebildet hat. Es mag sein, dass man in einer Partnerschaft davon betroffen ist und dass dies nicht schön ist. Dann muss man vielleicht klar werden oder Entscheidungen treffen. Doch gleichzeitig kann man die Achtung bewahren. Und sei es nur, um sie vor sich selbst zu behalten.

Sich dessen während eines Konflikts bewusst zu sein, ist gut. Denn wie Sie in der Geschichte von Simon, Alina und den Umarmungen erlebt haben, gibt es einen Punkt, ab dem etwas unumkehrbar zerbricht. Als würde ein geheimes Band zerreißen, ohne das man später nicht mehr zusammen sein kann.

Das reine »Problem-Ich«

»Das ist ein Problem. So einfach geht das alles nicht.«

Eine Grundaufgabe unserer Gedanken besteht darin, Probleme zu lösen. Das ist Teil unseres Urprogramms, welches dafür sorgen muss, dass immer von allem genügend vorhanden ist. Wenn Gefühle von Hunger da sind, muss

DAS SECHSTE GEHEIMNIS DES SPIEGELS: BEWUSSTWERDUNG

für genug Essen gesorgt werden. Wenn Gefühle von Kälte da sind, muss für genug Wärme gesorgt werden. Wenn Angst da ist, muss für genügend Schutz gesorgt werden. Wenn Einsamkeit da ist, muss für Gesellschaft gesorgt werden. Wenn Liebe fehlt, muss für Liebe gesorgt werden. Und so weiter.

Doch wann ist genug auch genug? Dafür hat der Verstand einen deutlichen Anzeiger: Es ist genug, wenn die schlechten Gefühle verschwinden und die guten Gefühle wiederkommen. Irgendwann fühlt man sich satt und warm und geborgen und nicht einsam. Das legt der Verstand als Zeichen für ein erfolgreiches Handeln aus. Dann weiß er: »Ich habe es richtig gemacht.«

Und falls das nicht eintritt? Falls trotz aller Bemühungen auf einem bestimmten Gebiet keine guten Gefühle kommen? Dann hat der Verstand das Problem nicht gelöst und muss weiter daran arbeiten, »genug« zu bekommen.

Und wenn bestimmte negative Gefühle noch immer nicht verschwinden? Dann entsteht eine Lebenserfahrung, die lautet: »Was immer ich auch tue, die schlechten Gefühle verschwinden einfach nicht. Alle Bemühungen führen immer nur dazu, dass das Problem bestehen bleibt. Was bei anderen vielleicht klappt, nützt bei mir nichts. Ich kann machen, was ich will, es funktioniert sowieso nicht.«

Diese Lebenserfahrung kann ein festes Muster werden. Ein eigenes »Ich«. Eine Problem-Persönlichkeit, die von sich selbst sagt: »Ich bin der/die mit den Problemen.«

Woran Sie es erkennen

Ein aktives Problem-Ich erkennen Sie daran, dass am Ende alles immer nur komplizierter wird. Statt die einfache Lösung zu begrüßen und mit der Umsetzung anzufangen, sucht der Mensch mit einem Problem-Ich erst einmal die Schwierigkeiten.

- »Ja, aber das muss man erst gut durchdenken.« Und dann verläuft es im Sand.
- »Nein, das geht bei mir nicht. Da gibt es Hindernisse, und die muss ich zuerst aus dem Weg räumen.« Und dann geschieht nichts.
- »So einfach ist das nicht, weil ...« Und dann kommen komplizierte Argumente, die einem alle Kraft und Freude nehmen.

Falls doch einmal etwas in Gang kommt, wird es aufwendig umgesetzt, oft auf dem langen und teuren Weg, statt auf dem einfachen und günstigen. Selbst der Weg ist ein Problem.

Verborgene Gedanken und versteckter Nutzen des Problem-Ichs

- »Solange es ein Problem gibt, bin ich wichtig und bekomme Aufmerksamkeit. Schnelle einfache Lösungen hingegen führen zum Ende meiner Wichtigkeit.«
- »Solange ich es problematisch mache, muss ich es nicht tun.«
- »Wenn ich in Problemen denke, kommen Problemlöser. Aus Liebe zu mir.«

Warum sich das Problem-Ich gebildet hat

Wenn von einem Kind viel gefordert wird, entstehen verschiedene Schutzmechanismen, mit dem Ziel, das drängende Verhalten der Eltern abzuwehren. Gleichzeitig entwickelt der kleine Mensch Strategien, um das zu bekommen, was er als Liebe versteht. Probleme zu haben, ist eine solche Strategie für mehr Aufmerksamkeit oder weniger Anforderungen. Auch später, als Erwachsener, hofft das Problem-Ich noch darauf, vielleicht von anderen bemerkt zu werden und Hilfe zu erleben, denn das könnte ja Zuneigung oder Liebe sein.

Das Leben läuft nicht immer so, wie man es gern hätte, und dass es Aufgaben gibt, bei denen man Lösungen finden muss, ist normal. Daraus entsteht noch keine Problem-Identität. Es gibt sehr intelligente Menschen, deren Verstand Probleme liebt, weil er sich selbst daran messen kann. Ein Schachspieler oder Forscher liebt Probleme, weil der Weg zur Lösung Freude macht und das Ergebnis Erfolgserlebnisse bereitet. Das ist kein negativ wirkendes Problem-Ich, denn diese Menschen sind am Finden einer Lösung interessiert.

Ein Problem-Ich bildet sich, wenn der Betroffene glaubt, dass sein persönlicher Nutzen, ein Problem zu erschaffen oder zu behalten, höher ist als der Nutzen, ein Problem einfach und schnell zu beseitigen. »Ich habe Probleme. Das hat eine Bedeutung. Das macht mich zu jemandem.« Das ist die Identität des Problem-Ichs.

I. DAS PROBLEM-ICH

Wovon sich das Problem-Ich ernährt

Das Problem-Ich ernährt sich von Problemen. Deshalb
sucht es in Wahrheit nicht Lösungen, sondern weitere
Probleme. Ein solches Ich ist nicht der Mensch selbst. Es
ist ein selbstständiges Gedankenmuster, das sich vor das
geschoben hat, was der Mensch in Wahrheit ist. Und dafür gibt es drei Gründe.

- »Solange Probleme da sind, unter denen ich leiden
  kann, hat mein Leben einen emotionalen Sinn. Dann
  fühle ich wenigstens etwas.«
- »Wenn ich schon nicht wegen meiner Leistungen be-
  achtenswert bin, dann falle ich den anderen zumindest
  wegen meiner Probleme auf. Vielleicht helfen sie mir
  oder sie bedauern mich zumindest. Das ist meine
  Chance, wahrgenommen zu werden.«
- »Solange Probleme da sind, hat mein Leben auch einen
  rationalen Sinn. Denn so lange habe ich eine Aufgabe
  und eine Daseinsberechtigung. Ich muss das ja lösen.
  Wer wäre ich denn noch ohne meine Probleme?«

Der Spiegel des Verhaltens:
Was Sie als Partner für sich ablesen können

Warum zieht man Problem-Ichs an? Bei fast allen Themen
in Beziehungen ziehen Sie ein Verhalten an, weil Sie daran etwas über sich selbst erkennen können. Es wäre zum
Beispiel möglich, dass es ein verborgener Teil von Ihnen
gar nicht so übel findet, wenn der Partner seine Probleme
hat. Weil Ihr verborgener Teil dann ein Helfer sein kann.
Weil Sie dann gebraucht werden. Und wenn man das

Gefühl hat, der andere würde einen brauchen, glaubt man, das Risiko verlassen zu werden, wäre geringer.

Oder ein Teil Ihres Unterbewusstseins könnte sich glücklich fühlen, dass Sie selbst nicht so ein Problemtyp sind. Immer wenn Sie dann das Problem-Ich des anderen erleben, regt sich zwar ein Teil von Ihnen auf, aber ein anderer Teil fühlt sich gleichzeitig glücklich.

Oder das Problem-Ich des Partners regt Sie so sehr auf, dass Sie seine Probleme zu lösen versuchen. Dagegen wehrt er sich aber und dadurch entsteht auf diesem Gebiet Ihrer Beziehung eine Form von Kampf. Falls Sie gerade den Kampf im Leben lernen sollen, wäre dies der Grund für einen solchen Partner im Leben. Das muss noch nicht einmal negativ sein, denn es kann in die eigene Kraft führen.

Suchen Sie nach einem Nutzen für Ihr Unterbewusstsein. Dann finden Sie die Anziehungskraft für Partner mit Problem-Ichs.

Der gute Weg: Was Sie als Partner tun können

Wenn Sie wissen, aus welchen Gedanken ein Problem-Ich bestehen kann, haben Sie eine gute Chance, dem Muster nicht weiterhin das zu liefern, was es will. Dann ernähren Sie es nicht unabsichtlich weiter. Das Besondere an einem Problem-Ich ist, dass es gar kein Interesse daran hat, seine Probleme zu lösen. Die Probleme sind so sehr ein Teil der Persönlichkeit geworden, dass diese alles dafür tut, um sie zu behalten. Der Mensch wird sich also immer so verhalten, dass sein Problem am Ende doch bestehen bleibt.

I. DAS PROBLEM-ICH

In einer Beziehung ist es unmöglich, ein Problem-Ich durch Lösungsvorschläge auf Dauer in Frieden zu bringen, denn es liebt keine Lösungen, die funktionieren. Sie machen es sogar immer wütender, unsachlicher oder sorgen dafür, dass es sich zurückzieht.

- DIE VERANTWORTUNG ZURÜCKGEBEN: Machen Sie sich weniger Sorgen um die Verantwortung. Sie selbst sind weder der wahre Grund noch der Verantwortliche für dieses Muster. Das Muster überhaupt zu erkennen und es zu verstehen, ist bereits ein großer Schritt. Der nächste gute Schritt wäre, nicht mehr dagegen zu sein. Denn abgelehnt zu werden, das kennt das Muster sehr gut und betrachtet es als Bestätigung für seine Überzeugung: »Ich bin ein Problem.«
- DAS LÖSENWOLLEN LOSLASSEN: Ein weiterer guter Schritt wäre, damit aufzuhören, dies oder das für den anderen lösen zu wollen, denn das wäre nur die Bestätigung für dieses Ich, dass es mit Problemen auch Zuwendung bekommt.
- TRANSPARENZ ERZEUGEN: Und schließlich wäre es hilfreich, dem anderen die Möglichkeit zu geben, selbst das Muster zu verstehen. Woher es bei ihm kommt und was es mit ihm macht. So könnte er erkennen, dass es ein besseres Leben gibt als jenes innerhalb des Musters. Erst dann hat er die Möglichkeit, sich aktiv zu entscheiden, das bessere Leben gemeinsam mit Ihnen entdecken zu wollen. Dieses bessere Leben können Sie Ihnen beiden ein wenig vor Augen führen, wenn Sie selbst sich aus Ihrem Anteil des Musters befreien.

Für jedes bisher gemeinsam gelebte Muster gilt:
Befreien Sie sich selbst,
dann befreien Sie den anderen mit.

Das »Dagegen-Ich«

»Ideen oder gar Anweisungen von anderen?
Dagegen!
Das ist alles ein Versuch, mich zu manipulieren.«

Man wehrt sich nur dann, wenn man sich angegriffen glaubt. Oder bereits vorsorglich, weil man einen Angriff erwartet. Tief im Unterbewusstsein sind solche Erlebnisse von Angriff und Gegenwehr aus der Kindheit gespeichert. Im Leben als Erwachsener und Partner in einer Beziehung ist dieses Muster nicht einfach verschwunden. Es tritt nach vorn, sobald die Beziehung in ihrer Art ähnlich der damaligen Eltern-Kind-Situation wird.

Woran Sie es erkennen

Ein aktives Dagegen-Ich kann oder will nicht näher darauf eingehen, ob etwas gut oder schlecht für es ist. Es interessiert sich nicht wirklich für »richtig« und »vernünftig«. Es trifft seine Entscheidung nach einem einzigen Kriterium: »Werde ich gerade bevormundet oder nicht?« Ein Dagegen-Ich reagiert wie ein Reflex, dem man auch mit Argumenten und Logik kaum beikommt. Sein wichtigstes Wort ist: »Nein!«

Wenn man den Dagegen-Reflex eine Weile in Ruhe lässt, verklingt er wieder, und der Betreffende kann in Ruhe nachdenken. Manchmal fragt er sich dann selbst, warum er so gehandelt hat, und vielleicht entschuldigt er sich dafür. Oder er kommt mit derselben Idee, die er zuvor abwehrte, und präsentiert sie, als hätte er sie gerade selbst gehabt. Aber zum Verschwinden bringt das alles den Reflex natürlich nicht.

Verborgene Gedanken und versteckter Nutzen des Dagegen-Ichs

- »Dagegen sein ist Freiheit.«
- »Solange ich dagegen bin, habe ich einen Schutz vor Beeinflussung. Weil Beeinflussung Nicht-Liebe ist und mir nicht guttut.«
- »Solange ich dagegen bin, muss ich nichts verändern. Und dann bekomme ich vielleicht weitere Vorschläge, gegen die ich wieder sein kann.«

Warum sich das Dagegen-Ich gebildet hat

Zwischen einem behüteten Aufwachsen und einem überbehüteten Aufwachsen gibt es einen bedeutsamen Unterschied. Wenn ein Mensch in seiner Kindheit behütet aufwuchs, bedeutet dies, er hatte eine gute Möglichkeit, sich frei zu entwickeln. Wenn ein Mensch hingegen überbehütet aufwuchs, hatte er keine Möglichkeit, sich frei zu entwickeln. Wie ein Kind durch Überbehütetheit geprägt wird, kann man gut bei Eltern beobachten, die auf

255

nahezu jede Bewegung ihres Kindes mit Anweisungen, Ermahnungen und Sorgen reagieren. Oft wird dabei unablässig der Name gerufen. »Peter, pass auf. Peter, komm zurück. Peter, mach dich nicht schmutzig. Sofort umkehren. Peter, hier ist das Essen. Peter, sieh mich an. Das muss anders sein, Peter. Peter, so machst du es nicht richtig. Lass das lieber, das ist gefährlich. Peter, komm hierher. Sofort aufhören ...«

Und so weiter.

Wenn ein Kind unter solch einem Dauereinfluss aufwächst, wird es innerlich gebrochen. Als Überlebensmechanismus wird es äußerlich irgendwann halbwegs folgen. Aber nur so lange, bis es stark genug ist, sich zu widersetzen. Aber auch dann wird es nicht offen und aktiv handeln. Es wird nicht selbstständig entscheidende Dinge bewegen, denn dieser Wille wurde ihm genommen. Stattdessen wird das Kind oder der spätere Erwachsene, wie aus einem Abwehrreflex heraus, »dagegen sein«, was auch immer man ihm sagt. In einer Partnerschaft springt dieses Muster dann an, wenn der Partner etwas will, das nicht aus eigenem Antrieb heraus entdeckt wurde. »Es ist so viel zu tun. Könntest du mir bitte helfen?« Bereits diese einfache Bitte kann den Dagegen-Reflex auslösen.

Das Dagegen-Ich ich kann so massiv sein, dass es sogar gegen die eigenen persönlichen Gedanken reagiert, die es in Aktivität bringen wollen. »Ich weiß, ich sollte unbedingt dies tun ...« Und schon springt ein inneres »Dagegen« an: »... aber ich will nicht.« Auf diese Weise wird der Betroffene immer genau am entscheidenden Punkt für eine wirkliche Veränderung Nein sagen.

2. DAS DAGEGEN-ICH

Wovon sich das Dagegen-Ich ernährt

Das Dagegen-Ich ernährt sich vom Helfenwollen anderer. Nicht vom Helfen selbst, denn praktische Hilfe nimmt es ja nicht an. Stattdessen blüht es auf, sobald es von einem Helfer gesehen wird und man sich ihm widmet. Und es stößt zurück, sobald man in Richtung wirklicher Loslösungen aus leidvollen Zuständen geht.

Es klingt absurd und ist tatsächlich sehr ambivalent. Das Muster sucht Nähe und Abstand gleichzeitig oder im schnellen Wechsel. Komm-her-geh-weg ist die Form von Beziehung, die das Dagegen-Ich gut kennt. Nur so kann es den Abstand halten, der keinen Übergriff bedeutet.

Wie jeder andere auch, so möchte ein Mensch mit einem Dagegen-Ich gesehen werden. Also erschafft er scheinbare Probleme. Doch sobald jemand beginnt zu helfen, wird dieser Jemand abgelehnt. Selbst wenn eine vom Helfer vorgeschlagene Lösung etwas verbessern würde, ist sie ab dem Moment der Erwähnung praktisch gesperrt. Weil die Lösung als Bevormundung betrachtet wird und den Abwehrreflex aktiviert.

Der Spiegel des Verhaltens:
Was Sie als Partner für sich ablesen können

Das Dagegen-Ich reagiert extrem empfindlich auf jede Form von Beeinflussung. Wie eine Muschel verschließt es sich, sobald Sie es möglicherweise lenken wollen, und öffnet sich wieder ein wenig, sobald Sie nichts mehr von ihm wollen. Für Sie als Beziehungspartner bedeutet das: Sie können im Spiegel Ihres Partners genau ablesen, wann ein Teil von Ihnen vielleicht gerade eine Bevormundung oder Beeinflussung ausüben möchte – auch wenn es im allerbesten Sinne und nur gut gemeint ist.

Viele Helferpartner versuchen, das Dagegen-Ich regelrecht zu knacken, als wäre es eine Problemnuss. Dann entsteht aus »helfen wollen« und »sich nicht helfen lassen« eine feste Beziehung. In so einem Fall könnten Sie sich selbst fragen, warum ein Teil in Ihnen unbedingt diese Problemnuss knacken will. Möglich wäre die Hoffnung, dass, falls eine Rettung gelingt, der andere Ihnen zu ewigem Dank verpflichtet wäre und Sie lieben, ehren und nie mehr verlassen würde ... Was auch immer man über das eigene Programm herausfindet, es ermöglicht einen großen Befreiungsschritt aus dem gegenseitigen Muster.

Der gute Weg: Was Sie als Partner tun können

- Nichts verlangen und erwarten: Nicht-Bevormundung wäre ein guter Weg für den Umgang mit einem Dagegen-Ich. Gleichzeitig ist es schwierig, nichts zu sagen oder zu tun, was nicht als Beeinflussung, Bevormundung oder Übergriff ausgelegt werden könnte. Deshalb haben Menschen mit einem Dagegen-Ich oft keine wirklichen oder längeren Partnerschaften. Denn in jeder tieferen Beziehung wird es zu dem Moment kommen, sich wirklich »für« den anderen zu entscheiden und sich zu öffnen. Man rückt zusammen. Jeder gibt ein wenig von seinem alten Leben auf, damit der Platz frei wird für das gemeinsame neue Leben. Für ein Dagegen-Ich ist es enorm schwer, eventuelle Veränderungswünsche eines Partners anzuhören, ohne ihn gleich innerlich abzuwehren.

2. DAS DAGEGEN-ICH

Als Partner können Sie als Erstes sich selbst helfen, indem Sie nicht mehr versuchen, etwas vom anderen zu wollen. Besinnen Sie sich darauf, dass Sie sich in einer Partnerschaft befinden, die man »Wachstumsbeziehung« nennt, weil einer oder beide wachsen können. Sie können ganz sicher daran wachsen. Und auf den Wachstumswunsch des anderen haben Sie keinen Einfluss.

- ES SELBST WERDEN: Tun Sie genau das selbst, was Sie vom anderen eigentlich wollen. Wenn Sie Geschenke lieben, schenken Sie selbst. Wenn Sie etwas verändert haben wollen, verändern Sie es selbst. Und verlangen Sie gar nichts als Gegenleistung. Das wird nicht schwer fallen, wenn Sie es für sich selbst und Ihr eigenes Wohlergehen tun.

- IN RUHE DA SEIN: Das einzige Verhalten, das ein Dagegen-Ich nicht kennt, ist, wenn der andere bei ihm bleibt und es gleichzeitig vollkommen in Ruhe lässt. Das Gegenteil von Beeinflussung, Forderung und Helfenwollen. Freiheit und dennoch nicht Flucht. In Ruhe lassen und dennoch Liebe. Annäherung nicht herbeiführen oder verstärken wollen, sondern immer genau so annehmen, wie sie sich ergibt. Das wäre eine neue Erfahrung, die alles verändern könnte. Für beide. Es könnte gelingen, wenn Sie oder Sie beide verstehen, was die Verletzung ist, aus der sich die Abwehr des Partners gebildet hat. Und wenn Sie selbst in den Zustand kommen, den anderen nicht brauchen zu müssen, weil sie etwas haben wollen. Auf diese Weise ist so eine Beziehung eine große Chance für Ihr eigenes Wachstum.

Die Frage: »Wie würdest du es machen?«,
ohne es anschließend zu bewerten,
ist für ein Dagegen-Ich viel heilsamer
als jeder Hinweis, wie man selbst es machen würde.

Das »Leid-Ich«

»Selbst wenn es nicht so aussehen mag,
geht es mir gar nicht gut.«

Es gibt von außen hervorgebrachtes Leid, und es gibt selbst gemachtes Leid. Beides kann vollkommen unabhängig voneinander existieren. Wenn zum Beispiel ein Kind begeistert mit anderen Kindern spielt und sich dabei wehtut oder sogar verletzt, wird es den Schmerz kurz und deutlich spüren, so lange innehalten, bis er abklingt, und dann schnellstmöglich mit den anderen weiterspielen wollen. Vielleicht wird es den Unfall nicht einmal erwähnen. Das Spiel ist zu interessant und zu schön, um die Zeit mit überflüssigem Leiden zu verschwenden. Das wäre die Erfahrung eines Leids von außen, das man nicht nach innen überträgt.

Wenn dasselbe Kind in Gegenwart seiner Eltern hinfällt und sich dabei keinen nennenswerten Schaden zufügt, könnte es dennoch anfangen zu weinen und lautstark zu leiden. Erfahrene Eltern erkennen schnell, dass nichts passiert ist, und bieten dem Kind intuitiv eine bessere Unterhaltungsmöglichkeit an als das Weinen. Oft hört das Kind dann schlagartig auf zu leiden und ergreift das, was mehr Spaß macht.

Falls das Kind allerdings überbemuttert wurde – also auf jedes Leid reagiert wurde – oder es wurde unterbemuttert – also nur betreut, wenn es ihm schlecht ging –, könnte sich folgender Glaube entwickelt haben: »Erst wenn es mir nicht gut geht, kommt jemand und hilft. Dann bin ich wichtig.«

Leiden kann dem, der leidet, also einen versteckten Nutzen bringen. Falls diese Tatsache vom Unterbewusstsein in frühen Jahren erkannt und abgespeichert wurde, wirkt das Muster auch im Erwachsenenalter weiter. In späteren Beziehungen kann es sich bis hin zu einem dauerhaften Leid-Ich entwickeln. Dann erlebt man einen Partner, dem es immer irgendwie nicht gut geht, und wird der Teil, der immer irgendwie trösten, aufpassen oder retten muss.

Natürlich gibt es Menschen, die tatsächlich viel Leid erleben oder erlebt haben und auch nichts dafür können. Dass man hier hilft, ist unbenommen, richtig und menschlich. Das Wissen um das innerlich ablaufende Leid-Ich als Muster, hilft Ihnen jedoch, wahres Leid und wirkliche Suche nach Hilfe von einer Situation selbst gemachten Leids zu unterscheiden, in der der Betreffende gar nicht wirklich für einen Ausweg offen ist.

DAS SECHSTE GEHEIMNIS DES SPIEGELS: BEWUSSTWERDUNG

Warum Gundula immer dünner wurde

Georg und Cecilie Albers erlebten ihre Tochter Gundula als ein stilles Kind. Sie empfanden das als angenehm, besonders wenn sie den Vergleich mit den Kindern anderer Familien erlebten. Wenn Besuch kam, konnte man Gundula mit einem Bilderbuch in die Ecke des Zimmers setzen, und sie beschäftigte sich stundenlang mit sich selbst.

Ob es eine Folge des Bewegungsmangels, der Überversorgtheit durch die Eltern oder eine Veranlagung war, konnte später niemand genau sagen. Aber Gundula war bis zum Schulabschluss deutlich fülliger als der Durchschnitt der Mädchen in ihrem Alter.

Mit zweiundzwanzig heiratete sie Karl Rother, einen fleißigen Kleinunternehmer, der seine Gundula genauso still und etwas füllig liebte, wie sie war. Die beiden bekamen einen Jungen und zwei Jahre später ein Mädchen. Karl war fleißig und deshalb selten zu Hause. Wenn er allerdings da war, kümmerte er sich hingebungsvoll um seine Familie. Besonders natürlich um die Kinder.

Gundula hatte keine Ahnung, dass in ihrem Unterbewusstsein schon seit Langem ein Muster schlummerte, das ihren körperlichen Zustand und scheinbares Geliebtwerden in untrennbare Verbindung gebracht hatte. Sie hätte es vielleicht an dem Kosenamen erkennen können, den ihr ihre Eltern von klein an gegeben hatten: »Unsere Dicke«. Der war ganz sicher nicht schön, aber Gundulas Eltern hatten es liebevoll und fürsorglich gemeint.

Gundulas Unterbewusstsein hatte Situationen besonderer Zuwendung mit den Worten »unsere Dicke« abgespeichert. Karl hatte keinerlei Problem mit Gundulas Figur. Nicht ein einziges Mal hatte er sie dick oder auch nur füllig genannt oder ihr das Gefühl gegeben,

3. DAS LEID-ICH

sie so zu sehen. Er liebte sie genauso, wie sie war. Ein Zustand, mit dem Gundulas Unterbewusstsein nicht umgehen konnte. Wenn ihre Figur plötzlich kein Thema mehr war, musste sie etwas tun, damit es wieder ein Thema wurde.

Also nahm Gundula ab. Sie bekochte ihre Familie gut und gern wie bisher, aß auch immer mit und wurde dennoch immer dünner. Bis irgendwann die ersten Bemerkungen von Karl über ihre Figur kamen. »Meine Liebe, geht es dir nicht gut?«, erkundigte er sich besorgt. »Du wirst irgendwie immer dünner.«

»Ach was«, sagte Gundula nur. »Es ist alles in Ordnung.«

Und tatsächlich war für sie plötzlich etwas wieder so, wie sie es schon immer kannte: Ihre Figur war wieder zum Thema in der Familie geworden.

Gundula nahm in den folgenden dreizehn Jahren so sehr ab, dass sie irgendwann nur noch die Hälfte ihres ursprünglichen Gewichts hatte. Irgendwann war sie für alle in der Familie nur noch »unsere Dünne«. Sie wurde so schwach, dass sie ihre Einkaufstaschen kaum noch die Treppe hinauf in ihre Zweizimmerwohnung tragen konnte. Sie wohnte inzwischen allein, denn Karl hatte sie verlassen. Nur ihre Kinder kamen regelmäßig zu Besuch. Gundulas Mangelernährung hatte noch eine Reihe weiterer Gebrechen nach sich gezogen, und so tauchte ein Thema ganz sicher immer mit am Tisch auf: »Mama, du bist so dünn. Das macht dich krank. Du musst mehr essen.«

Und Gundula antwortete: »Lieb, dass ihr euch sorgt. Aber lasst nur, es geht schon.«

Und sie aß weiterhin fast nichts.

DAS SECHSTE GEHEIMNIS DES SPIEGELS: BEWUSSTWERDUNG

Woran Sie es erkennen

Wenn ein Mensch ganz offensichtlich unter einer Situation leidet, letztlich jedoch immer genau jene Veränderungen ablehnt oder nicht umsetzt, die sein Leid wirklich verringern würden, hat sich eine Leid-Persönlichkeit gebildet. Das Leiden selbst ist so sehr Grundbaustein und Grundgefühl des Ichs geworden, dass jeder Versuch, es zu verändern, vom Betroffenen letztlich zum Scheitern gebracht wird.

- »Das geht jetzt nicht.« Obwohl man sieht, dass es ganz einfach gehen würde.
- »Ja, bald, ich bin schon dabei.« Und dann geschieht nichts.
- »Ich schaffe das einfach nicht allein.« Doch wenn wirklich aktive Unterstützung für verändernde Handlungen kommt, wird das Ganze bald abgebrochen.

Manchmal ist eine Identifikation mit dem Leiden selbst so stark geworden, dass der Betroffene sogar medizinische Behandlungen abbricht oder das alte, ihm selbst schadende Verhalten wieder aufnimmt, sobald es spürbar besser geht. Dann ist das Gefühl, weniger Leid zu haben, so ungewohnt, dass sich das Unterbewusstsein fragt: »Wer wäre ich noch ohne mein Leid? Wer würde sich dann noch um mich kümmern? Würden sie mich noch so oft besuchen und anrufen?«

Ein Leid-Ich ist aktiv, wenn die leidvolle Situation aufrechterhalten, immer wieder reproduziert und sogar verteidigt wird. Wenn es immer neue Gründe dafür gibt, warum sich nichts positiv verändert.

Verborgene Gedanken und versteckter Nutzen des Leid-Ichs

- »Solange ich leide, sorgt sich jemand um mich. Dann werde ich wahrgenommen und bin jemand. Falls es mir hingegen gut geht, werde ich allein gelassen.«

- »Was ich spüre, sind alles die Gefühle, die ich gut kenne. So fühlt es sich an, am Leben zu sein.«

Warum sich das Leid-Ich gebildet hat

Die Suche nach Schutz und Zuwendung ist der erste Grund. Wenn ein Mensch in seiner Kindheit erlebt, dass sein Leid ihm Zuwendung bringt oder einen gewissen Schutz vor einem dominanten Verhalten eines Elternteils gibt, kann sich daraus eine Überlebensstrategie entwickeln: »Wenn ich krank bin, ist mein Leben ungefährlicher, als wenn ich gesund bin. Wenn es mir schlecht geht, werde ich zumindest weniger gefordert, als wenn es mir gut geht.«

Diese Kindheitsstrategie wird nicht einfach gelöscht, nur weil der Körper größer und älter wird. Sie lebt im erwachsenen Menschen als »Erfolg versprechende Erfahrung im Umgang mit Beziehungen« fort. Der betroffene Mensch kennt es nicht anders. Wenn Sie ihn fragen würden, was er unter Liebe versteht, würde er vielleicht antworten: »Zuwendung, besonders wenn es einem nicht gut geht.« Aufgrund dieser Überzeugung produziert sein Unterbewusstsein ständig neue Situationen, in denen diese Form von Zuwendung kommen könnte. Es erzeugt Leidgefühle, ohne dass ein ersichtlicher äußerer Grund dafür da wäre.

DAS SECHSTE GEHEIMNIS DES SPIEGELS: BEWUSSTWERDUNG

Selbstbestrafung kann ein anderer Grund sein. Wenn einem erwachsenen Menschen ständig erzählt wird, er wäre hier und dort nicht gut genug, wird er es irgendwann zu glauben beginnen, ganz gleich, wie sehr er sich selbst auch sagt: »Das stimmt nicht.« Wenn dasselbe einem Kind widerfährt, hat es nicht einmal die Chance, selbst darüber zu reflektieren. Es wird das Urteil einfach glauben und in sein Unterbewusstsein übernehmen. »Ich bin nie gut genug« wird zu einem dauerhaften Ich-Gefühl. Natürlich erzeugt das ein großes inneres Leid, und so wird auch das Leiden selbst zu einem Ich-Gefühl. »Ich bin das, was immer Leid erlebt.« Ein Leid-Ich.

AUFHÖREN, DIE ALTE GESCHICHTE ZU PFLEGEN

Ein bekannter Zen-Meister besuchte ein fernes Kloster, um dort eine Lehre zu geben. Am Abend fragte ihn ein Schüler, was der Grund für inneres Leiden wäre.

Der Meister antwortete: »Auf dem Weg hierher fuhr ich in einem Schlafwagen. Unter mir lag ein Mann, der die ganze Zeit stöhnte: ›Oh Gott, bin ich durstig. Hier ist es so warm und trocken. Ich bin ja so durstig …‹ So ging das die ganze Zeit. Schließlich stand ich auf, holte im Speisewagen ein Glas Wasser und brachte es dem Mann, der es dankbar annahm und in einem Zug leerte. Kaum lag ich wieder im Bett, hörte ich erneut seine Stimme: ›Mein Gott, ich war wirklich durstig. Weil es hier so warm ist. Ach, war ich durstig!‹«

Wovon sich das Leid-Ich ernährt

Das Leid-Ich ernährt sich vom Leid seines Trägers und von der Zuwendung der Helfer. Das Helfen selbst ist gewünscht (anders als beim Dagegen-Ich), doch sobald man wirklich einer Auflösung des Problems nahekommt, entsteht Widerstand bis hin zum Abbruch der Aktion. Auf diese Weise schreibt das Leid seine ganz eigene Geschichte einfach immer weiter.

Der Spiegel des Verhaltens: Was Sie als Partner für sich ablesen können

Ein Mensch, der Ihnen immer wieder sagt, demonstriert oder Sie fühlen lässt, wie schlecht es ihm scheinbar geht, erzeugt in Ihnen eine Reaktion. Welche? Wie reagieren Sie zu Beginn? Und wie entwickelt sich Ihre Reaktion im Lauf der Beziehung weiter?

Es könnte gut sein, dass Sie gegenüber einem aus Ihrer Sicht sinnlosen oder übertriebenen Leiden ein Spektrum von Gefühlen und Gedanken durchleben, beginnend bei Warmherzigkeit und Großzügigkeit bis hin zu Ablehnung, Wut oder Verachtung. Darin liegt kein Fehler, sondern eine Chance auf innere Heilung für Sie. Solange Sie auf das Muster eines anderen deutlich reagieren, sind Sie eine Art Mitgefangener des Musters. Dann kann das Muster nicht nur den anderen, sondern auch Sie beeinflussen. Erst wenn Sie vor sich sehen, dass es nur ein immer gleich ablaufendes Muster ist, und emotional nicht mehr darauf eingehen müssen, sind Sie frei. Nicht von der Liebe zu diesem Menschen, sondern von der Einbindung in dessen verborgenes Muster.

Sobald ein Beziehungsmuster nicht mehr greift,
wird der gemeinsame Beziehungsraum,
den es vorher belegt hat, frei.
Dieser Raum kann sich mit der Liebe füllen,
die Sie beide im Herzen verbindet.
Oder mit einer neuen Klarheit.

Der gute Weg:
Was Sie als Partner tun können

Das Leid-Ich reagiert sehr sensibel auf jede Form von Bedauern und unterstützender Zuwendung. Aber es lässt nicht zu, dass es ihm wirklich besser geht. Für einen Moment sieht es zwar aus, als würde die Zuwendung etwas helfen. Doch morgen oder nächste Woche ist alles wieder wie zuvor.

Widmen Sie sich hilfsbereit und aus Mitgefühl dem Leid-Ich, so zeigt es Ihnen immer mehr Leid. Weil es noch mehr Mitgefühl will, erzählt es Ihnen die Geschichte: »Ich will ja, aber mir kann keiner wirklich helfen. Es ist alles sehr kompliziert ...«

Fühlen Sie sich abgestoßen, sind dagegen oder halten sich fern, leidet es ebenfalls. Nun erzählt es die Geschichte: »Keiner liebt mich. Da sieht man es wieder einmal ...« Am Ende leidet es immer.

Die einzige Situation, die das Leid-Ich nicht füttert, liegt darin, seine Muster nicht zu bedienen. Es will den anderen in Emotionen verwickeln. Also reagieren Sie nicht mit Emotionen. Seien Sie weder dagegen noch dafür. Falls

Sie Kontakt haben oder haben müssen: Interessieren Sie sich immer weniger für die ewig gleiche Geschichte. Vielleicht fragen Sie stattdessen, ob es sonst noch etwas Neues gibt. Aktivieren Sie andere Themen.

Und vielleicht gelingt es Ihnen, durch das Muster hindurchzusehen und sich auf den Menschen dahinter auszurichten. Sprechen Sie innerlich von Seele zu Seele. Es wird ankommen. Denn die Seele selbst hat das Muster nicht.

Das »Hilflos-Ich«

»Das geht nicht. Ich kann das einfach nicht.
Ich habe nicht die Fähigkeiten.
Ich habe nicht die Kraft.«

Kein Mensch kann alle möglichen Dinge gleich gut können. Wir sind mit unterschiedlichen Gaben, Fähigkeiten und Kräften ausgestattet. Genau das macht das Leben und die Beziehungen so abwechslungs- und erlebnisreich.

Manche Menschen muten sich zu viel zu, vielleicht, weil sie viele Fähigkeiten und Kräfte haben. Viele von ihnen haben im Leben sicherlich die Aufgabe, das Neinsagen zu lernen. Die Verantwortung auch einmal an andere zu übergeben. Sich darin zu üben, Kontrolle abzugeben. Andere Menschen hingegen wurden in der Kindheit und im späteren Leben weniger zu selbstständigem, mutigem und kraftvollem Handeln aufgefordert. Da jedoch auch sie ihre Gaben und Fähigkeiten haben, sollten sie lernen, in ihr Selbstvertrauen und ihre Kraft zu kommen.

Nun gibt es den besonderen Fall, dass sich ein Mensch hilflos oder unfähig gibt, obwohl er es nicht ist. Dann hat sich ein Überlebensmuster aus dem Unterbewusstsein zu einem Hilflos-Ich entwickelt. Falls so etwas auf einem wichtigen Gebiet des Zusammenlebens auftaucht, kann es zu einer deutlichen Belastung des Partners und damit der Beziehung führen.

Woran Sie es erkennen

Ein aktiviertes Hilflos-Ich erkennen Sie daran, dass der andere sich unnötig klein macht, manchmal erkennbar absichtlich, manchmal ohne sich dessen bewusst zu sein. Er wird immer unselbstständiger, überlässt oder überträgt seinem Partner immer mehr Arbeit und Verantwortung, obwohl er auch selbst aktiv werden könnte. Oft entsteht der Eindruck, er würde es sich absichtlich auf Kosten anderer bequem machen.

Verborgene Gedanken und versteckter Nutzen des Hilflos-Ichs

- »Wenn ich hilfsbedürftig bin, kommt er/sie und kümmert sich. Also muss ich immer signalisieren, dass ich es allein nicht gut kann.«
- »Wenn mich der andere versorgt und dies und das für mich macht, ist das Liebe. Dann bin ich ihm wirklich wichtig.«

- »Wenn ich mich dumm oder hilflos anstelle, muss ich es nicht tun. Das spart mir Arbeit.«
- »Solange ich hilfsbedürftig bin, werde ich nicht verlassen.«

Warum sich das Hilflos-Ich gebildet hat

Wenn ein kleines Kind oder gar Kleinkind etwas braucht und nicht bekommt, verfügt es nur über sehr begrenzte Möglichkeiten, denn es ist ja vollkommen von den Eltern abhängig. Selbst bei achtsamen und liebevollen Eltern können immer wieder Situationen entstehen, die das Kind aus seiner Sicht als Mangel erlebt. Vielleicht ist von etwas Wichtigem nicht genug da. Vielleicht gibt es ein Problem in der Stillzeit oder die Mutter ist manchmal genau dann nicht im Raum, wenn das Kind sie brauchen würde. Nähe, Nahrung, Wärme oder Betreuung ... Irgendetwas fehlt genau in einem Moment, in dem das Kind das Bedürfnis danach spürt. Vielleicht sogar mehrere Male hintereinander. Das ist das frühe Ursprungstrauma. Es liegt weit zurück, oft in der sogenannten oralen Phase, scheint meist keine Bedeutung zu haben, und vielleicht erinnert sich kaum jemand in der Familie daran.

Beim Heranwachsen wird das Kind unbewusst stärker als andere beginnen, die eigene Hilfebedürftigkeit deutlich zu signalisieren. Falls das funktioniert und es dadurch mehr Nähe bekommt, wird dieser Zusammenhang vom Unterbewusstsein als eine Überlebensstrategie festgehalten. »Mach dich hilflos, dann kommt jemand und hilft. Dann wird es warm oder Essen oder Nähe kommt. Das ist Liebe.«

Als Erwachsener weiß ein sachlich denkender Mensch natürlich, dass warm und satt nicht auf Liebe hindeuten müssen. Er weiß auch, dass man keine Beziehung darauf aufbauen sollte, sich hilfloser zu machen, als man ist. Erwachsene wissen, dass es eine Partnerschaft auf Dauer sogar zerstören wird, wenn man den anderen benutzt. Und dennoch ist das Muster im Unterbewusstsein weiterhin vorhanden.

Wovon sich das Hilflos-Ich ernährt

Das Hilflos-Ich als Struktur im Unterbewusstsein ist mit einem Zustand besonders gut vertraut: dass Mutter oder Vater reagiert und es versorgt. Im Leben als Erwachsener bedeutet das: dass der Partner reagiert und die Arbeit oder Aufgabe übernimmt. Dass jemand kommt und die Lösung liefert oder die Herausforderung meistert. Das Hilflos-Ich ist es gewohnt, in einer Beziehung bemuttert zu werden, dann wird es friedlich und ruhig, fühlt sich geborgen und zu Hause.

Der Spiegel des Verhaltens:
Was Sie als Partner für sich ablesen können

Es gibt Erwachsene mit diesem Muster, die diesen selbst gewählten Hilflos-Zustand als einzige oder normale Form von Partnerschaft zwischen Mann und Frau kennen. Und für ihre Beziehungen suchen sie unbewusst immer ein passendes Gegenstück.

Falls Sie ein solches Verhalten an Ihrem Partner oder in Ihren vergangenen Beziehungen beobachten, könnten Sie sich fragen, an welcher Stelle Sie ungewollt das

Gegenstück für dieses Verhalten lieferten. Vielleicht kannte Ihr Unterbewusstsein Beziehung als den Kontakt mit jemandem, den man versorgen muss? Blicken Sie zurück. Mussten Sie als Kind jemanden »bemuttern«, vielleicht weil die Beziehung zwischen den Eltern schwierig war oder ein Geschwister zu versorgen war? Dann könnte das noch heute in Ihre unbewusste Idee über Partnerschaft einfließen und genau dazu passende Gegenmuster anziehen.

Oder ist in Ihnen selbst der Anteil vorhanden, der sich ab und zu unnötig hilflos macht, damit der Partner etwas für Sie tut, das sich wie ein Liebesbeweis anfühlt? Das wäre kein Fehler und nichts, was Sie an sich verurteilen müssten. Es wäre nur ein verborgener Mechanismus, den Sie entdecken könnten, damit etwas heilen kann. Denn der stille Ruf: »Hilf mir, ich kann das nicht«, zieht Partner an, die gern die Verantwortung übernehmen und sich dabei gut fühlen. Doch was dabei noch geschieht ist: Sie geben Ihre Eigenverantwortung und Kraft fort. Und nach einiger Zeit führt Sich-klein-Machen zu Abhängigkeit und Dominiertwerden.

Der gute Weg:
Was Sie als Partner tun können

Selbstverständlich hilft man sich in Partnerschaften. Man liebt sich, achtet sich, ist ein Team und ergänzt sich. Man gleicht gegenseitige Fähigkeiten und Schwächen aus, sodass sich ein größeres Ganzes ergibt. Darum geht es bei der Entdeckung des Hilflos-Ichs auch nicht. Es geht um jenes Muster, das einen Menschen kleiner macht, als er in Wahrheit sein könnte. Sie können Ihrem Partner bei seinem Wachstum helfen, indem Sie dieses Muster nicht weiter bedienen.

Falls Sie also bislang der versorgende Teil für das Hilflos-Muster waren, könnten Sie auf eine sanfte und liebevolle Weise damit aufhören, es übermäßig zu unterstützen. Helfen Sie stattdessen zur Selbsthilfe. Dabei werden sehr wahrscheinlich Ihre Klarheit und Ihr Entschluss auf die Probe gestellt werden, denn ein lebenslanges Muster wird nicht einfach zustimmen, wenn Sie es nicht mehr versorgen. Aber es nicht mehr zu bedienen, ist der einzige Weg, damit das Muster vom anderen überhaupt erkannt werden kann. Was er mit dieser Erkenntnis dann macht, liegt allerdings nicht in Ihrer, sondern in seiner Hand.

»Ich zeige dir, wie du es selbst kannst«
ist besser als
»Ich helfe dir und tue es für dich.«

Das »Sorgen-Ich«

»Man weiß nie, was noch alles passieren kann.
Ich mache mir wirklich Sorgen um dich und um die Dinge,
die auf uns zukommen.«

Wenn sich ein Partner um den anderen auffällig und zunehmend Sorgen macht, kann das ein verzweifelter Ruf nach Liebe, Aufmerksamkeit und Nähe sein. Wenn Sie es im Spiegel betrachten, könnten Sie erkennen: »Er tut vielleicht gerade, wonach er selbst sich sehnt.« Falls man das nicht weiß, könnte man versuchen, den Besorgten mit sachlichen Argumenten immer wieder zu beruhigen. Doch meistens beendet das den Zustand des Sichsorgens auf Dauer nicht. Einem aktiven Sorgen-Ich geht es nämlich gar nicht um die Sache oder darum, ständig beruhigt zu werden. In Wahrheit geht es ihm um Liebe.

Woran Sie es erkennen

Das Sorgen-Ich macht sich Sorgen, wo gar keine Gründe für Sorgen sind. Selbst der Umsorgte kann nur schwer erkennen, wo in seinem Leben die Anlässe für die Sorge des anderen sein sollen. Die Sorge hat sich als Gedankenmuster selbstständig gemacht, und das sucht nun immer neue Gründe für seine Aktivität.

Falls es nicht die Sorge um das Kind oder einen Partner sein kann, so wird es eben die Sorge um das eigene Leben, um die Gesundheit, um den netten Nachbarn oder um die Entwicklungen auf der Welt. Irgendetwas findet sich immer, um besorgt darüber nachzudenken oder zu reden.

Ob es ein Muster ist oder einfach nur eine normale menschliche und liebevolle Zuwendung, erkennen Sie daran, dass das Muster sich regelmäßig wiederholt. Es kommt nach oben und sinkt wieder nach unten. Aber es verschwindet nicht. Und wann es kommt und geht, hat oft nichts mit real anwesenden Gründen zu tun. Man empfindet es deutlich als übertriebene oder sinnlose Sorge.

Verborgene Gedanken und versteckter Nutzen des Sorgen-Ichs

- »Wenn ich mich sorge, bin ich ein liebevoller Mensch. Dann gehöre ich zu den Guten und darf mich auch ein wenig gut fühlen, innerhalb der Sorgen.«
- »Wenn ich mich sorge, wird der andere das spüren, und vielleicht liebt er mich dafür. Oder er sorgt sich aus Dank auch um mich. Dann haben wir eine gemeinsame Liebe.«
- Ein weiterer Gedanke ist spirituell begründet: »Wenn ich mich sorge, wird Gott das hören und auf den anderen ganz besonders aufpassen. Wenn das funktioniert, bin ich mit Gott verbunden, und dann wird auch auf mich aufgepasst. Also bedeutet sich sorgen, nahe bei Gott zu sein.«

Sich mit einem Menschen verbunden zu fühlen, sich achtsam und aufmerksam zu kümmern, ist natürlich kein Fehler. Es ist menschlich und eine wichtige Grundlage unserer Beziehungen. Beim genaueren Betrachten des Sorgen-Ichs geht es um die Erkenntnis, aus welchen unbewusst ablaufenden Gedanken eine Art Weltsicht entstehen kann, die am Ende eine Beziehung sogar schwieriger macht statt schöner und leichter.

Warum sich das Sorgen-Ich gebildet hat

»Ich mache mir Sorgen«, ist zunächst ein typisches Eltern-muster. Es sind natürliche Gedanken, die aus einer Ver-antwortung dem Kind gegenüber entstehen. Eltern müs-sen so denken, denn es ist ihre Aufgabe, möglichst viele Situationen innerlich abzuwägen, die für ihren Nach-wuchs riskant sein könnten.

Später werden die Kinder groß und die Eltern verlie-ren den täglichen Einfluss. Wenn das alte Muster aus Sorgendenken nicht erkannt wird, bleibt es manchmal so präsent, dass ein Elternteil ständig darüber nachdenkt oder davon spricht, wie sehr es sich um das »Kind« sorgt. Und weil unbewusste Muster durch jede Nahrung wach-sen, die sie bekommen können, entdecken manche Men-schen im Lauf der Zeit noch einiges mehr, um das man sich Sorgen machen könnte.

Falls jemand in seiner Kindheit einem deutlichen Sor-gen-Ich der Eltern ausgesetzt war, kann sein Unterbe-wusstsein das als Information über das Wesen von Liebe und Beziehung abgespeichert haben. »Wenn sich jemand um mich sorgt, liebt er mich. Wenn ich mich sorge, spürt der andere meine Liebe. Dann wird er mich auch nicht verlassen.« Aber auch: »Ich glaube, die sorgt sich gar nicht um mich? Die liebt mich wohl nicht.«

Das sind keine Gedanken, die man verurteilen müsste. Werden sie zum sinnlosen Muster, könnte es aber sein, dass sie am Ende beim anderen das Gegenteil von dem bewirken, was man eigentlich gern hätte.

DAS SECHSTE GEHEIMNIS DES SPIEGELS: BEWUSSTWERDUNG

Wovon sich das Sorgen-Ich ernährt

Eine Sorge ändert nichts an der Realität. Sie ändert nur etwas an der Art, wie ein Mensch die Realität wahrnimmt. Sorge ist eine gedankeninterne Angelegenheit. Deshalb können die verborgenen Muster das Sorgen so gut aufrechterhalten. Sie brauchen keine Berechtigung oder Bestätigung vom Außen.

Das Sorgen-Ich ernährt sich von zwei Reaktionen. Entweder, der andere geht liebevoll auf es ein und beruhigt es. Dann hat es bekommen, wofür es sich entwickelte: seine Vorstellung von Liebe. Oder der andere fühlt sich davon bedrängt, genervt und versucht, es abzuwehren. Dann kann das Muster sich noch mehr Sorgen machen und sieht sich bestätigt. Es glaubt dann umso mehr, der andere wäre zu »sorglos« und bräuchte Hilfe.

Der Spiegel des Verhaltens:
Was Sie als Partner für sich ablesen können

Ein Sorgen-Ich ist ein Ruf nach Aufmerksamkeit, Nähe, Verbundenheit und Liebe. Es zeigt, dass der Sorgende sich einsam fühlt. Warum könnte er sich so fühlen? Welches Verhalten Ihrerseits könnte das bewirken? Hier liegt vielleicht ein Schlüssel für Ihren Teil in der gemeinsamen Geschichte.

Ein anderer Schlüssel zum Verstehen der scheinbar unnötigen Sorge ist die Frage: »Wie reagiere ich darauf?« Falls Sie abwehrend oder wütend wären oder Abstand dazu suchten, wäre das eine normale Reaktion. Ebenso, wenn Sie stückweise die Achtung vor dem anderen verlieren würden. Eine innere Frage wäre dann: »Habe ich ihn/sie je

5. DAS SORGEN-ICH

wirklich geachtet? Bin ich wirklich innerlich für ihn/sie da oder ist nur mein Körper anwesend im selben Raum und will bald wieder weg? Achte ich ihn/sie jetzt wirklich?«

Das sind tiefe Fragen an sich selbst, doch es lohnt sich, sie zu stellen. Denn Sie könnten dabei den Anteil in Ihrem eigenen Unterbewusstsein entdecken, der die Situation hier und jetzt mit erschaffen hat. Und dabei könnte sich an dieser Stelle ein Muster auflösen und stattdessen Liebe entstehen.

Der gute Weg: Was Sie als Partner tun können

- NÄHE OHNE GEGENREAKTION: Begegnen Sie einem Sorgen-Ich nicht mit Argumenten oder Abwehr. Wenn es möglich ist, begegnen Sie dem anderen mit Ihrer Zeit, Ihrer Aufmerksamkeit und Ihrer Nähe. Das ist es, was er in Wahrheit sucht. Nicht einfach die Versicherung, dass alles in Ordnung ist, sondern das Gefühl, dass Sie ihn lieben.
- EIGENE SEHNSUCHT ERKENNEN: Falls das Muster in Ihnen selbst aktiv ist, könnten Sie als Erstes erforschen, wonach Sie sich gerade sehr sehnen. Und dann erforschen Sie, wie Ihr Partner darauf reagiert. Erzeugt Ihr Muster auch wirklich das, was Sie damit beim anderen erreichen möchten? Wenn nicht, was könnte ein besserer Schritt sein?

Ein sehr guter Schritt, den Sie machen können,
wenn Sie ein Verhaltensmuster oder ein Denkmuster
an sich selbst entdeckt haben:

Legen Sie es dem anderen, sich selbst und
Ihrer gemeinsamen Beziehung zu Füßen.
Sprechen Sie es aus und erklären Sie,
warum Ihr Unterbewusstsein das tut.
Weil es sich etwas ersehnt.
Es auszusprechen ist der Schlüssel, um es zu verändern.
Dieser Schritt erfordert vielleicht großen Mut.
Aber er lohnt sich.

Das »Drama-Ich«

*»Für mich ist das alles viel schlimmer,
als man es sich vorstellen kann.«*

Es gibt Ereignisse im Leben, und es gibt die dazu auftretenden Gefühle, Gedanken und Reaktionen. Das ist die persönliche Realität. Und es gibt das, was man daraus macht. Wie man es einstuft, welche Bedeutung man hineingibt und wie lange man diese Bedeutung in sich pflegt. Das ist der Umgang mit der persönlichen Realität.

Auf der Skala der Umgangsweisen mit einem Ereignis gibt es eine enorme Bandbreite. Ein und dieselbe Sache kann je nach Menschentyp von »kaum wahrnehmen« bis hin zu »Katastrophe« eingestuft werden.

Nun gibt es Muster, die einen Nutzen darin erkannt haben, die wahre Bedeutung von Dingen für sich selbst oder andere künstlich zu erhöhen. Manchmal hat sich dieser Mechanismus unbewusst selbstständig gemacht und ist zu einem Teil der Persönlichkeit geworden.

DIE GESCHICHTE LOSLASSEN

Ein älterer Zen-Meister und sein Schüler verlassen das Kloster, um zum nahe gelegenen Dorf zu gehen. An der Straße begegnen sie einer jungen Frau in feinen Kleidern. Der Regen hat den Boden aufgeweicht und die Frau überlegt gerade, wie sie die Straße überqueren kann, ohne sich zu beschmutzen. Der ältere Mönch geht auf die Frau zu, wechselt ein paar Worte mit ihr und trägt sie auf seinem Rücken über die Straße. Anschließend gehen die beiden Mönche schweigend weiter. Als sie gegen Abend das Kloster schon fast wieder erreicht haben, kann der junge Mönch sich nicht mehr zurückhalten und bricht sein Schweigen.

»Meister, ich habe gesehen, wie ihr die junge Frau über die Straße trugt. Uns Mönchen ist es verboten, Frauen zu berühren, und ich frage mich, warum ihr das getan habt.«

Der Meister geht ungerührt weiter, während er antwortet: »Ich habe die Frau schon lange losgelassen. Doch du trägst sie noch immer mit dir herum.«

Woran Sie es erkennen

Ein Drama-Ich erkennen Sie daran, dass es Aussagen, Ereignisse oder Dinge nicht loslässt, überbewertet oder verzerrt, obwohl sich dadurch real nichts verändert und auch keine Veränderung eingeleitet wird. Selbst wenn die Sache schon lange vorbei ist, spinnt das Drama-Ich die Geschichte in Gedanken immer weiter. Es steigert sich in eine Fantasiegeschichte hinein, in der es Schuldige und Opfer gibt, Gerechtigkeit und Ungerechtigkeit. Und natürlich eine Situation, die so nicht sein darf oder sein durfte. Es muss dabei nicht immer emotional dramatisch wirken. Ein Drama-Ich kann auch einfach nur sehr ausdauernd oder ständig aufs Neue über eine Sache diskutieren. Es bläst das Thema wie einen Ballon auf.

Ein zweites auffälliges Merkmal des übersteigerten Musters ist, dass an der Sache selbst nichts passiert. Ein dritter Hinweis liegt darin, dass in den Beteiligten oder Anwesenden Emotionen ausgelöst werden. Entweder, weil man das Drama nicht mehr anhören kann oder weil man es irgendwann selbst auch dramatisch findet.

Verborgene Gedanken und versteckter Nutzen des Drama-Ichs

- »Wenn ich etwas Dramatisches zu berichten habe, bin ich wichtig. Dann hört man mir zu und ich werde gesehen.« Dieses Gesehenwerden wird mit Liebe und Zuneigung verwechselt.
- »Wenn ich selbst ein Drama für andere bin, dann finden sie mich interessant und reagieren auf mich. Dann sind sie bei mir und ich bin nicht allein.«
- »Dramatische Gedanken sind lebendiger als undramatische Gedanken. Deshalb interessieren mich besonders die dramatischen. So bleibt das Leben spannend und ich fühle mich.«

Warum sich das Drama-Ich gebildet hat

»Auffallen durch Übersteigerung ist wichtig.« Das ist ein verborgener Gedanke im Unterbewusstsein des Drama-Ichs. Entweder hat sich die Mutter erst dann wirklich um das Kind gekümmert, wenn es weinte, laut wurde oder übersteigerte Reaktionen und Gefühle zeigte. Oder wenn es in seinen Leistungen besonders schlecht war, was auch ein guter Grund für Drama sein kann.

Die andere Quelle für das Muster sind die Eltern selbst. Vielleicht musste das Kind erleben, dass sie genau so ihre Beziehung miteinander gelebt haben: im Drama. Diese erste Mann-Frau-Beziehungsbeobachtung ist im Unterbewusstsein abgespeichert. Sie wird vom Erwachsenen besonders dann reproduziert, wenn der Betroffene das Gefühl hat, nicht genug Liebe und Aufmerksamkeit zu bekommen. Er glaubt dann, er wäre nicht wichtig genug, und tut nun alles, um für den anderen wichtiger zu werden.

Wovon sich das Drama-Ich ernährt

Jedes Muster ernährt sich von allen Reaktionen, die auf es erfolgen, weil es genau das als Erfolg ansieht. Ganz gleich, ob die Reaktionen sich für den Betroffenen positiv oder negativ auswirken. So lebt auch das Drama-Ich von der Zustimmung oder Abwehr des Umfelds. Es möchte andere in die eigenen Gedanken und Gefühle verwickeln, weil diese Verbindung als Nähe und Liebe empfunden wird. Diese Verwicklungen können zwei Formen annehmen, beide füttern das innere Drama.

DAS SECHSTE GEHEIMNIS DES SPIEGELS: BEWUSSTWERDUNG

- Andere reagieren mit Abwehr: »Hör endlich auf damit!« Reaktion: »Jetzt werde ich auch noch abgelehnt.« Noch mehr Drama.
- Oder andere reagieren mit Beteiligung: »Ja, das finde ich auch schlimm.« Reaktion: »Ich wusste, ich habe recht.« Verbundenheit.

Sie können auch beobachten, wie das Muster auf Ihr Verhalten reagiert: Wenn Sie lange genug widerstandslos zustimmen, ebbt es ab. Bis zum nächsten Mal. Es gibt Beziehungen, in denen genau dieser Ablauf die wesentliche Rollenverteilung ist: Ein Partner versucht, das Drama des anderen durch Beruhigung und Zustimmung am großen Ausbruch zu hindern.

Der Spiegel des Verhaltens:
Was Sie als Partner für sich ablesen können

»Warum habe ich einen Partner angezogen, dessen Drama ich ständig handhaben muss? Was an mir reagierte darauf? Was fand ich damals attraktiv daran? Und was habe ich auf dem Weg bis jetzt gelernt?« Das wären innere Suchfragen, falls Sie Drama in Ihrer Beziehung haben oder hatten. Etwas in Ihrem Unterbewusstsein hat auf dieses versteckte Verhaltensmuster des anderen reagiert, sonst wären Sie nicht zusammengekommen. Vielleicht spiegelt es die Beziehung zu Ihren Eltern wider? Oder die der Eltern untereinander?

Drama-Muster fallen besonders zu Beginn von Beziehungen nicht immer als das auf, was sie sind. Manchmal wirkt jemand, der eine Meinung besonders bedeutungsvoll kommuniziert, wie eine starke Persönlichkeit. Wie jemand, der eine klare und wissende Sicht über die Welt hat.

Oder man erkennt anfangs nicht, dass das Drama in Wahrheit lange nicht so dramatisch ist, und fühlt sich als Helfer angesprochen. Dann hätten Sie selbst eine Helfer- und Retter-Struktur im Unterbewusstsein. Woher könnte diese kommen? Wen mussten Sie früher in Ihrem Leben retten, weil immer wieder Drama anwesend war?

Der gute Weg:
Was Sie als Partner tun können

Selbst nicht weiter das Muster des anderen zu füttern, ist, wie bei allen erkannten Mustern, ein guter Weg. Ein weiterer guter Schritt ist es, dem Menschen das zu geben, was er in Wahrheit sucht. Und ihm zu einem passenden Zeitpunkt die Möglichkeit anzubieten, das Muster ebenfalls zu erkennen. Überlegen Sie sich vorher in Ruhe Ihre Worte, die nicht anklagen oder Schuld verteilen, sondern den Weg für eine bessere gemeinsame Zukunft gestalten sollten.

- »Ich möchte nicht, dass Muster und Reaktionen unsere Partnerschaft bestimmen. Ich möchte, dass wir selbst unsere Beziehung gestalten.« Das kann der Partner gut verstehen.
- »Ich sehe das, was abläuft, und ich kann es nicht immer anhalten oder vermeiden. Aber ich weiß nun, dass wir das nicht sind. Gemeinsam sind wir viel mehr als ein paar Muster, die sich immer wieder ineinander verhaken. Und dieses Mehr möchte ich mit dir erleben.«

Sie werden auf Ihre ganz eigene Weise von Liebe getragene Worte für Ihren Partner finden, die ihn schuldlos und verletzungslos erreichen können. Denn das ist das Zeichen eines großen Herzens: Vergeben, weil man weiß, dass jeder immer nur so gut konnte, wie er es wusste. Deshalb ist das Verstehendürfen eine große Gnade für die Liebe.

»Was ich wirklich liebe,
und was mich wirklich interessiert, das bist du.
Und nicht diese oder jene großartige Geschichte.«
Das wäre ein möglicher Gedanke,
um dem anderen zu begegnen.

Das spirituelle Ich

»Ich habe viele Dinge erlebt, die andere nicht erlebt haben.
Das ist wirklich besonders und sehr wertvoll.
Ich sollte mir am Herzen liegende Menschen
davon überzeugen.«

Wenn man auf dem spirituellen Weg Erfahrungen macht und Erkenntnisse gewinnt, können diese sehr beeindruckend sein. Man weiß plötzlich, wo man sich geirrt hat. Man erkennt und sieht etwas, das andere vielleicht gerade nicht erkennen und sehen. Man versteht etwas in Bezug

7. DAS SPIRITUELLE ICH

auf Menschen, die Welt oder das Universum, das viele andere vielleicht nicht verstehen. Aus diesem Erleben des scheinbaren Mehrwissens kann sich ein neues Ich entwickeln. Dieses sieht andere Menschen vor allem mit dem Gedanken: »Weiß diese Person das, was ich weiß? Hat diese Person auch so bedeutsame Erfahrungen gemacht wie ich? Ich könnte dafür sorgen, dass sie etwas erkennt.«

Je nach Typ des bisherigen Ichs könnte nun der Wunsch des Belehrens, Überzeugens oder Missionierens aufkommen. Oder das spirituelle Ich erzeugt in seinem Träger Gefühle von Überlegenheit oder Macht. Oder das unbewusste Gefühl, ein wenig etwas Besseres zu sein als nicht wissende Menschen. Das geschieht natürlich nicht absichtlich, aber dennoch immer wieder.

In einer Partnerschaft verschiebt diese oft still eingenommene, »wissende« Position die Plätze. Wenn der eine Partner sich innerlich zum Lehrer macht, wird der andere sich irgendwann wie ein Schüler fühlen statt wie ein gleichwertiger Partner. Und vielleicht wird er dieses Gefühl irgendwann nicht mehr haben wollen.

Wie jedes Ich besteht auch das spirituelle aus Gedankenformen, die am Ende Trennung erzeugen können. Denn sobald jemand glaubt, er wäre etwas Besonderes, rutscht er in die Abgrenzung vom anderen. Das ist auf dem spirituellen Weg nicht anders als in anderen Lebensbereichen.

DAS SECHSTE GEHEIMNIS DES SPIEGELS: BEWUSSTWERDUNG

NACH DER ERLEUCHTUNG

Ein junger Zen-Mönch sucht seinen Meister. Er findet ihn im Hof, vor einem Hackblock kniend und Holz für das Tee-feuer zerkleinernd.

»Meister, seit Jahren sehne ich mich danach, das zu erfahren, was ihr erfahren habt«, sagt der Schüler. »Könnt ihr mir sagen, wie das Leben ist, nachdem man die Erleuchtung erfahren hat?«

Der Meister, mit Schweißperlen auf der Stirn, richtet sich lang-sam auf, ein Stück Holz in der einen Hand und das Beil in der anderen. Er hält beides hoch und lächelt.

Niemand ist nach einer spirituellen Erfahrung besser oder mehr wert als ein anderer. Da ist eine große Erfahrung. Und da ist weiterhin das Leben, mit seinen Regeln, Auf-gaben und Anstrengungen. Man sieht und erlebt es an-ders, aber dennoch bleibt es das Leben. Dies zu erkennen und anzunehmen, ist ein Zeichen großer Achtung gegen-über allem, was ist. Es ist die innere Verbeugung vor der Tatsache, dass man selbst immer ein Teil von allem ist, ganz gleich, was man erfahren hat.

Woran Sie es erkennen

Wenn es eine Form von Trennung erzeugt, ist ein Muster am Werk. Wenn es Gefühle und Emotionen erzeugt, die Abstand schaffen, arbeitet ein verborgenes Muster. Wenn es Worte spricht, die am Ende Abstand bewirken, ist es ein Gedankenmuster. Immer wenn Wertung stattfindet, hat sich eine neue Ich-Ebene gebildet, die eine Form von Getrenntheit erschaffen möchte.

7. DAS SPIRITUELLE ICH

Dagegen muss man nichts tun. Es ist auch auf dem spirituellen Weg ein normaler Teil der Entwicklung, dass der Verstand nach großen Erfahrungen neue Ichs ausbildet. Neue Weltsichten. Gleichzeitig ist Ihre wissende Beobachtung der Schlüssel dafür, dass sich nicht ungewollt neue trennende Gedanken in Ihre Beziehung einschleichen.

Verborgene Gedanken und versteckter Nutzen des spirituellen Ichs

- »Weil ich so viel Wertvolles weiß, kann ich auch viel helfen. Und dafür werde ich geachtet und gemocht. Von den richtigen Menschen und vielleicht auch von Gott.«
- »Wenn ich etwas von meinem Bewusstsein auf den anderen übertragen könnte, dann hätten wir eine bessere Partnerschaft.«
- »Wenn der andere spürt, was ich weiß und erfahren habe, wird er mich dafür bewundern.«
- »Wenn ich spirituell bin, muss ich mich vielleicht mit den Themen des Lebens weniger beschäftigen. Dann habe ich weniger Probleme.«

Warum sich das spirituelle Ich gebildet hat

Ein Ich bildet sich, weil Sie für den Alltag einen Standpunkt brauchen, von dem aus Sie das Leben betrachten, Entscheidungen treffen und handeln. Auf dem spirituellen Weg werden immer neue Ich-Schichten entdeckt und verstanden, sie lösen sich dann oftmals auf. Sie erkennen immer mehr von dem, »was Sie nicht sind«, und genau das fällt dann auch von Ihnen ab. Das ist ein befreiender

Moment, und manchmal kann man ein Gefühl bekommen wie »Wow, bin ich groß und mächtig!«

Das wäre ein normaler Vorgang auf dem Weg, kein Fehler und nichts, was man verändern müsste. Nur beobachten, weil es einem etwas erklärt: Viele Menschen fühlen sich kurz nach einer bedeutsamen spirituellen Erfahrung, als würden sie im Himmel schweben, und haben nach einiger Zeit den Eindruck, dass die Welt sie wieder heruntergeholt hat. Das ist kein Rückschritt und kein Fehler. Ein Ich hat sich aufgelöst und ein neues, größeres Ichgefühl hat sich gebildet. Dazwischen schwebt man für eine Weile innerlich im Glück, nichts und alles gleichzeitig zu sein. Ein Zustand, den man auch Liebe nennt.

Ein zweiter möglicher Grund für das spirituelle Ich ist derselbe wie bei allen anderen Ichs und Mustern: der Wunsch nach Anerkennung, Achtung und Nähe.

Wovon sich das spirituelle Ich ernährt

Es geht hier in keiner Weise um die wertvollen und großartigen spirituellen Erfahrungen und Wege jedes Einzelnen. Es geht nur darum, zu sehen, ob sich in einer Beziehung unbemerkt eine Struktur gebildet haben könnte, die für unnötige Spannungen oder Unverständnis sorgt.

Ein spirituelles Ich könnte sich vom Gefühl ernähren, mehr oder etwas Besonderes zu sein. Vom Gefühl, ein Lehrer zu sein. Vom Gefühl, mit dem Göttlichen mehr verbunden zu sein als andere. Oder vom Gefühl, in einer Art Wettbewerb um Spiritualität weiter zu sein als andere. Dafür braucht es Menschen, die einem dieses Gefühl bestätigen oder an denen es sich spiegeln kann. Doch nicht jeder Beziehungspartner oder Freund hat Lust darauf, der Spiegel dafür zu sein. Deshalb reagieren manche Menschen auf den spirituellen Weg ihres Partners mit Ablehnung, Angst oder Nichtbeachtung.

Der Spiegel des Verhaltens:
Was Sie als Partner für sich ablesen können

Falls Sie einen Partner auf dem spirituellen Weg haben und das für Sie eine Reibung erzeugt, weil Sie selbst eher weltlich ausgerichtet sind, könnten Sie sich fragen, warum Sie ihn dennoch angezogen haben. Vielleicht ist das, was Sie beim anderen erleben, ein Impuls für Ihren eigenen Weg? Dann würde der Spiegel vor Ihnen Sie darauf hinweisen wollen. Vielleicht könnten Sie auf Ihre ganz eigene Weise diesen Weg auch gehen und dabei Ihre ganz eigene Erfahrung machen?

Falls Sie selbst auch auf einem solchen Weg sind und Sie Teile vom Verhalten Ihres Partners stören, könnte es ein »Gleich und gleich«-Spiegel sein. Tut er etwas, das Sie selbst auch ein wenig tun? Ist er auf eine Weise überzeugt oder versucht zu überzeugen, wie Sie es auch sind und tun? Das wäre möglich.

Vielleicht arbeitet im Unterbewusstsein auch ein wenig die Idee, der eigene Glaube, die eigenen Überzeugungen und das eigene Wissen wären näher an einer großen Wahrheit als die des anderen? Das alles muss nicht sein, könnte aber versehentlich stattfinden und die Beziehung belasten.

Oder erzeugt das Verhalten des Partners eher eine verborgene Angst, dass auf dessen Weg plötzlich Dinge geschehen könnten, durch die man selbst bewertet oder abgelehnt würde? Wo ist das früher schon geschehen? Möglicherweise hat die Situation in Gedanken gerade ein altes Trauma wieder aktiviert, selbst wenn im Außen gar kein Grund dafür da ist.

Der gute Weg: Was Sie als Partner tun können

Wie beim Umgang mit jedem Ich und jedem Muster liegt der erste Schritt des guten Weges darin, nicht gegen es zu sein. Alles, was gegen ein Ich gerichtet ist, erzeugt Gegenwehr und macht es nur stärker. Denn dann muss es, um zu überleben, seine Position behaupten.

Sie können sich interessieren, ohne dabei den Gedanken von Recht oder Unrecht anwesend sein zu lassen. Vielleicht finden Sie in sich selbst Anteile, die Sie beim anderen beobachten. Und es könnte dem Forscher in Ihnen sogar Freude machen, zusammen mit Ihrem Partner an derselben Sache zu forschen. Vielleicht gäbe es einige wirklich neue Aspekte auszutauschen und zu entdecken.

DAS SIEBTE GEHEIMNIS DES SPIEGELS:

DER SPIEGEL DER AUFGABE

Erkennen, was die Beziehung wirklich will

*»Ich habe das Gefühl,
dass meine Suche nie zu einem erfüllenden Ende kommt.
Vielleicht gibt es das gar nicht?
Oder die Erfüllung liegt woanders?«*

Man kann die Haltung vertreten, dass eine Beziehung den Sinn hat, einen glücklich zu machen und zu einem besseren Leben zu verhelfen. Dagegen ist nichts einzuwenden, wenn man sich darüber zuvor klar wird, was »Glück« und »besseres Leben« für einen selbst bedeuten.

Die Frage nach dem besseren Leben

Vielleicht haben Sie einige Ideen darüber, was Sie sich für Ihre Zukunft wünschen. Die meisten dieser Ideen könnten damit zu tun haben, dass das Leben nicht schlechter wird. Oder vielleicht sogar besser. Und soweit es Beziehungen betrifft, haben Sie vielleicht auch Wünsche an Ihren Partner oder an einen Partner, der noch kommen wird.

Stellen Sie sich einmal eine Kommode mit drei großen Schubladen vor. Ziehen Sie die unterste Schublade auf. Sie ist leer. Nehmen Sie nun innerlich alle Sehnsüchte und Wünsche über Ihr Leben, über sich selbst, über Ihren aktuellen oder einen kommenden Partner und legen Sie alles zusammen achtsam in die unterste Schublade. Schieben Sie sie zu.

Und nun ziehen Sie die oberste Schublade auf. Sie ist leer. Vielleicht liegt darin nur ein blütenweißes, feines

DAS SIEBTE GEHEIMNIS DES SPIEGELS: DER SPIEGEL DER AUFGABE

Seidenpapier. Diese Leere und Reinheit, das sind Sie. Wie fühlt es sich an, so frei und leer und rein zu sein?

Gibt es etwas, für das Sie sich bücken möchten, um es aus der untersten Schublade herauszuholen und oben hineinzulegen? Oder könnte es ein guter Zustand sein, noch für eine Weile die leere Schublade zu sein? Noch ein wenig zu spüren, wie es ist, von allem frei zu sein?

Wie wäre es, wenn es gar nicht darum ginge, etwas vom Leben, von sich selbst oder von anderen Menschen haben zu wollen? Was, wenn es darum ginge, eine große leere Schublade zu werden? Wenn es um Großsein, Freiheit und Atmenkönnen ginge? Könnte das auch ein besseres Leben sein?

Falls sich das für Sie gut anfühlt, könnten Sie sich ansehen, was ein Partner oder eine Beziehung Ihnen als Aufgabe in Bezug auf Ihr Freiwerden ins Leben bringt. Es geht nicht um den Menschen selbst. Sie müssen niemanden verlassen, um frei zu werden. Die Freiheit, die Sie in Wahrheit suchen, liegt in Ihnen selbst. So wie das weiße Seidenpapier in der leeren Schublade liegt, so rein, dass man gar nichts darauflegen möchte.

Wenn Sie diese innere Freiheit als Ihr kommendes Glück erahnen, können Sie jede Beziehung mit völlig anderen Augen betrachten als jemand, der von einem anderen die Schublade gefüllt bekommen möchte. Wenn Sie die innere Freiheit suchen, können Sie Ihren Partner als Spiegel ansehen, der Ihnen zeigt, wo Sie noch freier werden könnten. Wie gesagt: Nicht von ihm. Sondern von »etwas«.

Beziehung als Aufgabe

In Beziehungen liegt immer eine Aufgabe. Es so zu sehen ist ein großer Schritt zum inneren Glück, denn dann können Sie in absolut jeder Beziehung und in jeder Beziehungssituation einen Wert für sich selbst entdecken. Alles, was geschieht, kann zu einem Goldstück auf Ihrem Weg werden, wenn Sie die Aufgabe darin suchen. Drei Dinge zu dieser Aufgabe sind wesentlich:

- Ihre Aufgabe und die Ihres Partners können verschieden sein. Seine geht Sie zunächst einmal nichts an. Er kam, damit Sie die Ihre erkennen können.
- Diese Aufgabe hat nichts damit zu tun, Ihren Partner zu verändern.
- Die Aufgabe besteht darin, von etwas frei zu werden, das noch in Ihnen, aber nicht mehr nötig ist.

Mehr als das brauchen Sie zunächst nicht zu wissen. Damit können Sie die Suche beginnen.

Der andere als Spiegel der Aufgabe

Was immer der andere tut oder nicht tut, können Sie nun als Spiegel ansehen, der Ihnen gerade wieder eine Frage bezüglich Ihrer Aufgabe beantwortet. »Was soll mir das über mich sagen? Was soll ich verändern? Was soll ich einfach sein lassen? Was in mir selbst habe ich noch nicht verstanden?«

Wenn Sie sich immer wieder an diese Art der Betrachtung erinnern, könnte vieles von Ihnen abfallen, was Sie zuvor am anderen verändern wollten. In Wahrheit geht es ja gar nicht darum, ihn zu verändern. Und vielleicht auch nicht darum, die Beziehung zu verändern. Vielleicht geht es schon die ganze Zeit nur darum, dass sich etwas in Ihnen verändert.

Ein Weg zum Glück
Vielleicht verändern Sie die Frage:
»Was will ich gerade vom Leben?«,
in die Frage:
»Was möchte das Leben gerade von mir?«
Dann hätten Sie immer
einen Wegweiser in Richtung Erfüllung.

Acht Möglichkeiten für eine erfüllende Beziehung

Vielleicht ist Ihr Partner in Ihr Leben gekommen …

- … nicht, um Ihre Wünsche zu erfüllen, sondern um Ihnen zu zeigen, wo Sie selbst das werden können, was Sie sich wünschen. Wenn Sie Liebe suchen, könnten Sie die Liebe werden. Wenn Sie Sicherheit suchen, könnten Sie für andere die Sicherheit werden. Wenn Sie Klarheit suchen, könnten Sie selbst für

ACHT MÖGLICHKEITEN FÜR EINE ERFÜLLENDE BEZIEHUNG

andere die Klarheit werden. Wenn Sie werden, was Sie suchen, haben Sie immer genug davon in Ihrem Leben.

- … nicht weil er Ihnen die Liebe bringt, sondern damit Sie ihm zeigen, was die Liebe ist. Weil Sie die Liebe in dem Moment am stärksten in sich haben, wenn Sie sie geben, ohne etwas zu wollen oder zu erwarten.

- … damit Sie sein verborgenes Muster erkennen und es nicht erfüllen. Damit er es ebenfalls erkennen kann und es ihn loslässt. Und damit Sie frei davon werden, darauf reagieren zu müssen.

- … damit Sie üben können loszulassen. Vielleicht etwas, das Sie bereits zu haben glauben. Oder etwas, das Sie unbedingt zu brauchen glauben. Was könnte das sein? In Ihnen selbst? Im Außen? Wenn Sie sich erinnern, dass Sie in Wahrheit niemals etwas oder jemanden wirklich besitzen können, könnten Sie gleich damit aufhören, besitzen zu wollen. Und erleben, dass im inneren Loslassen die Freiheit liegt, die Sie suchten.

- … damit Sie Erfüllung finden, indem Sie erleben, was Sie alles gar nicht brauchen. Wenn Sie nicht bekommen, was Sie vom anderen gern wollen, könnte es auch ein Hinweis darauf sein, dass Sie es gar nicht brauchen. Und dass die Aufgabe darin liegt, genau das zu erkennen. Damit Sie vom Brauchen frei werden können.

- … damit Sie erleben, wie wundervoll es sein kann, etwas zu geben, auch ohne etwas zu bekommen. Weil eine enorme Freiheit darin liegt, zu geben und danach zu vergessen, dass man gegeben hat. Weil es einem gleichgültig ist, ob es zurückkommt, denn der Moment des Gebens selbst ist erfüllende Belohnung genug. Eine Belohnung, die nicht einmal eine bestimmte Reaktion des anderen braucht.

- … damit Sie sich damit beschäftigen, ihn und sich zu verstehen. Weil Sie auf diesem Weg das Wesen von Nichtliebe und Liebe besser durchdringen können. Und weil diese Erkenntnis am Ende Ihre größte innere Erfüllung sein wird.
- … damit Sie erkennen, dass sie ihn eigentlich gar nicht brauchen. Nicht, um ihn nach dieser Erkenntnis zurückzustoßen. Sondern um ihn nach dieser Erkenntnis vollends in sich aufnehmen zu können. Weil Sie sich dann innerlich nicht mehr mit dem »Brauchen« beschäftigen müssen, sondern das gemeinsame »Dasein« erleben dürfen.

GESPRÄCHE IM SPIEGEL

Manchmal ist man schon weit gekommen, steckt aber dennoch gerade innerlich fest. Wenn Sie sich selbst oder einem anderen Menschen die richtigen Fragen stellen, öffnen Sie den Weg dort wieder, wo sich ein Knoten gebildet haben könnte. Die folgenden Gespräche aus der Praxis zeigen Ihnen, wie man suchenden Gedanken – auch denen in sich selbst – eine Unterstützung in Richtung Klarheit geben kann. So ist man dem anderen oder den eigenen Überlegungen ein Spiegel, an dem sich die Selbsterkenntnis weiter entfalten kann.

Gespräch mit Lena über Sicherheit und Zukunft

Lena: »Das Problem in unserer Beziehung ist, dass Stephen sich einfach nicht für mich entscheidet.«

»Was verstehst du denn unter ›sich entscheiden‹?«

»Dass er mir versichert, dass wir zusammenbleiben.«

»Tut er das nicht?«

»Nicht wirklich. Auf jeden Fall nicht so, dass es für mich stimmt.«

»Was sagt er denn?«

»Dass er mich liebt.«

»Und was möchtest du?«

»Irgendwie mehr.«

GESPRÄCHE IM SPIEGEL

»Was bedeutet ›mehr‹ für dich?«

»Ich finde, eine Beziehung muss irgendwann auch eine Zukunft haben.«

»Was sagt er, wenn du ihm das erklärst?«

»Dass er das auch so sieht, aber nicht weiß, was er noch mehr machen soll.«

»Was sollte er denn deiner Meinung nach machen?«

»Er sollte sich zu uns bekennen. Zu mir bekennen. Voll und ganz. Sodass ich sicher sein kann, dass wir eine gemeinsame Zukunft haben werden.«

»Hast du dich denn zu ihm bekannt?«

»Natürlich.«

»Voll und ganz?«

»Ja, natürlich.«

»Falls er sich weiterhin nicht zu dir bekennt, so wie du es magst, würdest du dann bei ihm bleiben?«

»Dann müsste ich noch mal gründlich nachdenken.«

»Worüber?«

»Über unsere Beziehung und so. Was daraus werden soll.«

»Du sagtest, du hättest dich voll und ganz für ihn entschieden.«

»Das stimmt.«

»Und eben sagtest du, dass du noch mal gründlich nachdenken müsstest, falls er sich nicht deutlicher entscheidet.«

»Ja.«

»Bedeutet das aus deiner Sicht ein volles Bekenntnis zu Stephen?«

»Stimmt. Das ist es nicht. Aber wie soll ich auch, wenn er es nicht tut?«

GESPRÄCH MIT LENA ÜBER SICHERHEIT UND ZUKUNFT

»Du könntest es auch umdrehen und dich fragen: Wie sollte er etwas tun können, das du selbst nicht tun kannst?«

»Ja, das dreht sich irgendwie im Kreis. Das merke ich schon.«

»Warum ist es dir überhaupt so wichtig, dass du mehr Bekenntnis von ihm bekommst?«

»Es geht auch darum, dass ich irgendwann Kinder möchte.«

»Was hat das damit zu tun?«

»Dann will man doch eine Sicherheit vom Partner.«

»Natürlich. Möchtest du die Kinder jetzt mit ihm?«

»Nein. Im Moment noch nicht. Und er auch nicht. Jetzt wollen wir erst mal viel reisen. Aber in vier oder fünf Jahren vielleicht.«

»Welche Form von Sicherheit möchtest du heute von ihm haben, für die Zeit in vier Jahren?«

»Er soll mir sagen, dass er dann mit mir Kinder bekommen will.«

»Und was sagt er dazu?«

»Er sagt, dass er es sich gut vorstellen kann. Aber das ist mir zu vage. Eine geplante Familienentscheidung sollte auf mehr aufbauen, als auf ›gut vorstellen‹.«

»Das ist richtig. Und im Moment möchtet ihr keine Familie gründen. Was sollte Stephen dir jetzt mehr geben können als die Aussage, dass er sich es gut vorstellen kann?«

»Er könnte mir die Sicherheit geben, dass wir es machen.«

»Und wie genau?«

GESPRÄCHE IM SPIEGEL

»Vielleicht, indem er mich jetzt heiratet, damit ich eine Sicherheit habe. Damit wir beide Sicherheit haben.«

»Welche Form von Sicherheit gibt dir eine Heirat?«

»Es ist ein Versprechen. Man bindet sich an einen anderen.«

»Richtig. Welche Form von Sicherheit gibt dir ein solches Versprechen, für den Fall, dass er es später doch nicht mehr möchte?«

»Das ist genau das Problem.«

»Du könntest es einmal umkehren: Kannst du ihm versprechen, dass du in vier Jahren mit ihm Kinder haben wirst?«

»Natürlich.«

»Wie kannst du so sicher sein? Vieles kann sich verändern.«

»Na ja. Stimmt. Kann ich also nicht, oder?«

»Von ihm möchtest du es aber. Wie soll er über etwas sicher sein, über das du selbst nicht sicher bist?«

»Ja. Das klingt ziemlich widersprüchlich. Aber was mache ich jetzt mit unserer Beziehung?«

»Warum willst du etwas machen? Ihr habt doch eine Beziehung und ihr wisst, was euch gerade erfüllt. Ihr könnt jetzt reisen und seht später, was zum Thema Kinder kommen wird.«

»Reicht denn das? Ich meine, Kinder bekommen hat ja eine Tragweite.«

»Woher kommt deine Idee, man müsste vom Partner so viel Sicherheit haben, wenn man Kinder hat? Hast du schon erlebt, wie es ist, wenn das Gegenteil passiert?«

GESPRÄCH MIT LENA ÜBER SICHERHEIT UND ZUKUNFT

»Mein Vater ist abgehauen, als ich vier war.«

»Abgehauen?«

»Wegen einer anderen Frau.«

»Er hat euch alleingelassen?«

»Ja. Ach je, und ich will, dass Stephen mir verspricht, dass er nicht abhaut. Das kommt von meiner Mutter, oder?«

»Es kommt von deinem eigenen Erleben, als du klein warst. Der Mann im Haus hat die Familie verlassen. Und das tat weh.«

»Und jetzt will ich, dass er mir garantiert, dass er es nicht macht.«

»Ja.«

»Das kann nicht gehen.«

»Stimmt.«

»Und was soll ich jetzt tun?«

»Du könntest ihn und dich und eure Beziehung genauso nehmen, wie es gerade ist. Um in vier Jahren Kinder zu bekommen, brauchst du nicht hier und jetzt einen Mann, der es will. Du brauchst erst in vier Jahren einen Mann, der es will. Vielleicht ist er es dann immer noch.«

»Das ist irgendwie gut.«

»Warum?«

»Es macht mich frei, innerlich.«

GESPRÄCHE IM SPIEGEL

Gespräch mit Sophie über Liebe und Grenzen

Alexander hat Angst, dass Abwendung Nichtliebe bedeutet. Er versucht, Zuwendung körperlich einzufordern. Manchmal auch in Situationen, in denen Sophie ihre Ruhe haben möchte.

Sophie: »Er respektiert meine Grenzen nicht. Wenn ich Abstand möchte, durchbricht er ihn. Das ist immer stärker geworden. Ich habe bemerkt, dass er sogar meinen Schreibtisch durchsucht, wenn ich nicht da bin. Und er sieht die Post durch oder auf mein Handy, wenn er sich unbeobachtet fühlt.«

»Angenommen, es wäre nicht negativ gegen dich gemeint. Warum tut er, was er tut?«

»Das ist aber negativ! Wenn man jemanden wirklich liebt, macht man das nicht. Man tut es nur, wenn man eifersüchtig oder misstrauisch ist. Und beides ist ein Zeichen für keine Liebe.«

»Angenommen, er würde dich wirklich lieben. Aus welchem Grund könnte er es sonst noch tun?«

»Keine Ahnung.«

»Falls es ein Grund nur für ihn selbst wäre: An was könnte er glauben, das ihn dazu bringt, deine Grenzen so zu überschreiten?«

»Ich weiß nicht. Dass ich so etwas mag, kann es ja wohl nicht sein. Sonst würde er es nicht heimlich tun.«

»Er übertritt deine Grenzen.«

»Ja. Eindeutig.«

»Übertrittst du bei ihm auch Grenzen?«

GESPRÄCH MIT SOPHIE ÜBER LIEBE UND GRENZEN

»Im Gegenteil. Ich halte mich aus seinem Leben ziemlich
heraus. Weil ich weiß, wie es ist, wenn Grenzen übertreten werden.«

»Woher?«

»Ich habe lange bei meinen Eltern gewohnt. Zu lange.
Sie wollten mich irgendwie nicht weglassen. Und sie
haben alles an mir überwacht, was sie zu fassen bekamen.«

»Warum?«

»Ich denke, sie machten sich Sorgen darum, ob ich auf
eine schiefe Bahn komme oder so ähnlich.«

»Haben sie deine Sachen durchsucht?«

»Oft. Wenn ich in der Schule war, oder später in der
Ausbildung. Oh Gott, das macht Alexander genauso!
Warum denn das?«

»Macht er sich Sorgen um dich?«

»Ich denke, er macht sich eher Sorgen darum, mich zu
verlieren. Und wenn er so weitermacht, wird das auch
geschehen.«

»Warum?«

»Weil es für mich unerträglich ist, wenn man dem Partner nicht trauen kann.«

»Du traust ihm also nicht. Und er durchsucht deine Sachen, weil er sich Sorgen macht, dich zu verlieren.«

»Er traut mir auch nicht, oder?«

»Das ist das Echo zwischen euch beiden. Du traust ihm
nicht und er traut dir nicht. Je mehr du dich innerlich
zurückziehst, umso mehr versucht er, näherzukommen.
Und dabei überschreitet er deine Grenzen. Gab es das
auch bei anderen Partnern?«

»Fast immer, früher oder später. Das fühlt sich gerade so an, als gäbe es gar keinen Ausweg.«

»Was müsste geschehen, damit es aufhört?«

»Vielleicht müsste ich ihm mehr vertrauen. Aber wie soll das gehen, wenn er solche Dinge macht?«

»Du könntest ihm dennoch vertrauen, weil du nun weißt, warum er es tut. Weil du weißt, dass er es nicht macht, um dich zu verletzen, sondern weil er Angst hat, dass er dich verliert.«

»Und wie soll das praktisch gehen?«

»Du könntest ihm zum Beispiel genau die Dinge zeigen, die du eigentlich vor ihm verbergen wolltest. So etwas zeigt gegenseitiges Vertrauen.«

»Eigentlich mag ich das nicht. Es gibt einfach eine Privatsphäre.«

»Was hast du damals deiner Mutter gesagt, wenn sie dein Zimmer durchsucht hat?«

»Genau dasselbe. Soll das heißen, ich führe das selbst herbei?«

»Ein unterbewusstes Muster erfüllt sich so lange immer weiter selbst, bis man es durchbricht. Offen zum anderen zu sein, wo man bislang verschlossen sein wollte, ist ein deutlicher Akt, ein solches Muster zu durchbrechen. Man muss keine Dinge hervorholen, die man nicht will. Es geht darum, einige Dinge zu teilen, die man aus Misstrauen oder Angst heraus bislang nicht teilen wollte.«

»Ich könnte es versuchen.«

»Das ist eine Idee. Aber es ist noch etwas zu wenig.«

»Warum?«

»Weil du ihn, wenn du es mit dieser Einstellung machst, auf den Prüfstand stellt. Mit einem ›ich könnte es versuchen‹, machst du es nicht für dich selbst, sondern um zu testen, ob er sich dann besser verhält. Was, wenn er in dieser Prüfung verliert?«

»Okay, wie denn dann?«

»So, dass er dabei nicht verlieren kann.«

»Gut. Ich mache es. Egal, wie es ausgeht. Ich mache es für mich.«

»Wunderbar. Jetzt ist es ein Anfang.«

Gespräch mit Chris über Nähe und Freiheit

Chris hält seine Beziehung mit Ellen für festgefahren.

Chris: »Ellen liebt ihr Leben und ich liebe mein Leben. Und wir lieben uns.«

»Das klingt perfekt. Wo ist das Problem?«

»Das Problem ist, dass es irgendwie feststeckt. Die Beziehung geht einfach nicht weiter.«

»Wie lange kennt ihr euch?«

»Seit vierzehn Jahren.«

»Und wie lange würdest du sagen, steckt es fest?«

»Das ging schon nach einem oder zwei Jahren los. Wir haben schon alles Mögliche ausprobiert, aber am Ende hat sich nichts verändert.«

»Wie ist es denn? Wohnt ihr zusammen?«

»Das ist genau ein Teil des Problems. Ich bin sehr viel unterwegs. Fast immer im Ausland. Ich vermittle internationale Geschäfte. Meistens bin ich am Wochenende bei Ellen und bleibe bis Sonntagabend oder Montagmorgen. Und dann vielleicht erst wieder in zwei Wochen.«

»Wie viele Tage seht ihr euch denn wirklich?«

»Sechs, sieben Tage im Monat. Je nachdem.«

»Was stört dich daran?«

»Es ist nun mal mein Job, so viel zu reisen. Und Ellen liebt die Freiheit, tun zu können, was sie will. Also passt es eigentlich gut. Gleichzeitig macht mich diese Art von Beziehung nicht glücklich. Und das überträgt sich auch auf sie. Aber aufgeben möchte ich Ellen auch nicht. Ich liebe sie doch.«

»Was ist der Teil, der nach deiner Meinung feststeckt?«

»Ich habe viel darüber nachgedacht, denn von außen betrachtet haben wir uns genau dieses Lebensmodell selbst gebaut. Jeder wollte es so. Ich glaube, was uns beide unglücklich macht ist, dass sich einfach gar nichts verändert. Ich mache meine Arbeit, komme zu ihr in die Wohnung und fliege wieder zu meiner Arbeit. Jahr um Jahr.«

»Wo wohnst du denn?«

»Nirgendwo. Wenn ich unterwegs bin, lebe ich in Hotels und ansonsten bin ich bei Ellen. Also eigentlich wohne ich bei ihr.«

»Ihr seid also zusammen und irgendwie doch nicht zusammen?«

»Wir sind zusammen. Aber nicht so, wie es vielleicht sein sollte. Eigentlich haben wir kein wirkliches gemeinsames Leben. Wir sehen uns eben.«

»Möchte sie mehr Nähe?«

»Das ist eines der Probleme, warum es feststeckt. Sie hatte keine schöne Kindheit, soweit es das Verhältnis zu ihrem Vater betrifft. Deshalb hat sie heute gern ihre Freiheit. Gleichzeitig liebt sie mich, glaube ich, und sehnt sich auch nach Nähe.«

»Aus ihrer Sicht hat sie sich mit dir also einen Partner geholt, der da ist und doch nicht da ist. Warum könnte das so sein?«

»Weil sie ihre Freiheit liebt, das ist mir klar. Aber sie leidet gleichzeitig, und wir wissen nicht, wie wir das ändern können.«

»Ihr Muster hat sich dich geholt. Was an dir spricht auf ein Muster an, das froh ist, wenn der andere Abstand gut findet?«

»Ich glaube jetzt nicht, dass ich schuld an ihrem Zustand bin.«

»Falls es gar nicht um Schuld ginge, sondern nur um Muster, die sich finden, weil sie zusammenpassen, welches Muster in dir könnte ihre Haltung gut finden?«

»Gut, so gesehen bin ich sehr froh, eine Partnerin zu haben, die sich nicht an mich hängt und von mir fordert, zu bestimmten Zeiten nach Hause zu kommen. Eine Frau, für die es in Ordnung ist, wenn ich mal zwei Wochen nicht da bin. Meine Geschäfte sind einfach so, dass ich nicht regelmäßig nach Hause kommen kann.«

»Würdest du etwas verändern, wenn du könntest?«

»Ich hätte gern zwei Leben. Eines, in dem ich nicht arbeiten müsste und eine Beziehung haben könnte, wie viele andere. Abends nach Hause kommen und Zeit mit der Partnerin oder Freunden verbringen. Freie Wochenenden, ein Haus mit Garten und all das eben. Und das andere Leben wäre mein Beruf.«

»Was hat dein Vater beruflich gemacht?«

»Das weiß ich nicht, ich habe ihn nie kennengelernt. Meine Mutter starb, als ich fünf war. Dann war ich eine Weile bei den Großeltern und danach in einer Art Internat.«

»Du bist also ohne Vater, dann ohne Mutter und ohne ein eigenes Zuhause aufgewachsen?«

»Ja.«

»Und wie lebst du jetzt?«

»Genauso. Das habe ich auch schon gemerkt. Aber ich weiß nicht, wie ich es ändern soll.«

»Du könntest den Beruf verändern, sodass du häufiger an einem festen Ort lebst.«

»Das bringt nichts. Erstens würde ich dann Ellen verlieren, denn zu viel Nähe kann sie nicht ertragen. Und zweitens würde ich meine Kunden und meinen Beruf verlieren.«

»Bist du sicher, dass du Ellen verlieren würdest, wenn du dir eine eigene Wohnung in der Nähe nehmen würdest?«

»In dem Fall nicht. Dann hätte sie ja weiterhin ihren eigenen Raum.«

»Und bist du sicher, dass es keine Alternative zu deinem Beruf gibt, bei der du weniger reisen musst?«

»Es gibt immer Alternativen. Aber was macht es für einen Sinn?«

GESPRÄCH MIT CHRIS ÜBER NÄHE UND FREIHEIT

»Der Sinn wäre, dass du das Laufrad durchbrechen würdest, in dem euch eure Muster gefangen halten. Du
würdest eine Umgebung erschaffen, in der dein Muster nicht weiter die Heimatlosigkeit reproduzieren
kann. Und du würdest ein Leben beginnen, in dem
eine Frau wirklich anwesend sein kann. So könnte das
Muster nicht weiterhin die Abwesenheit der Mutter
reproduzieren.«

»So habe ich es noch nie gesehen. Aber dann müsste ich
wirklich mein komplettes Leben ändern.«

»War es nicht das, was dich gestört hat? Dass sich nichts
verändert?«

»Wird sich dann die Beziehung zu Ellen verbessern?«

»Als Erstes wirst du von dem frei werden, was dein Unterbewusstsein über all die Jahre erzeugt hat. Frei von
Heimatlosigkeit. Frei von einer Lebensform, die eine
wirkliche Lebensgemeinschaft mit einer Frau unmöglich macht. In dieses neue Leben kann sich dann ein
Mensch einfügen, der zu dir passt. Vielleicht wird das
Ellen sein. Ob sie sich entscheidet, damit aufzuhören,
ihrem Abwehrmuster zu folgen, kannst du nicht wissen. Aber mit dem, was du für dich selbst tust, bietest
du ihr gleichzeitig die Chance dafür an.«

»Das wäre eine ziemlich große Entscheidung. Aber es
stimmt, dass sich nichts verändern kann, wenn ich
nichts verändere. Und ich will aus dem Laufrad heraus. Ich werde darüber nachdenken, wie ich es machen
kann.«

Gespräch mit Leyla über Leistung und Unzufriedenheit

Leyla ist eine talentierte junge Frau mit der Gabe, selbstständig zu arbeiten und Erfolg zu erzielen. Genau das ist ihr Problem in Beziehungen.

Leyla: »Manche haben ja das Problem, ewig nicht herauszufinden, was sie gut können. Das ist nicht mein Punkt. Ich kann sehr viel von dem, was ich will. Und wenn ich etwas mache, habe ich damit auch Erfolg und bekomme Anerkennung.«

»Wo ist das Problem?«

»Das Problem ist: Sobald ich länger Erfolg habe, werde ich gemobbt oder zumindest beneidet. Und das zweite Problem ist: Auch wenn ich Anerkennung bekomme, bin ich trotzdem weiterhin unzufrieden. Ich freue mich ganz kurz und dann ist es wieder wie vorher.«

»Warum machst du deine Arbeit?«

»Weil ich gut finde, wenn sich etwas bewegt. Wenn etwas klappt, was vorher nicht so gut funktioniert hat. Ich bringe Dinge zum Laufen und am Ende haben alle Erfolg damit.«

»Dass etwas klappt, ist ein guter Nutzen für das Unternehmen, in dem du arbeitest. Und für dich selbst?«

»Ich fühle mich gut dabei.«

»Und wodurch wird das genau bewirkt? Durch Umsatzzahlen? Oder durch Geld?«

»Nicht wirklich. Eigentlich fühle ich mich gut, wenn die anderen es auch gut finden. Das ist für mich der wirkliche Erfolg.«

GESPRÄCH MIT LEYLA ÜBER LEISTUNG UND UNZUFRIEDENHEIT

»Tun sie das?«

»Ja, meistens.«

»Alle?«

»Nein. Wie gesagt gibt es auch Neider. Ich verstehe nicht, warum, denn ich will ja wirklich nur eine gute Arbeit machen. Aber es ist dennoch so.«

»Wie fühlst du dich, wenn du etwas gut machst und die Neider melden sich zu Wort?«

»Nicht mehr gut. Das ist wie Mobbing. Ich merke gerade, dass das vielleicht der Grund ist, warum ich so oft die Stelle gewechselt habe, obwohl die Arbeit selbst perfekt gelaufen ist.«

»Weil dich einige nicht mögen?«

»Ja.«

»Also warum genau machst du die Arbeit so gut, wie du sie eben immer machst?«

»Weil ich will, dass man mich mag.«

»Wäre es eine Möglichkeit, dass du deine Arbeit künftig machen könntest, nur weil du dich selbst gut findest, ganz gleich was andere davon halten?«

»Ich denke, das wäre neu für mich.«

»Wie würde es sich anfühlen, nicht mehr darauf warten zu müssen, dass andere dich dafür loben?«

Leyla überlegt einen Moment. »Das wäre eine Erlösung.«

»Warum?«

»Dann wäre ich frei. Ich merke gerade, dass ich unablässig beobachte, wie andere auf mich reagieren. Das ist echt anstrengend. Vielleicht war das auch ein Grund, warum meine Beziehungen nie lange gehalten haben. Weil ich immer viel zu sehr darauf geachtet habe, ob

317

GESPRÄCHE IM SPIEGEL

ich vom Partner positives Feedback bekomme oder nicht. Eigentlich war das fast alles, worauf ich geachtet habe.«

»Und wie lief es dann weiter ab?«

»Ich wollte, dass der andere mich toll findet, aber wenn er es mir dann sagte, glaubte ich ihm nicht. Und dann wollte ich wieder, dass er mich toll findet, und er sagte es auch und ich dachte: ›Das sagt er nur so, um mir zu gefallen.‹ Nach einer Weile habe ich die Beziehung nicht mehr ausgehalten. Mir wurde es zu eng.«

»Hat der andere das genauso empfunden?«

»Eher nein. Meine Partner haben immer versucht, mich zu entspannen. Ich ziehe immer diese ruhigen Typen an, die am Ende gar nicht verstehen konnten, warum es mir zu viel wird. Und jetzt merke ich gerade, dass ich mir den ganzen Druck selbst mache.«

»Inwiefern?«

»Ich habe dasselbe versucht wie im Beruf. Ich wollte gut sein, damit der andere mich dafür auch gut findet. Weil ich denke … Weil ich dachte, dass das Liebe wäre.«

»Wie haben dich denn deine Eltern aufgezogen?«

»Nur so! Ich wurde selten bestraft, aber sie waren großzügig mit Belohnungen. Ich wurde sehr viel über Lob erzogen. Das ist ja eigentlich schön, aber wenn sie mich mal nicht lobten, war das für mich praktisch eine Strafe. Als würden sie mich nicht beachten. Dann wusste ich, dass ich nicht gut gewesen war. Ach, und deshalb suche ich heute ständig überall die Anerkennung und das Lob?«

GESPRÄCH MIT LEYLA ÜBER LEISTUNG UND UNZUFRIEDENHEIT

»Ja, das ist das Muster.«

»Und deshalb macht es mir so viel aus, wenn jemand nichts Positives oder etwas Negatives sagt?«

»Du hast erzählt, dass du dann schnell die Umgebung verlässt.«

»Wird das jetzt aufhören?«

»Sag du es selbst.«

»Das wird jetzt aufhören.«

»Und warum? Was ist das Neue?«

»Dass ich meine Arbeit für mich mache und für die Freude, die ich selbst daran habe. Und nicht, um anderen zu gefallen. Das ist wirklich super.«

DIE SIEBEN SPIEGELGEHEIMNISSE UND DER WEG ZUR INNEREN BEFREIUNG IM ÜBERBLICK

1. Der direkte Spiegel –
Die verborgenen Verbindungen entdecken

»Warum haben wir uns angezogen?
Was war der offensichtliche und was der verborgene Magnet?«

Für das Entstehen einer Beziehung gibt es immer einen offensichtlichen Grund, den man schnell erkennt, und einen verborgenen Grund, den man später erkennt. Beide können verschieden sein. Drei Faktoren sorgen dafür, dass Sie sich begegnen:

- DAS SCHICKSAL bringt Sie zusammen, es sendet Ihnen Impulse. Was Sie daraus machen, ist Ihr freier Wille.
- DIE RESONANZ lässt Sie sich erkennen und gegenseitig angezogen fühlen. Ob und auf welche Weise Sie dem folgen, ist Ihre Entscheidung.
- EINE AUFGABE, wie das Lernen und Wachsen in der Beziehung. Ihre Erfüllung ist die Befreiung aus Zwängen und sich wiederholenden unguten Erlebnissen.

DIE ERSTE BEDEUTSAME ERKENNTNIS: In Beziehungen ziehen sich neben dem, was man leicht erkennt, weil es auffällig ist, immer auch Umstände und Eigenschaften an, die miteinander als sogenannte Muster ablaufen können.

2. Synchronisation –
Das Erlebnis der Übertragung verstehen

»Wie haben wir uns aneinander verändert?
Was waren die Ursachen dafür?«

Sobald Sie mit einem anderen Menschen zusammenkommen, beginnt der Austausch von offenen und verborgenen Gefühlen, Gedanken und Verhaltensweisen. Wenn Sie häufiger oder länger zusammen sind, werden sich viele Verhaltensweisen entweder aneinander anpassen oder unbewusst miteinander in Verbindung und in Austausch gehen, sodass sich jeder immer wieder ein Stück verändert. Manchmal jedoch nicht so, wie Sie es gern hätten. Wenn Sie das früh genug bemerken, haben Sie eine bewusste Wahl.

DIE ZWEITE BEDEUTSAME ERKENNTNIS: Wenn sich Menschen begegnen, findet Übertragung statt. Ihre verborgenen Anteile gehen ebenso wie ihre willentlichen Anteile miteinander in Resonanz und reagieren aufeinander. Oft unbemerkt, ungewollt und zunächst, ohne dass die Betroffenen dies beeinflussen könnten.

3. Das Echo –
Die Quelle für die auffälligen
Reaktionen aufspüren

»Welches Verhalten bei uns beiden wird wodurch gesteuert?«

Vieles in Ihrer Beziehung bewirken Sie ganz bewusst, weil Sie es so wollen. Und vieles läuft wie von selbst ab. Einiges davon geschieht vielleicht erst nach einer Weile und möglicherweise ganz anders, als Sie es je wollten. Dann haben verborgene Programme aus frühen Jahren im Hintergrund ebenfalls eine Beziehung geknüpft. Falls diese Hintergrundbeziehung eine andere Richtung hat als ihre willentliche Beziehung, spüren Sie Unstimmigkeiten und Probleme. Dann bekommen die Liebe und die schönen Erlebnisse immer weniger Raum. Wenn Sie diese Programme erkennen und durchschauen, können Sie herausfinden, was sie vorhaben. Und dann haben Sie die Entscheidungskraft wieder zu sich geholt.

DIE DRITTE BEDEUTSAME ERKENNTNIS: Muster und automatische Reaktionen wurden sehr früh im Leben erzeugt. Wenn man ihre wahre Quelle entdeckt und durchdrungen hat, verändern sie sich auch im Hier und Jetzt.

4. Die Logik der Gefühle –
Die verborgenen Abläufe enthüllen

»Woher kommen all diese verschiedenen Gefühle?
Wie gehe ich gut damit um?«

Nicht nur Ihre Gedanken erzeugen Gefühle. Ihre Gefühle erzeugen auch Ihre Gedanken. Dabei folgen sie ganz bestimmten, aber für Sie selbst oft unvorhersehbar scheinenden Gesetzen. Wenn Sie die Logik der Gefühle verstanden haben, werden Sie wieder frei von ewig gleichen Gedankenschleifen. Dann kann sich etwas lösen und Sie können den Weg befreiter weitergehen.

DIE VIERTE BEDEUTSAME ERKENNTNIS: Ihre Gefühle aktivieren wie von selbst Muster bei Ihrem Gegenüber und umgekehrt. Sobald Sie dieses Wechselspiel durchschauen, können Sie es bewusst verändern oder beenden.

5. Liebe? –
Die Befreiung aus dem »Liebe ist ...«-Irrtum

»Was ist Liebe und was nicht?
Wie gehe ich mit unklarem Verhalten
zu diesem Thema um?«

Wenn Ihr Partner, ohne dass Sie sich dessen bewusst sind, einer anderen verborgenen Idee über Liebe folgt als Sie, werden Sie das irgendwann als großes Leid und Konfusion in der Beziehung erleben. Es gibt eine ganze Reihe von Vorstellungen über die Liebe, die alle der Grundidee folgen, man müsste etwas Bestimmtes tun, sein, herbeiführen oder vermeiden, um Liebe zu erhalten.

DIE FÜNFTE BEDEUTSAME ERKENNTNIS: Eine Wunschidee, eine übernommene Vorstellung oder eine frühe Prägung zum Thema Liebe bewirkt ganz bestimmte auffällige Verhaltensweisen. Wenn Sie das jeweilige Prinzip erkannt haben, werden Sie innerlich frei davon, darauf reagieren zu müssen. Und damit erhalten Sie die Möglichkeit einer bewussten Entscheidung.

6. Bewusstwerdung –
Die Lösung aus den »Problem-Ichs«

»Was ist die wahre Persönlichkeit?
Wie reagiere ich gut auf wiederkehrende Differenzen
und Spannungen oder darauf, festzustecken?«

Erlebnisse bezüglich dessen, wie ein Mensch Nähe, Zuwendung oder Aufmerksamkeit bekommt, können sich zu einer Weltsicht entwickeln. Und eine Weltsicht kann zu einer eigenen Persönlichkeit heranwachsen, zu einem Ich, dem Sie dann eines Tages vielleicht mit Verwunderung, Unverständnis oder Ratlosigkeit gegenüberstehen.

DIE SECHSTE BEDEUTSAME ERKENNTNIS: Jedes Verhalten, ganz gleich wie widersinnig oder unverständlich es Ihnen erscheinen mag, folgt einem »verborgenen Nutzen«. Finden Sie diesen Nutzen heraus und Sie werden das Verhalten nicht weiterhin unbewusst mit dem versorgen, wovon es sich ernährt. Und dann werden Sie frei.

7. Der Spiegel der Aufgabe –
Erkennen, was die Beziehung wirklich will

»Wozu diese Beziehung? Wie finde ich das wirklich Gute und das Glück für mich?«

Nicht jede Beziehung hat unbedingt den Sinn oder Auftrag, dass Liebe erlebt wird. Die Liebe sucht sich ihren Weg immer von selbst, und auf diesem Weg kann es auch zu einer Beziehung kommen. Beide müssen aber nicht zwingend zusammenhängen und sind nicht dasselbe. Erfüllung in Beziehungen kann auch darin gesehen werden, dass man mit oder durch den anderen wächst. Wenn man Erfahrungen, Einsichten und Erkenntnisse haben darf, hat die Beziehung für das eigene Leben einen großen Sinn. Dann ist oder war nichts vergeblich und nichts ein Fehler.

DIE SIEBTE BEDEUTSAME ERKENNTNIS: Wenn Sie erkennen, dass der eine Teil zwischen Ihnen, den man »Beziehung« nennt, immer die Lernaufgabe ist, wird an dem anderen Teil, der die Liebe ist, nie mehr etwas falsch sein können. Dann ist die Liebe immer richtig und wird von der Verantwortung befreit, eine gute Beziehung herbeiführen zu müssen.

Suchen Sie nicht nach der Liebe.
Sie ist und war immer schon in Ihnen.
Untersuchen Sie stattdessen, wo gerade
die Nichtliebe abläuft und wie sie sich genau zeigt.
Dabei löst sie sich auf
und die Liebe bleibt übrig.

»Gut zu merken!«: Eine Essenz zur Erinnerung an den Weg aus den Mustern

1. Wenn Ihnen ein ungewöhnliches Verhalten am anderen auffällt oder Sie Wiederholungen in Ihrer Partnerschaft, Ihren Beziehungen oder im Leben allgemein bemerken, stehen Sie vor einem Muster.

2. Solange Sie ein Muster, eine Überzeugung oder ein Verhalten füttern, läuft es weiter oder wird sogar stärker. Beim anderen und bei Ihnen. Womit Sie es bislang ungewollt füttern und wie Sie es auflösen, erkennen Sie im Spiegel Ihrer Beziehung.

3. Muster füttern Sie oder halten Sie am Laufen durch
- Ihre eigenen Muster, die auf die des anderen reagieren und sie deshalb versorgen;
- durch Ihre Abwehr, weil jedes Muster die Gegenwehr gut kennt und dadurch stärker wird;

- durch eine unbewusste Überzeugung, die das Alte weiter ablaufen lässt und den befreienden nächsten Schritt verhindert.

4. Ein Muster beenden Sie oder nehmen ihm die Kraft durch

- die Erkenntnis, welche Rolle Sie darin übernommen haben;
- die Entscheidung, mit dem bisherigen Verhalten, welches das Muster von Ihnen erleben möchte, aufzuhören – Schritt für Schritt oder auf einmal, ganz nach Ihrem Ermessen;
- neues Verhalten, das sich nicht mehr nach den Wünschen eines Musters richtet, sondern allein nach Ihrer bewussten Entscheidung: »Wer bin ich und was will ich? Was will ich nicht und was tue ich nicht mehr?« Sie entscheiden sich nicht *gegen* einen anderen, sondern *für* sich. Möglichkeiten dafür sind: Beenden oder verändern Sie gewohnte und vielleicht ungeliebte »Verhaltensrituale«, wo immer es geht. Wenn es nicht geht, überlegen Sie, wie Sie es gehend machen können, denn Muster erzählen immer die Geschichte, dass man sie nicht beenden könnte.

Verändern Sie Ihre üblichen Verhaltensweisen auch bei Menschen, die nicht Ihre Partner sind, wie zum Beispiel Eltern, Expartner, alte Bekannte. Tun Sie künftig immer weniger von den Dingen, die Sie nicht wirklich tun wollen. Damit unterbrechen Sie alte Abläufe und werden frei.

Hilfreiche Fragen für mehr Klarheit

1. »Wenn es uns beiden oder einem von uns beiden weh-tut, könnte zwischen uns ein Muster ablaufen. Was erkenne ich beim Blick in den Spiegel unserer Beziehung? Was hakt passend ineinander ein und funktioniert dann als eine Art Selbstläufer?«

2. »Wo und wann genau findet das Muster statt? Es erhebt sich aus dem Untergrund. Unter welchen Umständen? Auf welchen Auslöser reagiert es?«

3. »Was macht das Muster, wenn es aktiviert ist, mit mir, mit dem anderen und mit unserer Beziehung? In welche Situationen drängt es uns? Welches Ziel verfolgt das Muster?«

4. »Wann beruhigt es sich wieder? Wenn es ein bestimmtes Ziel erreicht hat, sinkt es ab. Welches Ziel ist das? Und wie geht es mir/uns danach?«

5. »Sucht der andere vielleicht Liebe und verwechselt sie mit etwas, was er nun unbedingt bewirken, haben oder tun will? Was könnte ich beitragen, um den Irrtum nicht weiter zu fördern?

6. »Hat sich vielleicht ein »Problem-Ich« gebildet, das von seinen Problemen mehr Nutzen hat als von einem Ende der Probleme? Wie könnte ich aufhören, es zu füttern?«

HILFREICHE FRAGEN FÜR MEHR KLARHEIT

7. »Wie kann ich alles, was ich erkenne, auf liebevolle und achtsame Weise selbst leben und meinem Partner zeigen? Über mich selbst und über uns beide? Ohne Angriff, ohne Vorwurf, ohne Verletzung? In Liebe, mit dem Wunsch, gemeinsam zu wachsen und von dem Muster frei zu werden?«

Liebe Leserin, lieber Leser!

Auf unserer Reise durch das Menschsein haben wir uns die wichtigsten Kräfte angesehen, die uns zu dem machen, was wir in Beziehungen zu anderen und zu uns selbst sind. Nicht, um zu verurteilen, sondern um zu verstehen. Weil das Verstehen ein großer Schlüssel zur Tür in die Freiheit ist. Und weil Verstehen Liebe ist.

Alles, was Ihnen das Leben bisher brachte, hat Sie wachsen lassen. Wenn Sie zurückblicken, fand dieses Wachstum immer genau in den Augenblicken statt, in denen Ihnen etwas Grundlegendes klar wurde. Immer dann, wenn Sie es wirklich verstanden hatten, ließ Sie das Alte los. Wie eine Last oder ein innerer Knoten, die sich ganz plötzlich auflösten.

Wenn Sie weiterhin das Verstehen suchen, wird das Leben immer Ihr bester Freund sein. Dann wird alles, was es Ihnen bringt, für Sie zu einem Impuls werden, es in sich aufzunehmen und zu durchdringen. Und was man von Herzen verstehen möchte, kann man nicht gleichzeitig ablehnen oder bekämpfen. Auf diese Weise wird Ihr Wunsch nach Wissen und Wachstum Ihnen gleichzeitig Liebe, inneren Frieden und Erfülltheit bringen.

Auf diesem Weg wünsche ich Ihnen viel Freude und viele bereichernde Erlebnisse und Erkenntnisse.

Alles Liebe
Ihr Ruediger Schache

Ruediger Schache

Die Aktivierung der Kraft,
die jedem Leben Ziel und Richtung gibt

Es gibt eine Ebene in Ihrem Bewusstsein, die alles über Ihre Zukunft weiß. Ruediger Schache zeigt, wie Sie mit dieser Quelle des höchsten Wissens in direkten Dialog gehen können, um Antworten auf Ihre entscheidenden Lebensfragen zu erhalten.

978-3-453-70248-6

Leseproben unter **www.heyne.de**